ABITUR 2015

Prüfungsaufgaben
mit Lösungen

Mathematik

Gymnasium
Bayern

2012–2014

mit CD-ROM

STARK

ISBN 978-3-8490-1255-7

5. neu bearbeitete und ergänzte Auflage
www.stark-verlag.de

Inhalt

Abiturprüfung 2014

CD-ROM

Abiturprüfungen ohne CAS

Jahrgang 2011 (Analysis, Stochastik, Geometrie)

Abiturprüfungen mit CAS

Jahrgang 2012 (Analysis)

Jahrgang 2013 (Analysis, Stochastik, Geometrie)

Jahrgang 2014 (Prüfungsteil B von Analysis, Stochastik, Geometrie, Prüfungsteil A ist im Buch enthalten, da die Aufgaben mit den Aufgaben für die „normale“ Prüfung bis auf 1 Aufgabe identisch sind)

Sitzen alle mathematischen Begriffe? Unter www.stark-verlag.de/mathematik-glossar/ finden Sie ein **kostenloses Glossar** zum schnellen Nachschlagen aller wichtigen Definitionen mitsamt hilfreicher Abbildungen und Erläuterungen.

Jeweils zu Beginn des neuen Schuljahres erscheinen die neuen Ausgaben der Abiturprüfungsaufgaben mit Lösungen.

Autoren:

Sybille Reimann (Abituraufgaben ohne CAS, Übungsaufgaben)
Dr. Ewald Bichler (Abituraufgaben mit CAS)

Vorwort

Liebe Schülerin, lieber Schüler,

für Sie ist Mathematik verbindlich als schriftliches Abiturfach vorgegeben. Ein Fach, auf das man sich durch konsequentes Üben optimal vorbereiten kann, wobei Sie dieser Band hervorragend unterstützt.

Seit dem **Schuljahr 2013/2014** gliedert sich die Abiturprüfung Mathematik in die beiden **Prüfungsteile A und B**. Der Prüfungsteil A muss **ohne Hilfsmittel**, also ohne Merkhilfe, ohne Taschenrechner und ohne stochastische Tabelle bearbeitet werden. Erst im Prüfungsteil B sind diese Hilfsmittel dann wieder erlaubt. Alle Einzelheiten des Aufbaus der Abiturprüfung können Sie in den nachfolgenden Hinweisen nachlesen.

Das vorliegende Buch enthält:
- 4 Aufgaben im Stil der **Abiturprüfung ohne Hilfsmittel (Prüfungsteil A)**
- alle Aufgaben der **Abiturjahrgänge 2012 bis 2014**

Die CD enthält:
- alle Aufgaben der **Abiturjahrgänge 2011 ohne CAS**
- **Analysisaufgaben I und II der CAS-Abiturprüfung 2012**
- **CAS-Abiturjahrgänge 2013 bis 2014**

Hinweis für alle Nutzer eines CAS: Die Stochastik- und Geometrieaufgaben (Sto I, II, Geo I, II) der CAS-Abiturprüfung 2012 und der „normalen" Abiturprüfung 2012 sind exakt dieselben. Da ein Einsatz eines CAS bei diesen Aufgaben nur bedingt möglich ist, finden Sie als CAS-Nutzer die entsprechenden Aufgaben im Buch. In den Lösungen auf der CD sind jeweils mehrere Screenshots des **TI-Nspire CX CAS** abgebildet (in den Analysisaufgaben des Jahrgangs 2012 zusätzlich Screenshots des ClassPad 330 von CASIO).

Anhand dieser Fülle von Aufgaben können Sie mit eigenverantwortlichem Üben die nötige Sicherheit erlangen und somit die „Schrecksekunden" am Prüfungstag minimieren.

Zu allen Aufgaben gibt es umfassende und **ausführliche Lösungen**.

Sie finden bei allen Aufgaben zunächst die Aufgabenstellung, die Sie versuchen sollten, allein und in der vorgegebenen Zeit zu lösen (siehe hierzu auch den Abschnitt „Hinweise und Tipps zum Zentralabitur"). Sollten Sie sich bei einer Teilaufgabe nicht sicher sein, was sich hinter der Aufgabenstellung verbirgt, oder aber den Einstieg in die Bearbeitung nicht finden, so können Sie die **Tipps und Hinweise** unmittelbar hinter der Angabe im Buch aufschlagen. Hier werden Sie an Dinge erinnert, die in dieser Teilaufgabe wichtig sind, und Sie werden auf rechnerische Schritte aufmerksam gemacht, die Sie zur Lösung benötigen. Sie sollten immer nur den obersten Tipp lesen, es dann wieder allein versuchen und nur im Bedarfsfall auf die weiteren Tipps – möglichst immer nur einen als Anregung zum Weiterdenken – zurückgreifen. Auf diese Weise gelingt es Ihnen, die Aufgabe weitgehend selbstständig zu bearbeiten und erst anschließend Ihre Lösung mit der vorgegebenen Lösung zu vergleichen.

In den Lösungstipps und in den Lösungen selbst finden Sie oft einen Hinweis auf die Merkhilfe, wenn sich auf dieser eine passende Formel befindet. Diese Hinweise beziehen sich allesamt auf die **neue Merkhilfe**, die ab dem Schuljahr 2014/2015 verpflichtend ist. Sie können sich diese Merkhilfe unter http://www.isb.bayern.de/gymnasium/materialien/merkhilfe-mathematik-leistungsnachweise/ herunterladen.

Sollten nach Erscheinen dieses Bandes noch wichtige Änderungen in der Abitur-Prüfung 2015 vom Kultusministerium bekannt gegeben werden, finden Sie aktuelle Informationen dazu im Internet unter:
www.stark-verlag.de/pruefung-aktuell

So vorbereitet kann Ihr Abitur in Mathematik nur ein Erfolg werden!

Sybille Reimann

Dr. Ewald Bichler

Stichwortverzeichnis

Das Verzeichnis gliedert sich in die drei Themenbereiche Analysis, Stochastik und Geometrie.
Folgende Abkürzungen wurden zur Kennzeichnung der einzelnen Aufgaben gewählt:

Ü1 1b	**Ü**bungsaufgabe **1**, Aufgabe **1b**

Jahrgänge 12 und 13:

12 I T2 2a	Abiturprüfung 20**12**, Aufgabengruppe **I**, **T**eil **2**, Aufgabe **2a**

Jahrgang 14:

14 A2 3c	Abiturprüfung 20**14**, Prüfungsteil **A**, Aufgabengruppe **2**, Aufgabe **3c**

Analysis

Stochastik

Geometrie

Hinweise und Tipps zum Zentralabitur

1 Ablauf der Prüfung

Die zentrale schriftliche Abiturprüfung

Die Aufgaben werden im Auftrag des Bayerischen Staatsministeriums für Unterricht und Kultus von einer Fachkommission zusammengestellt, die dabei Aufgaben verwendet, die von Fachlehrern erstellt wurden. Die verbindlichen curricularen Vorgaben (siehe auch www.isb.bayern.de), nach denen in den Jahrgangsstufen 11 und 12 der Qualifikationsphase unterrichtet wird, bestimmen Inhalte und Anforderungen der Abituraufgaben.

Prüfungsvarianten

Seit dem Schuljahr 2011/2012 wird in Bayern neben der „normalen" Abiturprüfung für alle Schulen auch eine CAS-Abiturprüfung angeboten. Jedes Gymnasium kann bereits jetzt entscheiden, ob es ab der Jahrgangsstufe 10 Klassen oder Kurse einrichtet, die mit CAS arbeiten. Selbst wenn Sie in einer CAS-Klasse sind, können Sie ein paar Monate vor der Abiturprüfung selbst entscheiden, ob Sie die „normale" Abiturprüfung oder die CAS-Abiturprüfung schreiben möchten.

Aufbau der Prüfungsaufgaben

Seit dem Schuljahr 2013/2014 gilt für den Aufbau der Prüfungsaufgaben:

Prüfungsteil A Prüfungsteil **ohne** Hilfsmittel		**Prüfungsteil B** Prüfungsteil **mit** Hilfsmittel	
Analysis	20 BE	Analysis	40 BE
Stochastik	10 BE	Stochastik	20 BE
Geometrie	10 BE	Geometrie	20 BE

Die Angaben, die Sie vorgelegt bekommen, beinhalten für jeden der drei Bereiche **Analysis**, **Stochastik** und **Geometrie** (gilt in gleicher Weise für die CAS-Abiturprüfung) jeweils zwei Aufgabengruppen. Aus diesen wählt vor Beginn Ihrer Prüfungszeit jeder Lehrer für seine Klasse einheitlich jeweils eine aus. Dabei beachtet Ihr Lehrer, dass innerhalb eines Bereichs für beide Prüfungsteile dieselbe Aufgabengruppe gewählt werden muss. Sie haben also **aus jedem der drei Bereiche jeweils genau eine Aufgabengruppe** zu bearbeiten (z. B. in beiden Prüfungsteilen in Analysis Aufgabengruppe 1, in Stochastik Aufgabengruppe 2 und in Geometrie Aufgabengruppe 1).

Beachten Sie bereits bei der Vorbereitung auf Ihre Prüfung, dass für das Lösen der Aufgaben im **Prüfungsteil A** weder ein Taschenrechner noch die Merkhilfe noch das Stochastische Tafelwerk zugelassen sind! Das bedeutet jedoch nicht, dass Sie bei der Bearbeitung dieser Aufgaben weder rechnen müssen noch ohne jede Formel auskommen können! Um Ihnen für diesen Prüfungsteil A, den es erst seit dem Schuljahr 2013/14 in Bayern gibt, zusätzliche Übungsmöglichkeiten zu bieten, finden Sie in diesem Buch vier Übungsaufgaben, die diesen neuen Stil widerspiegeln. In den Lösungen sind bei den Rechnungen Zwischenschritte angegeben, die Sie beim „Kopfrechnen" eventuell benötigen. In den Tipps und Hinweisen finden Sie benötigte Formeln eigens ausgewiesen.

Es wird vom Kultusministerium ausdrücklich darauf hingewiesen, dass sich der Prüfungsteil A der CAS-Abiturprüfung vom Prüfungsteil A der „normalen" Abiturprüfung unterscheiden kann, wenn dies Prüfungsteil B erforderlich macht.

Zur Vorbereitung auf die Abiturprüfung finden Sie in diesem Band inkl. CD-ROM auch die Prüfungsangaben der Jahrgänge **2011 bis 2013**. Diese wurden noch nach dem alten Prüfungsaufbau geschrieben, bei dem **bei allen Aufgaben Hilfsmittel** erlaubt waren. Damals bestand nur der Bereich Analysis aus zwei Aufgabenteilen. Im Teil 1 gab es mehrere kürzere, voneinander unabhängige Aufgaben zum „Warmlaufen". Der Inhalt dieser Aufgaben musste nichts mit der zusammenhängende Aufgabe des zweiten Teils zu tun haben, konnte aber möglicherweise eine Teilaufgabe aus Teil 2 vorbereiten. Die Punkteverteilung insgesamt betrug (bei einer Gesamtarbeitszeit von 240 Minuten) auch damals schon: Analysis 60 BE, Stochastik 30 BE, Geometrie 30 BE.

Dauer der Prüfung

Für die Bearbeitung des **Prüfungsteils A** stehen Ihnen **90 Minuten** zur Verfügung, für die Bearbeitung des **Prüfungsteils B 180 Minuten**. Endet die Arbeitszeit für Prüfungsteil A, wird die Prüfung für **maximal 20 Minuten unterbrochen**. Während dieser Pause werden die Aufgabenstellungen zum Prüfungsteil A sowie all Ihre Aufzeichnungen hierzu eingesammelt und Sie erhalten Ihre Hilfsmittel für den Prüfungsteil B. Mit dem Austeilen der Aufgabenstellungen zu Prüfungsteil B beginnt dann der zweite Prüfungsabschnitt.

Zugelassene Hilfsmittel

Für die schriftliche Abiturprüfung im Fach Mathematik sind zugelassen

im **Prüfungsteil A**:
- für Mathematik übliche Schreib- und Zeichengeräte

im **Prüfungsteil B** zusätzlich:
- Merkhilfe
- ein zugelassenes Stochastisches Tafelwerk
- **entweder** ein nicht programmierbarer und nicht grafikfähiger Taschenrechner (für die „normale" Abiturprüfung) **oder** eines der CAS-Systeme TI-Nspire CAS, TI-Nspire CX CAS, CASIO ClassPad 330, CASIO ClassPad II fx-CP400 (für die CAS-Abiturprüfung)

Die Merkhilfe steht auf http://www.isb.bayern.de/gymnasium/materialien/merkhilfe-mathematik-leistungsnachweise/ zum Download bereit.
Sämtliche Entwürfe und Aufzeichnungen gehören zur Abiturarbeit und dürfen nur auf Papier, das den Stempel der Schule trägt, angefertigt werden.

2 Leistungsanforderungen und Bewertung

Die Bewertung Ihrer Prüfungsarbeit erfolgt auf der Grundlage zweier Korrekturen: Die Erstkorrektur führt in der Regel der Mathematiklehrer durch, der Sie in der Jahrgangsstufe 12 unterrichtet hat. Die Zweitkorrektur erfolgt in der Regel durch einen anderen Mathematiklehrer Ihrer Schule. Beide Lehrer korrigieren Ihre Prüfungsarbeit unabhängig voneinander. Jede Korrektur ist an die bei jeder Aufgabe am linken Rand des Angabenblattes vermerkte, maximal erreichbare Zahl von Bewertungseinheiten (BE) gebunden. Auf der Grundlage dieser Punkteverteilung ermittelt jeder Korrektor die erreichte Gesamtpunktzahl für jede Aufgabe und damit auch die erzielte Gesamtsumme der Bewertungseinheiten. Diese werden nach folgender Tabelle in Notenpunkte umgesetzt.

Notenpunkte	Noten	Bewertungseinheiten	Intervalle in %
15	1+	120 … 115	
14	1	114 … 109	15
13	1–	108 … 103	
12	2+	102 … 97	
11	2	96 … 91	15
10	2–	90 … 85	
9	3+	84 … 79	
8	3	78 … 73	15
7	3–	72 … 67	
6	4+	66 … 61	
5	4	60 … 55	15
4	4–	54 … 49	
3	5+	48 … 41	
2	5	40 … 33	20
1	5–	32 … 25	
0	6	24 … 0	20

In die Bewertung geht vor allem die **fachliche Richtigkeit** und **Vollständigkeit** ein. Ein weiteres wichtiges Bewertungskriterium ist die **Darstellungsqualität**, in welche der richtige Einsatz der Fachsprache und die Strukturierung der Ausführungen einfließen. Sollten Sie in Ihrer Lösung unkonventionelle, aber richtige Wege gehen, so werden diese natürlich entsprechend gewürdigt. Auch die **Sprachrichtigkeit** (Rechtschreibung, Grammatik, Zeichensetzung) bei Erläuterungen, Beschreibungen etc. und die äußere Form gehen in die Bewertung ein.

Vorbereitung

- Bereiten Sie sich **langfristig** auf die Abiturprüfung vor und fertigen Sie sich eine Übersicht über die von Ihnen bereits bearbeiteten Themen, Inhalte und Verfahren an. Teilen Sie die Inhalte in sinnvolle Teilbereiche ein und legen Sie fest, bis wann Sie welche Teilbereiche bearbeitet haben wollen.
- Es ist zweckmäßig, alle Ihre korrigierten und mit Anmerkungen (was bereitet Schwierigkeiten, was wird in der Angabe missverstanden, welche Berechnungsart ist noch zu wenig geübt, u. ä.) versehenen Bearbeitungen der Übungs- und Prüfungsaufgaben dieses Buches übersichtlich aufzubewahren, das erleichtert spätere Wiederholungen.
- Benutzen Sie zur Prüfungsvorbereitung neben diesem Übungsbuch Ihre **Unterrichtsaufzeichnungen** und das Lehrbuch.
- Verwenden Sie während der Prüfungsvorbereitung grundsätzlich die **Hilfsmittel**, die auch in der Prüfung zugelassen sind. Prägen Sie sich wichtige Stellen Ihrer Merkhilfe ein und nutzen Sie Ihren Taschenrechner mit allen Funktionen.
- Oft ist der Zeitfaktor ein großes Problem. Testen Sie, ob Sie die Aufgabe in der dafür vorgegebenen Zeit allein lösen können.
  Simulieren Sie selbst eine Prüfungssituation.
- Gehen Sie optimistisch in die Prüfung. Wer sich gut vorbereitet, braucht sich keine Sorgen zu machen.

Bearbeitung der Prüfung

- Bearbeiten Sie jedes Gebiet auf gesonderten Blättern! Das schafft Ordnung, falls Sie eine Aufgabe nicht durchgehend bearbeiten, und erleichtert Ihnen den „Wiedereinstieg".
- Lesen Sie die Aufgabenstellungen genau durch, bevor Sie mit der Lösung einer Aufgabe beginnen.
- Es ist hilfreich, wenn Sie bei der Analyse der Aufgabenstellungen wichtige Angaben oder Informationen (z. B. gegebene Größen, Lösungshinweise) **farblich markieren**.
- Um den Lösungsansatz zu einer Aufgabe zu finden oder die gegebene Problemstellung zu veranschaulichen, kann das **Anfertigen einer Skizze** nützlich sein.
- Beachten Sie, dass in manchen Aufgaben **„Zwischenlösungen"** angegeben sind, die Ihnen als Kontrolle dienen bzw. mit denen Sie unter allen Umständen weiterarbeiten sollten.
- Falls Sie bei einer Aufgabe gar nicht weiterkommen, so halten Sie sich nicht zu lange damit auf. Versuchen Sie, mit der nächsten Aufgabe oder mit einer Aufgabe aus einem anderen Gebiet weiterzumachen. Wenn Sie die anderen Aufgaben bearbeitet haben, kommen Sie nochmals auf die angefangene Aufgabe zurück und versuchen Sie in Ruhe, eine Lösung zu finden.

- Orientieren Sie sich **nicht** zu sehr an den angegebenen **Bewertungseinheiten**: Je nach dem, was Sie im Unterricht besonders geübt haben, fällt Ihnen vielleicht genau das leicht, was für andere eine Schwierigkeit darstellt.
- Achten Sie auf die **sprachliche Richtigkeit** und eine **saubere äußere Form** Ihrer Lösungen.

4 Hinweise zum CAS

Das CAS ist ein Hilfsmittel zum Lernen (und auch zum Lehren) von Mathematik. In den vergangenen Jahren ist es Ihnen ein selbstverständlicher Begleiter beim Lösen von mathematischen Aufgabenstellungen geworden. Die folgenden Hinweise sollen die Vorbereitung auf die Abiturprüfung mit CAS unterstützen. Sie haben für alle CAS-Systeme Gültigkeit, sodass Sie die Hinweise auf das von Ihnen verwendete System übertragen können.

Vor der Prüfung

- Achten Sie vor Prüfungen (und insbesondere vor der Abiturprüfung) darauf, dass Sie den Akku Ihres Geräts geladen bzw. neue Batterien eingesetzt oder als Ersatz griffbereit haben.
- Vor Beginn der Prüfung sind die CAS-Geräte in einen einheitlichen Ausgangszustand zu versetzen. Ihre Schule hat dazu spezielle (systemabhängige) Anweisungen. Es kann sein, dass Ihr System in einen Prüfungsmodus versetzt wird – ebenso ist es denkbar, dass der Speicher vollständig gelöscht wird. Wenn Sie auf Ihrem System Dateien gespeichert haben, die Sie später wieder benötigen, sollten Sie vorher zu Hause ein Backup durchführen.
- Machen Sie sich rechtzeitig mit Bedienungshilfen Ihres Systems vertraut. So kann man z. B. den Kontrast oder die Bildschirmhelligkeit ändern (das kann bei bestimmten Lichtverhältnissen im Prüfungsraum nützlich sein). Bei manchen Systemen kann man auch Schriftgrößen ändern. Sie sollten auch wissen, wo Sie die Sprachlokalisation einstellen – wenn Sie in der Prüfung versehentlich Ihr System z. B. auf norwegische Sprache einstellen, sollten Sie wissen, wie Sie dies wieder ändern können.
- Machen Sie sich damit vertraut, wo Sie Grundeinstellungen Ihres Systems ändern können, z. B. die Anzahl angezeigter Dezimalstellen oder das Winkelmaß, in dem Ihr System in der Grundeinstellung rechnet.
- Machen Sie sich mit dem Variablenmanagement Ihres Geräts vertraut, sodass Sie Variablen löschen können oder überprüfen können, welche Variablen belegt sind. Das kann vermeintliche Fehlberechnungen (zustande gekommen durch belegte Variablen) verhindern. Manche CAS zeigen sogar bereits bei der Eingabe an, wenn eine Variable durch einen Wert belegt ist.
- Machen Sie sich mit dem Dokumentenmanagement Ihres Systems vertraut. Moderne CAS eröffnen die Möglichkeit, Berechnungen in Dokumenten zu speichern. Sie sollten wissen, wie Sie neue Dokumente erzeugen, abspeichern, editieren und später darauf zugreifen können.

- Ihr CAS besitzt eine „Rückgängig"-Funktion. Sie sollten wissen, wie Sie diese benutzen können.
- Machen Sie sich rechtzeitig mit Hilfesystemen Ihres Geräts vertraut. So gibt es z. B. die Möglichkeit, zu einzelnen Befehlen eine kleine Syntax-Erklärung anzeigen zu lassen. Das kann bei Unsicherheiten während der Prüfung hilfreich sein.
- Machen Sie sich mit dem Funktionsplotter Ihres Systems vertraut, sodass Sie Sicherheit im Einstellen des Anzeigebereichs gewinnen. Für verschiedene Bedürfnisse gibt es oftmals eigene Einstellungsmöglichkeiten (automatische Anpassung an vorher gewählten x-Bereich, trigonometrische Funktionen, Auswahl bestimmter Quadranten, u. ä.).
- CAS rechnen (nach Möglichkeit) exakt. Machen Sie sich damit vertraut, wie Sie bewusst Näherungslösungen erzwingen können.
- Entwickeln Sie eine eigene Systematik für die Vergabe von Variablen und Bezeichnungen. Beispiele:
  - „f(x)" für den Funktionsterm,
  - „fs(x)" für den Term der ersten Ableitung,
  - „fss(x)" für den Term der zweiten Ableitung
  - „va", „vb" für die Vektoren $\vec{a}$ und $\vec{b}$
  - „a" für den Ortsvektor des Punktes A
  - „gg(x)", „gh(x)" für die Gerade g bzw. die Gerade h
  - …

Während der Prüfung
- Wenn Ihr CAS ein Dokumentenmanagement besitzt, sollten Sie sich angewöhnen, für zumindest jede größere Aufgabenstellung ein eigenes Dokument zu verwenden. Das hat den Vorteil, dass in einem neuen Dokument der Variablenspeicher zurückgesetzt wird und Sie daher jeden Variablennamen im Dokument nutzen können. Zudem können Sie dadurch Fehler durch unwissentliches Übernehmen von Variablen, die bereits mit Werten belegt sind, vermeiden. Wenn Sie im weiteren Verlauf der Prüfung an einer anderen Aufgabe arbeiten, können Sie das zugehörige Dokument öffnen und müssen nicht alle Variablen und Funktionen neu definieren.
- Es ist zweckmäßig, Namen von Variablen und Funktionen so zu wählen, wie sie in der Aufgabenstellung vorgegeben werden. Achten Sie darauf, dass Sie den gleichen Namen nicht mehrfach vergeben und dadurch die definierten Werte oder Terme überschreiben.
- Sollte ein unerwartetes Ergebnis auftreten, überprüfen Sie immer Ihre Eingabe. So kann es sein, dass z. B. der Term „$ab - a \cdot b$" nicht vom CAS vereinfacht wird, weil Sie im ersten Teil vergessen haben, das Multiplikationszeichen einzugeben und das CAS nun dies als eigenständige Variable „ab" interpretiert.
- Machen Sie sich stets die vorliegende Situation klar und prüfen Sie die vom CAS erhaltenen Ergebnisse auf Plausibilität. Vertrauen Sie dem CAS nicht blind.
- Vergessen Sie nicht, dass Sie mit einem CAS schnell z. B. Funktionsgraphen erhalten. Das kann Überlegungen unterstützen, wie z. B. die Frage nach Vorzeichenbereichen oder Grenzwerten.

- Beachten Sie die Formulierung von Aufgabenstellungen. Manchmal werden dadurch Anforderungen an die Dokumentation von Lösungen gestellt (vgl. weiter unten).

Zur Dokumentation von Lösungen

- Dokumentieren Sie Ihre Lösungen nachvollziehbar.
- Wenn Sie ein CAS nutzen, machen Sie dies kenntlich.
  Beispiel: Sie lösen die Gleichung $3x^3 - 2x^2 + 2 = 1$ und dokumentieren:

  $3x^3 - 2x^2 + 2 = 1$
  CAS: $x \approx -0{,}528$

- Verzichten Sie in Ihren Lösungen auf Syntax.
- Beachten Sie Formulierungen in den Aufgabenstellungen.
  Folgende Beispiele veranschaulichen mögliche Aufgabenstellungen, stellen aber keinen verbindlichen Anforderungskatalog dar:

Geben Sie … an.	Es ist keine Begründung nötig. (vgl. 2014 Prüfungsteil B Analysis Gruppe 2 1a)
Begründen Sie …	Hier können Ausgaben des CAS zur Begründung herangezogen werden. (vgl. 2012 Analysis I Teil 2, 1e)
Begründen Sie anhand des Funktionsterms …	Begründungen müssen von der Struktur und den Eigenschaften des Terms ausgehen. Nur mit Ausgaben des CAS allein zu argumentieren, reicht nicht aus. Das CAS kann zu Termumformungen und Rechnungen eingesetzt werden. (vgl. 2012 Analysis I Teil 1 Aufgabe 1)
Weisen Sie rechnerisch nach …	Das CAS kann uneingeschränkt genutzt werden. (vgl. 2012 Analysis I Teil 2, 1c)
Berechnen Sie schrittweise und nachvollziehbar …	Die Dokumentation muss so gestaltet sein, dass einzelne Schritte erkennbar sind. CAS kann zu Berechnungen genutzt werden. Eine schrittweise Lösung kann auch in einer schrittweisen numerischen Annäherung bestehen. (vgl. 2012 Analysis I Teil 2, 2b)
Berechnen Sie …	„Berechnen“ kann auch mit CAS geschehen. (vgl. 2014 Prüfungsteil B Analysis Gruppe 1 f)

Zeigen Sie mithilfe des Funktionsterms schrittweise und nachvollziehbar …	Zur Argumentation muss der Term (seine Struktur, seine Eigenschaften) verwendet werden. Die Dokumentation muss so gestaltet sein, dass einzelne Schritte erkennbar sind. Das CAS kann zu Umformungen eingesetzt werden. (vgl. 2012 Analysis II Teil 2, 1b)
Bestimmen Sie näherungsweise mithilfe von Abbildung …	Die Abbildung muss verwendet werden (auch, wenn man die Aufgabenstellung rein rechnerisch durch CAS lösen könnte). (vgl. 2012 Analysis II Teil 2, 2b)
Begründen Sie mithilfe der Funktionsterme …	In der Argumentation der Begründung müssen die Eigenschaften der Terme herangezogen werden. Das CAS kann zu Umformungen eingesetzt werden.
Bestimmen Sie …	Die Überlegungen, die zur Bestimmung führen, müssen dokumentiert sein. CAS kann uneingeschränkt eingesetzt werden. (vgl. 2012 Analysis I Teil 2, 2c)
Ermitteln Sie …	Die Schritte der Überlegungen, die zur Bestimmung führen, müssen dokumentiert werden. CAS kann uneingeschränkt eingesetzt werden. (vgl. 2013 Analysis I Teil 1, 1b)
Machen Sie plausibel …	Es muss gezeigt werden, dass die Situation in den umgebenden Kontext passend eingeordnet werden kann. CAS kann dazu uneingeschränkt genutzt werden. (vgl. 2013 Geometrie I e)

Abitur Mathematik (Bayern): Prüfungsteil A
Übungsaufgabe 1

Analysis

BE

1. Gegeben ist die Funktion

$$f(x) = 3 - x + \frac{1}{x-3}.$$

a) Bestimmen Sie den Definitionsbereich $\mathbb{D}_f$. 1

b) Wie verhält sich die Funktion an den Rändern des Definitionsbereichs? 4

c) Geben Sie alle Asymptoten der Funktion an. 3

2. Gegeben sind sechs Graphen, die die drei Funktionen

$f(x) = e^{x+1}$ $\qquad$ $g(x) = \ln(x+1)$ $\qquad$ $h(x) = e^x + 1$

mit maximalem Definitionsbereich sowie ihre jeweiligen Ableitungen zeigen. Ordnen Sie die Graphen entsprechend zu. 6

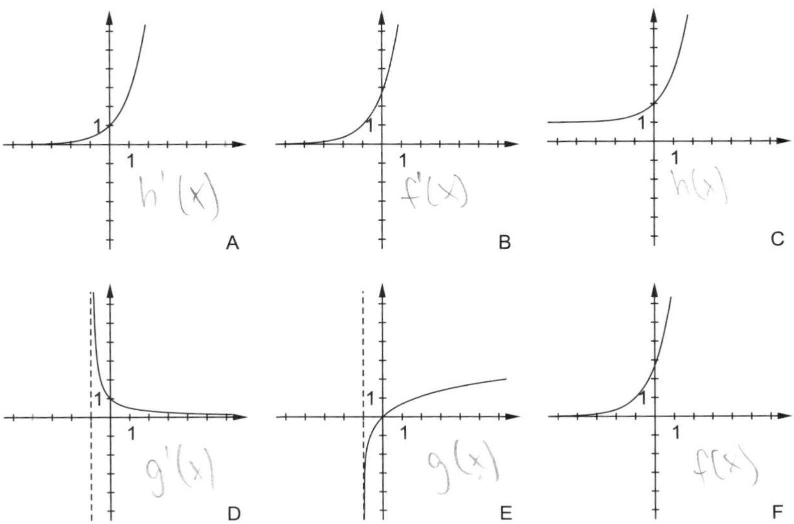

3. a) Beschreiben Sie, wie der Graph der Funktion

$$f(x) = \frac{3}{2}\sin\left(\frac{2}{3}x\right) - 1$$

aus dem Graphen der Funktion $y = \sin x$ entwickelt werden kann. 3

b) Beschreiben Sie, wie sich grafisch eine Lösung der Gleichung

$$\frac{3}{2}\sin\left(\frac{2}{3}x\right) - 1 = -\frac{1}{2}x$$

finden lässt. 3

20

Stochastik

BE

1. A und B sind zwei unabhängige Ereignisse eines Zufallsexperiments, für die gilt:

$$P(A) = \frac{1}{5} \quad \text{und} \quad P(A \cup B) = \frac{1}{2}$$

Berechnen Sie:

a) P(B) 2

b) P(A\B) 1

2. Eine Firma braucht 5 neue Mitarbeiter. Nach ersten Gesprächen sind noch 15 geeignete Bewerber (9 Männer und 6 Frauen) „im Rennen". Beschreiben Sie ein Ereignis, dessen Wahrscheinlichkeit durch den Term

$$P(E) = \frac{\binom{9}{5} + \binom{9}{4} \cdot \binom{6}{1}}{\binom{15}{5}}$$

angegeben werden kann. 2

3. Bei einer Umfrage (60 % der Beteiligten männlich) geben 30 % der Frauen und 80 % der Männer an, regelmäßig Fußball zu schauen.

a) Fertigen Sie eine Vierfeldertafel an. 2

b) Tragen Sie beim Baumdiagramm an allen Pfaden die zugehörigen Wahrscheinlichkeiten an.

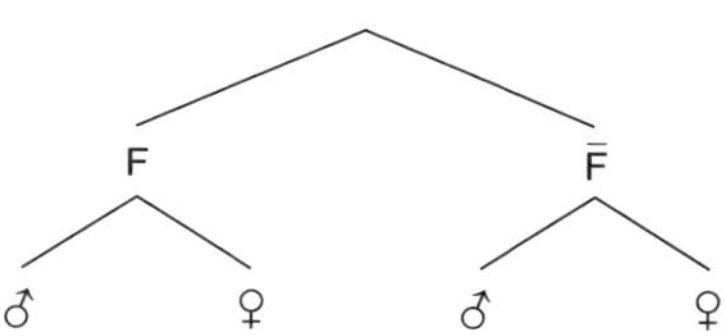

3

10

Geometrie

BE

1. Gegeben sind die beiden Ebenen

   $E: 2x_1 - x_2 + 4x_3 + 6 = 0 \qquad F: -x_1 + tx_2 - 2x_3 = 3$

   a) Bestimmen Sie t so, dass beide Ebenen identisch sind. 1

   b) Für welches s verläuft die Gerade

   $$g: \vec{X} = \begin{pmatrix} 3 \\ 4 \\ -2 \end{pmatrix} + \lambda \begin{pmatrix} s \\ 6 \\ -1 \end{pmatrix} \quad \text{mit } \lambda \in \mathbb{R}$$

   parallel zur Ebene E? 2

   c) Liegt die Gerade g dann in der Ebene E? 1

   d) Geben Sie eine Parametergleichung der Ebene E an. 2

2. Die Ebene

   $E: x_1 - 2x_2 + 2x_3 + 21 = 0$

   berührt die Kugel K mit dem Mittelpunkt M(3 | 4 | 1) im Punkt A(1 | 8 | –3).

   a) Geben Sie eine Gleichung der Ebene F an, die echt parallel zu E ist und die Kugel ebenfalls berührt. 3

   b) Berechnen Sie den Abstand der beiden Ebenen E und F. 1

10

Tipps und Hinweise

Analysis

Aufgabe 1 a

- Um welche Art Funktion handelt es sich bei f(x)?
- Warum besitzen die meisten gebrochen-rationalen Funktionen einen eingeschränkten Definitionsbereich?
- Der Nenner eines Bruchs darf nie den Wert null annehmen.

Aufgabe 1 b

- Wie viele Ränder hat der Definitionsbereich?
- Schreiben Sie den Definitionsbereich in Intervallschreibweise.
- $\mathbb{R}\setminus\{3\} =]-\infty; 3[\cup]3; +\infty[$
- Den vier Rändern müssen die vier Grenzwerte entsprechen.
- Es sind Grenzwerte zu bilden für $x \to +\infty$; $x \to -\infty$; $x \to 3^+$ und $x \to 3^-$.
- $x \to 3^+$ bedeutet, dass Sie x-Werte betrachten, die beliebig nahe an 3 liegen, jedoch stets größer als 3 sind.
- $x \to 3^-$ bedeutet, dass Sie x-Werte betrachten, die beliebig nahe an 3 liegen, jedoch stets kleiner als 3 sind.
- Bilden Sie die Grenzwerte, indem Sie zunächst anstelle von x den jeweiligen Wert (also $+\infty$ bzw. $-\infty$ bzw. 3^+ bzw. 3^-) setzen.
- Für die Grenzwerte $x \to \pm\infty$ erhalten Sie Brüche, deren Nenner unendlich groß ($+\infty$) bzw. unendlich klein ($-\infty$) sind.
- Was geschieht mit dem Wert eines Bruchs, wenn sich der Nenner vergrößert?
  Z. B. $\frac{1}{10}; \frac{1}{100}; \frac{1}{1\,000}; \frac{1}{1\,000\,000}; \frac{1}{1\,000\,000\,000}; \ldots$
- Das Vorzeichen des Nenners darf auch vor den Bruch geschrieben werden:
  Z. B. $\frac{a}{-b} = -\frac{a}{b}$
- Für den Grenzwert $x \to 3^+$ erhalten Sie einen Bruch mit dem Nenner $3^+ - 3$. Da 3^+ eine Zahl ist, die zwar nahe bei 3 liegt, aber größer ist als 3 (z. B. 3,01 oder 3,001 oder 3,0001 …), ist die Differenz eine sehr kleine, positive Zahl, also 0^+.
- Für den Grenzwert $x \to 3^-$ erhalten Sie einen Bruch mit dem Nenner $3^- - 3$. Da 3^- eine Zahl ist, die zwar nahe bei 3 liegt, aber kleiner ist als 3 (z. B. 2,99 oder 2,999 oder 2,9999 …), ist die Differenz eine – vom Betrag – sehr kleine, negative Zahl, also 0^-.
- Was geschieht mit dem Wert eines Bruchs, wenn sich der Nenner verkleinert?
  Z. B. $\frac{1}{\frac{1}{10}}; \frac{1}{\frac{1}{100}}; \frac{1}{\frac{1}{1\,000}}; \frac{1}{\frac{1}{1\,000\,000}}; \ldots$

Aufgabe 1 c

Betrachten Sie die Grenzwerte für $x \rightarrow 3^{\pm}$.

Die Funktionswerte von f(x) werden für $x \rightarrow 3^{\pm}$ also beliebig groß bzw. klein.

Welcher Geraden nähert sich der Funktionsgraph für $x \rightarrow 3^{\pm}$ an?

Betrachten Sie den Funktionsterm.

Der gebrochene Teil des Funktionsterms $\left(\frac{1}{x-3}\right)$ strebt für $x \rightarrow \pm\infty$ gegen null (siehe Grenzwerte in Aufgabe 1 b).

Der „Rest" des Funktionsterms $(3-x)$ bildet die Gleichung der Geraden $y=3-x$, die die schräge (Steigung $m=-1$) Asymptote der Funktion darstellt.

Aufgabe 2

Bilden Sie zu jeder der drei gegebenen Funktionen die Ableitung.

Beachten Sie, dass B und F identische Graphen sind.

Die Graphen A, B, C und F haben dieselbe Form, sind aber verschoben (B und F im Vergleich zu A nach links, C nach oben).

Nutzen Sie die Asymptoten bei D und E.

Beachten Sie bei D und E den Definitionsbereich.

Aufgabe 3 a

Die Entwicklung erfolgt in drei Schritten.

Jeder Schritt ist durch eine Zahl im Funktionsterm von f(x) bedingt:

$$f(x)=\underset{\uparrow}{\tfrac{3}{2}}\sin\left(\underset{\uparrow}{\tfrac{2}{3}}x\right)-\underset{\uparrow}{1}$$

Die Reihenfolge der Schritte wird von Ihnen gewählt.

Als Veränderungen kommen infrage:
- Änderung der Periode
- Änderung der Amplitude
- Verschiebung in x-Richtung
- Verschiebung in y-Richtung

$y=\sin(ax)$	hat die Periode $\frac{1}{a}\cdot 2\pi$.
$y=c\cdot\sin x$	hat die Amplitude c.
$y=\sin(x+b)$	ist verschoben um $-b$ in x-Richtung.
$y=\sin x+d$	ist verschoben um d in y-Richtung.

Aufgabe 3 b

Fassen Sie beide Seiten der Gleichung als je eine Funktion auf.

- Das algebraische Gleichsetzen zweier Funktionsterme entspricht dem grafischen Schnitt zweier Funktionsgraphen.
- Welche Variable soll als Lösung der Gleichung bestimmt werden?
- Der Schnittpunkt zweier Funktionsgraphen hat eine x- und eine y-Koordinate. Welche entspricht der Lösung der Gleichung?

Stochastik

Aufgabe 1 a

- Achten Sie darauf, dass die Wahrscheinlichkeit der Vereinigungs-, **nicht** der Schnittmenge von A und B gegeben ist.
- Wie lässt sich die Wahrscheinlichkeit der Vereinigungsmenge darstellen?
- Es gilt der Additionssatz: $P(A \cup B) = P(A) + P(B) - P(A \cap B)$
- A und B sollen unabhängig sein. Was folgt daraus?
- A und B sind unabhängig, wenn $P(A \cap B) = P(A) \cdot P(B)$ gilt.
- Einsetzen der gegebenen Werte in den Additionssatz liefert eine Gleichung für P(B).

Aufgabe 1 b

- Veranschaulichen Sie sich die Menge $A \setminus B$ in einem Mengendiagramm.
- Beachten Sie auch hier die Unabhängigkeit von A und B.

Aufgabe 2

- Betrachten Sie den Nenner. Wie spricht man ihn?
- Es werden „5 aus 15“ ausgesucht.
- Im Zähler steht eine Summe.
- Im Zähler wird nach männlich und weiblich unterschieden.
- Welche beiden Ereignisse werden im Zähler dargestellt?
- Fassen Sie die beiden Ereignisse sprachlich zusammen.

Aufgabe 3 a

- Achten Sie beim Ausfüllen der Vierfeldertafel darauf, dass sich in der Angabe die Prozentzahlen nur(!) auf Frauen bzw. nur(!) auf Männer beziehen.
- Vervollständigen Sie die Feldertafel durch entsprechende Additionen bzw. Subtraktionen.

Aufgabe 3 b

- Tragen Sie in das Baumdiagramm die Wahrscheinlichkeiten ein, die sich aus der Vierfeldertafel ablesen lassen.
- Sie können die Wahrscheinlichkeiten von F und $\overline{F}$ der Vierfeldertafel entnehmen.
- Die Vierfeldertafel liefert Ihnen auch die Wahrscheinlichkeiten der vier Schnittmengen, die unterhalb des Baumdiagramms notiert werden.
- Die fehlenden Wahrscheinlichkeiten ergeben sich mithilfe der 1. Pfadregel.

Geometrie

Aufgabe 1 a

- Beide Ebenen sind in Normalenform gegeben.
- Wann stellen beide Gleichungen dieselbe Ebene dar?
- Jeder Koeffizient der einen Ebene muss das gleiche Vielfache des entsprechenden Koeffizienten der anderen Ebene sein.
- Vergleichen Sie 2 mit –1 (bei x_1), 4 mit –2 (bei x_3) und 6 mit –3 (bei der Konstanten).
- Auch beim Vergleich von –1 und t muss sich derselbe Multiplikator ergeben.

Aufgabe 1 b

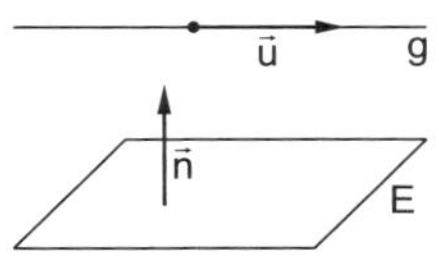

- Skizzieren Sie eine Ebene und eine dazu parallele Gerade.
- Sie kennen den Richtungsvektor der Geraden und den Normalenvektor der Ebene.
- Welche Lage müssen Richtungsvektor und Normalenvektor zueinander haben, damit $g \parallel E$ gilt?
- Zwei Vektoren stehen aufeinander senkrecht, wenn ihr Skalarprodukt null ergibt.
- Berechnung des Skalarprodukts:

$$\vec{a} \circ \vec{b} = \begin{pmatrix} a_1 \\ a_2 \\ a_3 \end{pmatrix} \circ \begin{pmatrix} b_1 \\ b_2 \\ b_3 \end{pmatrix} = a_1 b_1 + a_2 b_2 + a_3 b_3$$

Aufgabe 1 c

- Die Lage von g ist durch Richtungsvektor und Aufpunkt bestimmt.
- Gehört der Aufpunkt von g der Ebene E an?
- Erfüllen die Koordinaten des Aufpunkts die Ebenengleichung?

Aufgabe 1 d

- Lösen Sie die Ebenengleichung nach einem x_i (hier am leichtesten x_2) auf.
- Die anderen beiden x_i werden zu Parametern.
- Wenn Sie die drei Gleichungen für die x_i sauber untereinanderschreiben, entsteht eine Vektorgleichung für den Ebenenpunkt X.

oder:

- Suchen Sie mithilfe der Ebenengleichung drei Punkte, die auf E und nicht auf einer Geraden liegen.
- Die Parametergleichung der Ebene ergibt sich durch die 3-Punkte-Form:
  $\vec{X} = \vec{A} + \lambda\overrightarrow{AB} + \mu\overrightarrow{AC}$

Aufgabe 2 a

- Fertigen Sie eine Skizze, die die Lage der Ebene E bzgl. der Kugel K zeigt.
- Sie können die Kugel durch einen Kreis und die Ebene durch eine Gerade darstellen.
- Wo befindet sich eine zweite zur Ebene E echt parallele Berührebene F an die Kugel?
- Welche Lage besitzt der Berührpunkt B der Ebene F bzgl. des Berührpunkts A?
- Die beiden Berührpunkte bilden einen Durchmesser.
- Berechnen Sie die Koordinaten des Berührpunkts B.
- Sind zwei Ebenen parallel, so sind auch ihre Normalenvektoren parallel.
- Als Normalenvektor von F kann der Normalenvektor von E verwendet werden.
- Berechnen Sie die Konstante n_0 von F so, dass der Punkt B der Ebene F angehört.

Aufgabe 2 b

- Im Berührpunkt steht der Radius auf der Berührebene senkrecht.
- Der Abstand der beiden Ebenen entspricht dem Durchmesser.
- Der Durchmesser ergibt sich durch die Entfernung der beiden Berührpunkte.
- Die Länge des Vektors $\vec{a} = \begin{pmatrix} a_1 \\ a_2 \\ a_3 \end{pmatrix}$ ergibt sich aus $|\vec{a}| = \sqrt{a_1^2 + a_2^2 + a_3^2}$.

oder:

- Abstand der beiden Ebenen = Abstand des Berührpunktes B von Ebene E
- Für die Berechnung des Abstands eines Punktes von einer Ebene gibt es eine Formel.
- In der Normalenform muss jedes x_i durch die entsprechende Koordinate des Punktes, dessen Abstand von der Ebene berechnet werden soll, ersetzt werden. Man dividiert den Absolutbetrag des sich ergebenden Werts durch die Länge des Normalenvektors.
- Verwenden Sie die Formel: $d(P; E) = \dfrac{|n_1p_1 + n_2p_2 + n_3p_3 + n_0|}{|\vec{n}|}$

Lösungen

Analysis

1. a) $\mathbb{D}_f = \mathbb{R} \setminus \{3\}$

b) $\lim\limits_{x \to +\infty} f(x) = \lim\limits_{x \to +\infty} \left(3 - x + \frac{1}{x-3}\right) = „3 - \infty + \frac{1}{\infty}“ = „3 - \infty + 0“ = -\infty$

$\lim\limits_{x \to -\infty} f(x) = \lim\limits_{x \to -\infty} \left(3 - x + \frac{1}{x-3}\right) = „3 - (-\infty) + \frac{1}{-\infty}“ = „3 + \infty - \frac{1}{\infty}“$

$= „3 + \infty - 0“ = +\infty$

$\lim\limits_{x \to 3^+} f(x) = \lim\limits_{x \to 3^+} \left(3 - x + \frac{1}{x-3}\right) = „3 - 3^+ + \frac{1}{3^+ - 3}“ = „(3 - 3^+) + \frac{1}{0^+}“$

$= „0^- + \infty“ = +\infty$

$\lim\limits_{x \to 3^-} f(x) = \lim\limits_{x \to 3^-} \left(3 - x + \frac{1}{x-3}\right) = „3 - 3^- + \frac{1}{3^- - 3}“ = „(3 - 3^-) + \frac{1}{0^-}“$

$= „0^+ - (+\infty)“ = -\infty$

c) senkrechte Asymptote: $x = 3$
schräge Asymptote: $y = 3 - x$, da $\lim\limits_{x \to \pm\infty} \frac{1}{x-3} = 0$

2. Die Graphen müssen den sechs Funktionen

$f(x) = e^{x+1}$	$g(x) = \ln(x+1)$	$h(x) = e^x + 1$
$f'(x) = e^{x+1}$	$g'(x) = \frac{1}{x+1}$	$h'(x) = e^x$

zugeordnet werden.

A zeigt den Graphen von $y = e^x$. $\Rightarrow$ A zeigt den Graphen von $h'(x)$.

B zeigt den um 1 nach links verschobenen Graphen von $y = e^x$; also den Graphen von $y = e^{x+1}$. $\Rightarrow$ B zeigt den Graphen von $f(x) = f'(x)$.

C zeigt den um 1 nach oben verschobenen Graphen von $y = e^x$; also den Graphen von $y = e^x + 1$. $\Rightarrow$ C zeigt den Graphen von $h(x)$.

D besitzt die Asymptoten $y = 0$ und $x = -1$; somit hat die hier gezeigte Funktion eine Definitionslücke bei $x = -1$. $\Rightarrow$ D zeigt den Graphen von $g'(x)$.

E zeigt den um 1 nach links verschobenen Graphen von $y = \ln x$; also den Graphen von $y = \ln(x+1)$. $\Rightarrow$ E zeigt den Graphen von g(x).

F ist identisch mit B. $\Rightarrow$ F zeigt den Graphen von $f(x) = f'(x)$.

3. a) $y = \sin x$

   ↓ gleiche Amplitude; Dehnung der Periode auf $\frac{3}{2} \cdot 2\pi = 3\pi$

   $y = \sin\left(\frac{2}{3}x\right)$

   ↓ Dehnung der Amplitude auf $\frac{3}{2}$; Periode bleibt 3π

   $y = \frac{3}{2}\sin\left(\frac{2}{3}x\right)$

   ↓ Verschiebung des Graphen um 1 nach unten

   $y = \frac{3}{2}\sin\left(\frac{2}{3}x\right) - 1$

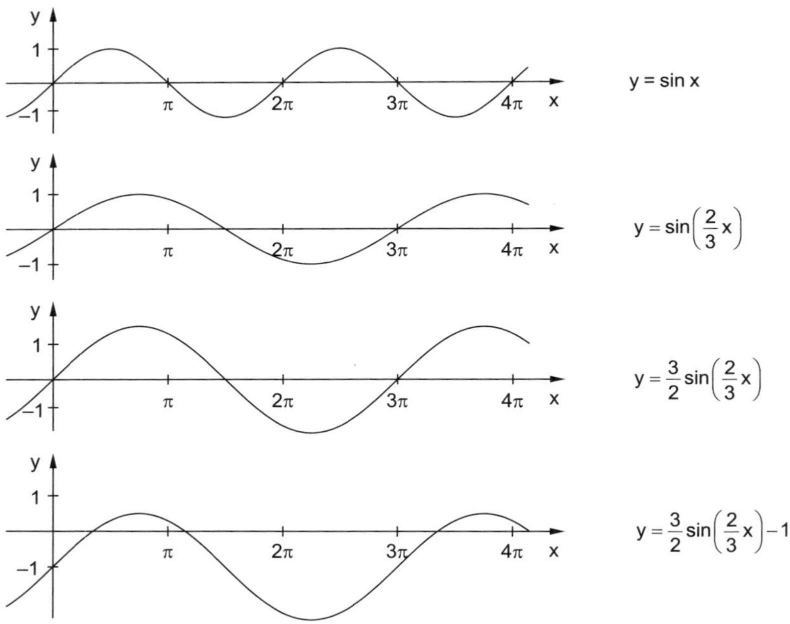

Die Funktionsgraphen sind *nicht* verlangt (die Arbeitsanweisung lautet „beschreiben Sie“). Sie sind hier nur zur Veranschaulichung eingefügt.

b) Man zeichnet in *ein* Koordinatensystem die Graphen der *beiden* Funktionen $f(x) = \frac{3}{2}\sin\left(\frac{2}{3}x\right) - 1$ und $g(x) = -\frac{1}{2}x$.

Der x-Wert des Schnittpunkts der beiden Graphen ist Lösung der Gleichung (es ergibt sich ein im Koordinatensystem abgelesener Näherungswert x_0).

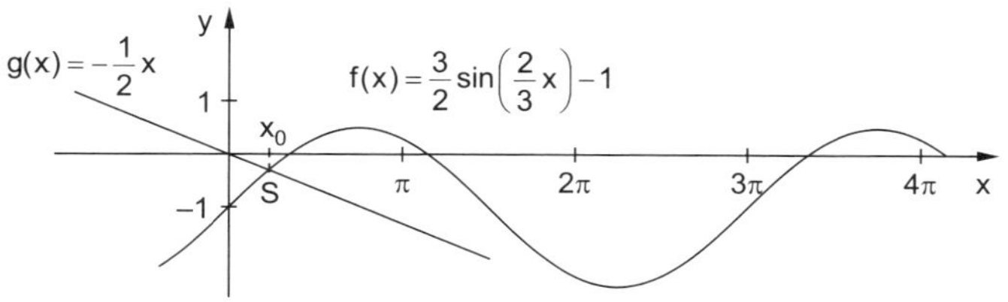

Auch hier ist die Zeichnung nicht verlangt, sondern dient nur der Veranschaulichung.

Stochastik

1. a) Additionssatz: $P(A \cup B) = P(A) + P(B) - P(A \cap B)$

Da A und B unabhängig sind, muss gelten: $P(A \cap B) = P(A) \cdot P(B)$

Somit:

$$P(A \cup B) = P(A) + P(B) - P(A) \cdot P(B)$$

$$\frac{1}{2} = \frac{1}{5} + P(B) - \frac{1}{5} \cdot P(B)$$

$$\frac{1}{2} - \frac{1}{5} = \frac{4}{5} \cdot P(B)$$

$$\frac{5}{10} - \frac{2}{10} = \frac{4}{5} \cdot P(B)$$

$$\frac{3}{10} = \frac{4}{5} \cdot P(B)$$

$$P(B) = \frac{3}{10} : \frac{4}{5} = \frac{3}{10} \cdot \frac{5}{4} = \frac{3}{8}$$

b) $P(A \setminus B) = P(A) - P(A \cap B) = P(A) - P(A) \cdot P(B)$

$$= \frac{1}{5} - \frac{1}{5} \cdot \frac{3}{8} = \frac{8}{40} - \frac{3}{40} = \frac{5}{40} = \frac{1}{8}$$

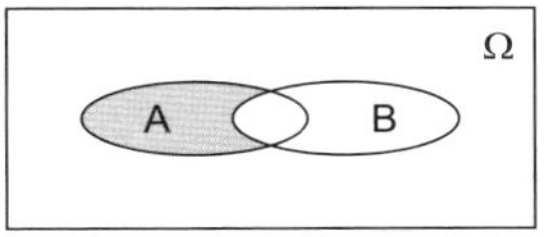

2. Aus den 15 Bewerbern werden 5 ausgesucht, die entweder alle 5 männlich sind oder von denen 4 männlich und 1 weiblich sind.

Somit: Aus den 15 Bewerbern werden 5 ausgesucht, von denen mindestens 4 männlich sind.

oder:

Aus den 15 Bewerbern werden 5 ausgesucht, von denen höchstens 1 weiblich ist.

3. a)

	♂	♀	
F	80 % von 60 % $=0{,}8 \cdot 0{,}6 = 0{,}48$	30 % von 40 % $=0{,}3 \cdot 0{,}4 = 0{,}12$	**0,6**
$\overline{F}$	**0,12**	**0,28**	**0,4**
	0,6	**0,4**	1

Die zu berechnenden Werte sind fett gedruckt.

b) Aus der Vierfeldertafel ergeben sich die Wahrscheinlichkeiten von F und $\overline{F}$ und die Wahrscheinlichkeiten der Schnittmengen.
Die zu berechnenden Werte sind fett gedruckt.

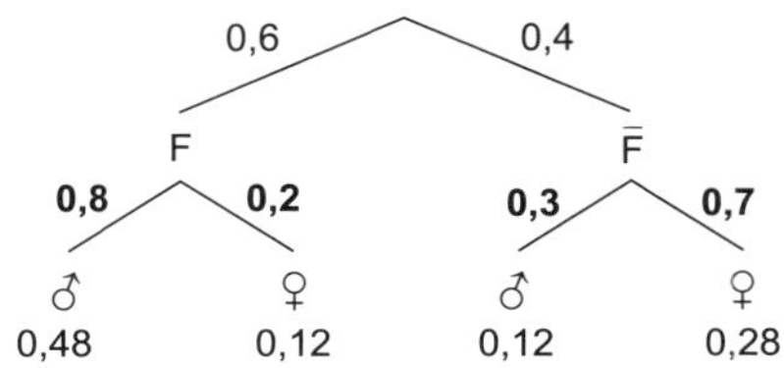

Mithilfe der 1. Pfadregel lassen sich die noch fehlenden bedingten Wahrscheinlichkeiten (fett gedruckt) berechnen.

$$0{,}6 \cdot P_F(♂) = 0{,}48 \quad \Rightarrow \quad P_F(♂) = \frac{0{,}48}{0{,}6} = \frac{48}{60} = \frac{8}{10} = 0{,}8 \quad \Rightarrow \quad P_F(♀) = 0{,}2$$

$$0{,}4 \cdot P_{\overline{F}}(♂) = 0{,}12 \quad \Rightarrow \quad P_{\overline{F}}(♂) = \frac{0{,}12}{0{,}4} = \frac{12}{40} = \frac{3}{10} = 0{,}3 \quad \Rightarrow \quad P_{\overline{F}}(♀) = 0{,}7$$

Geometrie

1. a) Die beiden Ebenen sind identisch, wenn die beiden Gleichungen Vielfache voneinander sind.

$$-x_1 + tx_2 - 2x_3 - 3 = a \cdot (2x_1 - x_2 + 4x_3 + 6)$$
$$-x_1 + tx_2 - 2x_3 - 3 = 2ax_1 - ax_2 + 4ax_3 + 6a$$

Vergleicht man die Koeffizienten von x_1, x_3 und die Konstanten, so ergibt sich $a = -\frac{1}{2}$ und somit $t = -a = \frac{1}{2}$.

b) Die Gerade verläuft parallel zur Ebene, wenn der Richtungsvektor der Geraden auf dem Normalenvektor der Ebene senkrecht steht, ihr Skalarprodukt also null ergibt.

$$\begin{pmatrix} s \\ 6 \\ -1 \end{pmatrix} \circ \begin{pmatrix} 2 \\ -1 \\ 4 \end{pmatrix} = 0$$

$$2s - 6 - 4 = 0$$
$$2s = 10$$
$$s = 5$$

c) Die mit $s=5$ zu E parallele Gerade g liegt in der Ebene E, wenn der Aufpunkt der Geraden in der Ebene liegt.

$2 \cdot 3 - 4 + 4 \cdot (-2) + 6 = 6 - 4 - 8 + 6 = 0$

Also gehört der Aufpunkt der Ebene an und somit gilt $g \subset E$.

d) Man löst die Ebenengleichung nach einem x_i auf und setzt für die anderen beiden x_i die beiden Parameter:

E: $x_2 = 2x_1 + 4x_3 + 6$

$x_1 = \lambda$

$x_3 = \mu$

$\Rightarrow \quad x_2 = 2\lambda + 4\mu + 6$

Fasst man die drei Gleichungen für x_1, x_2 und x_3 als Vektorgleichung zusammen, so ergibt sich:

$$E: \vec{X} = \begin{pmatrix} 0 \\ 6 \\ 0 \end{pmatrix} + \lambda \begin{pmatrix} 1 \\ 2 \\ 0 \end{pmatrix} + \mu \begin{pmatrix} 0 \\ 4 \\ 1 \end{pmatrix} \quad \text{mit } \lambda, \mu \in \mathbb{R}$$

oder:

Man sucht 3 Punkte, die in der Ebene E liegen.
Bereits bekannt: $(3|4|-2)$
Mögliche weitere Punkte: $(0|6|0)$ und $(-3|0|0)$
Daraus ergibt sich z. B.:

$$E: \vec{X} = \begin{pmatrix} 0 \\ 6 \\ 0 \end{pmatrix} + \lambda \left[\begin{pmatrix} 3 \\ 4 \\ -2 \end{pmatrix} - \begin{pmatrix} 0 \\ 6 \\ 0 \end{pmatrix} \right] + \mu \left[\begin{pmatrix} -3 \\ 0 \\ 0 \end{pmatrix} - \begin{pmatrix} 0 \\ 6 \\ 0 \end{pmatrix} \right]$$

$$= \begin{pmatrix} 0 \\ 6 \\ 0 \end{pmatrix} + \lambda \begin{pmatrix} 3 \\ -2 \\ -2 \end{pmatrix} + \mu \begin{pmatrix} -3 \\ -6 \\ 0 \end{pmatrix} = \begin{pmatrix} 0 \\ 6 \\ 0 \end{pmatrix} + \lambda \begin{pmatrix} 3 \\ -2 \\ -2 \end{pmatrix} + \mu \begin{pmatrix} 1 \\ 2 \\ 0 \end{pmatrix} \quad \text{mit } \lambda, \mu \in \mathbb{R}$$

2. a) Die Ebene F muss parallel zu E durch den Punkt B verlaufen, der mit dem Punkt A einen Durchmesser der Kugel bildet.

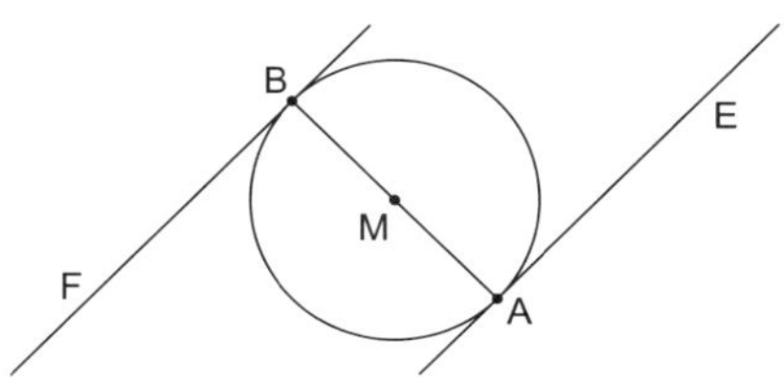

Es gilt:

$$\vec{B} = \vec{A} + 2 \cdot \overrightarrow{AM} = \begin{pmatrix} 1 \\ 8 \\ -3 \end{pmatrix} + 2 \cdot \left[\begin{pmatrix} 3 \\ 4 \\ 1 \end{pmatrix} - \begin{pmatrix} 1 \\ 8 \\ -3 \end{pmatrix} \right] = \begin{pmatrix} 1 \\ 8 \\ -3 \end{pmatrix} + 2 \cdot \begin{pmatrix} 2 \\ -4 \\ 4 \end{pmatrix} = \begin{pmatrix} 5 \\ 0 \\ 5 \end{pmatrix}$$

oder:

$$\vec{B}=\vec{M}+\overrightarrow{AM}=\begin{pmatrix}3\\4\\1\end{pmatrix}+\left[\begin{pmatrix}3\\4\\1\end{pmatrix}-\begin{pmatrix}1\\8\\-3\end{pmatrix}\right]=\begin{pmatrix}3\\4\\1\end{pmatrix}+\begin{pmatrix}2\\-4\\4\end{pmatrix}=\begin{pmatrix}5\\0\\5\end{pmatrix}$$

Als Normalenvektor von F kann der Normalenvektor von E verwendet werden, der Punkt B muss die Ebenengleichung von F erfüllen:

$$\begin{aligned}F\colon\ x_1-2x_2+2x_3+n_0&=0\\5-2\cdot 0+2\cdot 5+n_0&=0\\15+n_0&=0\\n_0&=-15\end{aligned}$$

$$F\colon\ x_1-2x_2+2x_3-15=0$$

b) Da im Berührpunkt Radius und Berührebene aufeinander senkrecht stehen, kann der gesuchte Abstand als Länge der Strecke [AB] berechnet werden.

$$d(E;F)=|\overrightarrow{AB}|=\left|\begin{pmatrix}5\\0\\5\end{pmatrix}-\begin{pmatrix}1\\8\\-3\end{pmatrix}\right|=\left|\begin{pmatrix}4\\-8\\8\end{pmatrix}\right|=\sqrt{4^2+(-8)^2+8^2}$$

$$=\sqrt{16+64+64}=\sqrt{144}=12$$

oder:

$$d(E;F)=d(B;E)=\frac{|1\cdot 5-2\cdot 0+2\cdot 5+21|}{\sqrt{1^2+(-2)^2+2^2}}=\frac{|5+10+21|}{\sqrt{1+4+4}}=\frac{36}{3}=12$$

Abitur Mathematik (Bayern): Prüfungsteil A
Übungsaufgabe 2

Analysis

BE

1. Gegeben ist die Funktion

$$f(x) = \frac{x^2 - 2}{x^2 + x}$$

a) Bestimmen Sie den Definitionsbereich $\mathbb{D}_f$. 2

b) Geben Sie die Gleichung der Tangente an den Graphen von f an der Stelle $x = 1$ an. 4

2. Gegeben sind drei Graphen, die eine Funktion sowie ihre 1. und 2. Ableitung zeigen. Ordnen Sie die Graphen entsprechend zu und begründen Sie Ihre Wahl. 6

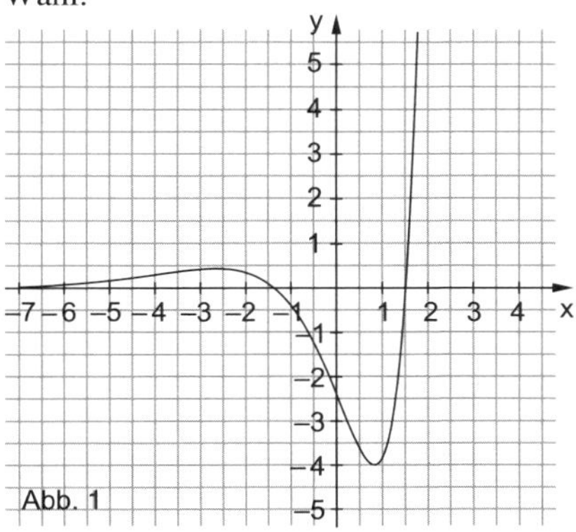

Abb. 1

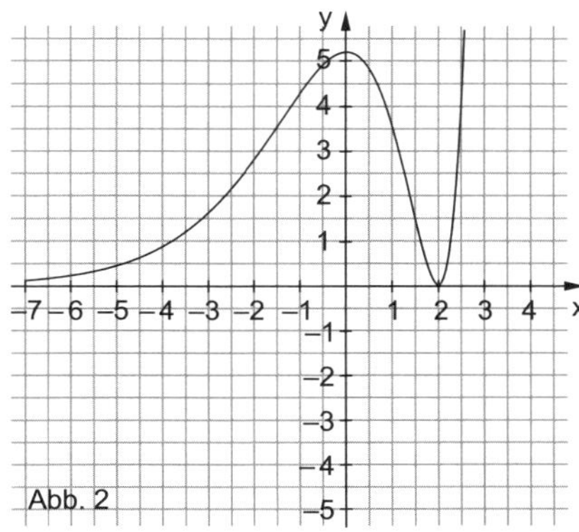

Abb. 2

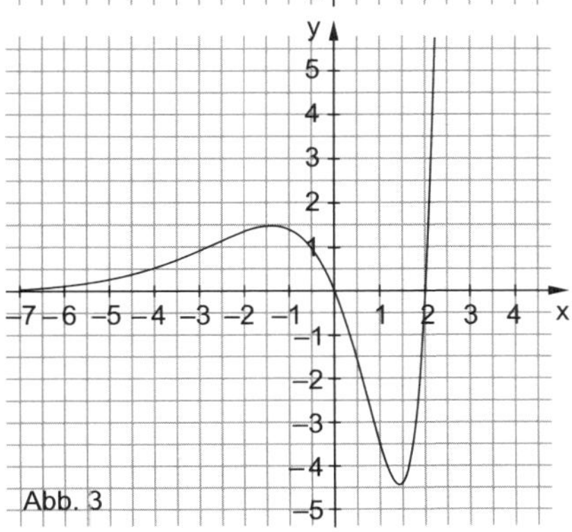

Abb. 3

3. Lösen Sie die Gleichung

$$e^x - 4e^{-x} = 0.$$ 4

4. Bestimmen Sie für die beiden Funktionen jeweils den Term einer Stammfunktion.

$$f(x) = 2\cos\left(\frac{1}{4}x\right) - \frac{1}{2}x^4 \qquad g(x) = \frac{2x+3}{x^2+3x-1}$$ 4

20

Stochastik

BE

1. Zum Semesterende steht an der Universität die Mathematikprüfung für Ingenieure an. 20 % aller Prüflinge studieren Maschinenbau. 15 % der Prüflinge bestehen die Prüfung nicht, 4 % der Prüflinge sind Maschinenbaustudenten, die die Prüfung nicht bestehen.

   a) Fertigen Sie eine Vierfeldertafel an. 3

   b) Bestimmen Sie die Wahrscheinlichkeit, mit der ein Prüfling nicht Maschinenbau studiert und die Prüfung besteht. 1

   c) Prüfen Sie die Ereignisse „Maschinenbaustudent" und „Prüfung bestanden" auf stochastische Abhängigkeit. 3

2. In einer Schale befinden sich nur durch die Farbe zu unterscheidende Kugeln. 25 % sind rot, 20 % blau, 20 % weiß, 15 % gelb, 10 % grün und 10 % lila. Aus der Schale werden nacheinander mit Zurücklegen 50 Kugeln entnommen. Dafür wurden Funktionsgraphen angefertigt, die näherungsweise die Binomialverteilung B(50; p) darstellen, wobei p die Wahrscheinlichkeit für die jeweilige Farbe ist.
Zu welcher Farbe gehört der abgebildete Graph? Begründen Sie Ihre Antwort.

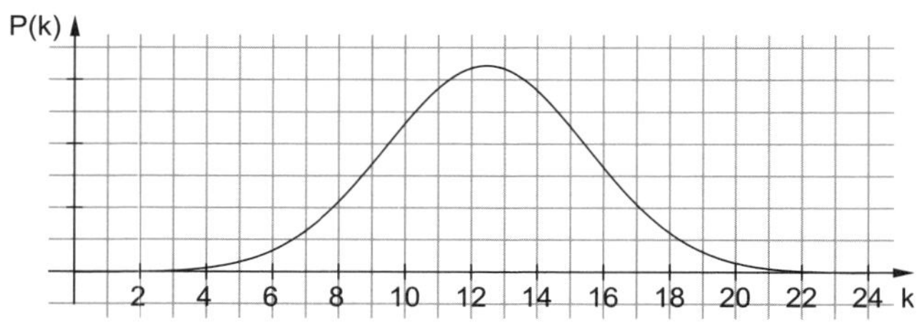

3

10

Geometrie

BE

Gegeben ist das Dreieck mit den Punkten $A(1|2|3)$, $B(0|-3|-1)$ und $C(-1|2|-5)$.

a) Zeigen Sie, dass das Dreieck gleichschenklig ist. 3

b) Bestimmen Sie die Koordinaten des Punktes D so, dass das Viereck ABCD eine Raute ist. 2

c) Der Punkt A liegt in der Ebene $E: 3x_1 - 4x_3 + 9 = 0$.
Welche besondere Lage besitzt E im Koordinatensystem? 2

d) Welchen Abstand besitzt der Punkt $P(3|7|2)$ von der Ebene E? 3

10

Tipps und Hinweise

Analysis

Aufgabe 1 a

- Der Nenner eines Bruches darf nicht null werden.
- Faktorisieren Sie den Nenner.
- Ein Produkt ist null, wenn einer der Faktoren null ist.

Aufgabe 1 b

- Wie heißen die Koordinaten des Punktes auf dem Funktionsgraphen, durch den die Tangente verlaufen soll?
- Jede Tangente hat als Gerade die Gleichung $y = m \cdot x + t$.
- Die Steigung der Tangente ergibt sich mithilfe der 1. Ableitung f'(x).
- Wie nennt man einen Rechenausdruck, der die Form des Funktionsterms hat?
- Beachten Sie bei der Berechnung von f'(x) die Quotientenregel.
  $f(x) = \frac{u(x)}{v(x)} \quad \Rightarrow \quad f'(x) = \frac{u'(x) \cdot v(x) - u(x) \cdot v'(x)}{[v(x)]^2}$
- Durch welche Zahl müssen Sie in f'(x) das x ersetzen, um die gesuchte Tangentensteigung zu erhalten?
- Beachten Sie, dass die Tangente durch den Ihnen bekannten Punkt (mit $x = 1$) verläuft.

Aufgabe 2

- Aus „f'(x) ist 1. Ableitung von f(x)" folgt „f(x) ist Stammfunktion von f'(x)".
- Beachten Sie den HDI – Hauptsatz der Differenzial- und Integralrechnung. Der HDI besagt, dass die Ableitung jeder Stammfunktion von f(x) mit der Funktion f(x) identisch ist: $F'(x) = f(x)$
- Was folgt aus $F'(x) = f(x)$ für die Extremstellen von F(x)?
- $F'(x) = 0$ liefert Extremstellen von F(x).
  $f(x) = 0$ liefert Nullstellen von f(x).
- Lesen Sie für jede Abbildung die Nullstellen und die Extremstellen aus der Zeichnung ab. Es geht dabei **nur** um die jeweiligen „Stellen", also **nur** um die x-Werte.
- Stimmen die Extremstellen einer Abbildung mit den Nullstellen einer anderen Abbildung überein? Was folgt daraus?
- Wie lassen sich die Abbildungen zu einer „Kette" hintereinander anordnen?

Aufgabe 3

- Wie lässt sich e^{-x} auch schreiben?
- Multiplizieren Sie die Gleichung so, dass keine Potenz mit negativem Exponenten bzw. kein Bruch mehr auftritt.
- $e^x \cdot e^x = (e^x)^2$
- Sie erhalten für e^x zwei Lösungen.
- Aus $e^x = a$ folgt $x = \ln a$.
- Es gilt $e^x > 0$ für alle $x \in \mathbb{R}$.

oder:

- Formen Sie die Gleichung so um, dass auf beiden Seiten eine Potenz von e steht.
- Logarithmieren Sie beide Seiten.
- $\ln x$ und e^x sind Funktion und Umkehrfunktion. Sie „heben sich auf".
- $\ln(e^x) = x$
- Beachten Sie die Rechenregeln für Logarithmen.
- $\ln(uv) = \ln u + \ln v$ und $\ln u^z = z \ln u$

Aufgabe 4

- Bei f(x) suchen Sie für jedes der beiden Glieder getrennt die Stammfunktion.
- Es gilt: $\int \cos x \, dx = \sin x + C$
- Beachten Sie, dass das Argument bei der cos-Funktion nicht x, sondern $\frac{1}{4}x$ lautet.
- Wenn Sie die Stammfunktion zur Kontrolle ableiten, müssen Sie also die Kettenregel beachten: $(\sin(ax))' = \cos(ax) \cdot a$
- Für das zweite Glied von f(x) gilt $\int x^r \, dx = \frac{1}{r+1} \cdot x^{r+1} + C$.
- Welche Eigenschaft hat der Zähler von g(x) bezüglich des Nenners?
- Es gilt: $\int \frac{f'(x)}{f(x)} dx = \ln|f(x)| + C$

Stochastik

Aufgabe 1 a

- Die beiden Kriterien bei der Vierfeldertafel sind M (Maschinenbaustudent) bzw. $\overline{M}$ und bestanden bzw. nicht bestanden.
- Setzen Sie die gegebenen Werte (20 %; 15 %; 4 %) in die Tafel ein und berechnen Sie über Summenbildungen die fehlenden.

Aufgabe 1 b

- Die gesuchte Wahrscheinlichkeit lässt sich direkt aus der Vierfeldertafel ablesen.

Aufgabe 1 c

- Die beiden Ereignisse A und B sind stochastisch unabhängig, wenn $P(A \cap B) = P(A) \cdot P(B)$.
- Sie können die benötigten Wahrscheinlichkeiten aus der Vierfeldertafel ablesen.
- Stimmt der Wert von $P(M) \cdot P(b)$ mit dem Wert von $P(M \cap b)$ überein?

Aufgabe 2

- Es handelt sich nicht um ein Histogramm, da nur eine Näherung dargestellt ist.
- Wo nehmen die Histogramm-Darstellungen von Binomialverteilungen die größten Werte an?
- Das Maximum einer Binomialverteilung befindet sich stets in der (unmittelbaren) Umgebung des Erwartungswerts.
- Berechnen Sie die Erwartungswerte der verschiedenen Farben.
- Ist die Zufallsgröße X binomialverteilt, so gilt für ihren Erwartungswert $E(X) = n \cdot p$.
- Beachten Sie, dass $n = 50$ gilt.
- Wo besitzt der abgebildete Graph sein Maximum?
- Für welche Farbe stimmt dieser abgelesene Wert am besten mit dem Erwartungswert überein?

Geometrie

Aufgabe a

- Welche Bedingung muss ein Dreieck erfüllen, damit es gleichschenklig ist?
- Berechnen Sie die Längen der Dreiecksseiten.

- Die Länge des Vektors $\vec{a} = \begin{pmatrix} a_1 \\ a_2 \\ a_3 \end{pmatrix}$ ergibt sich aus $|\vec{a}| = \sqrt{a_1^2 + a_2^2 + a_3^2}$.

- Vermerken Sie (z. B. in einer Skizze), bei welcher Seite es sich um die Basis handelt.

Aufgabe b

- Welche Eigenschaften hat eine Raute?

- Da eine Raute ein Parallelogramm mit gleich langen Seiten ist, gilt hier $\overrightarrow{AD} = \overrightarrow{BC}$ und $\overrightarrow{CD} = \overrightarrow{BA}$.

Aufgabe c

- Was fällt an der Normalenform der Ebene E auf?

- Sie wissen, dass der Punkt $A(1\,|\,2\,|\,3)$ der Ebene angehört. Welche Koordinate von A können Sie beliebig verändern, sodass alle entstehenden Punkte auch der Ebene E angehören?

- Welche Eigenschaft hat die Gerade, auf der alle Punkte $Q(1\,|\,a\,|\,3)$ mit $a \in \mathbb{R}$ liegen?

- Alle diese Punkte $Q(1\,|\,a\,|\,3)$, $a \in \mathbb{R}$, liegen auch in der Ebene E. Welche besondere Lage muss E somit haben?

Aufgabe d

- Für die Berechnung des Abstands eines Punktes von einer Ebene gibt es eine Formel.

- In der Normalenform muss jedes x_i durch die entsprechende Koordinate des Punktes, dessen Abstand von der Ebene berechnet werden soll, ersetzt werden. Man dividiert den Absolutbetrag des sich ergebenden Werts durch die Länge des Normalenvektors.

- Verwenden Sie die Formel $d(P; E) = \frac{|n_1p_1 + n_2p_2 + n_3p_3 + n_0|}{|\vec{n}|}$.

Lösungen

Analysis

1. a) $f(x)=\frac{x^2-2}{x^2+x}=\frac{x^2-2}{x(x+1)}$ $\qquad D_f=\mathbb{R}\setminus\{0;-1\}$

b) $f(1)=\frac{1^2-2}{1^2+1}=\frac{-1}{2}=-\frac{1}{2}$ $\qquad P\left(1\,\middle|\,-\frac{1}{2}\right)=P(1|-0{,}5)$

$$f'(x)=\frac{2x\cdot(x^2+x)-(x^2-2)\cdot(2x+1)}{(x^2+x)^2}=\frac{2x^3+2x^2-2x^3-x^2+4x+2}{(x^2+x)^2}$$

$$=\frac{x^2+4x+2}{(x^2+x)^2}$$

$$f'(1)=\frac{1+4+2}{(1+1)^2}=\frac{7}{4}=1{,}75$$

Tangente: $\quad y=m\cdot x+t \qquad$ mit $m=f'(1)=1{,}75$

$y=1{,}75\cdot x+t \qquad$ Einsetzen von $P(1|-0{,}5)$

$-0{,}5=1{,}75\cdot 1+t$

$t=-0{,}5-1{,}75=-2{,}25$

$\Rightarrow \quad y=1{,}75x-2{,}25$

2. Lösung über den HDI: $F'(x)=f(x)$
Jede Extremstelle von F(x) – der Stammfunktion – muss also Nullstelle von f(x) sein.

	Nullstellen	Extremstellen
Abbildung 1	$x=-1{,}5$ / $x=1{,}5$	$x\approx-2{,}75$ / $x\approx 0{,}75$
Abbildung 2	$x=2$ doppelt	$x=0$ / $x=2$
Abbildung 3	$x=0$ / $x=2$	$x=-1{,}5$ / $x=1{,}5$

Somit zeigt Abbildung 3 eine Stammfunktion von Abbildung 1 und Abbildung 2 eine Stammfunktion von Abbildung 3.

Also $\left.\begin{array}{l}(\text{Abb. }3)'=\text{Abb. }1\\(\text{Abb. }2)'=\text{Abb. }3\end{array}\right\}\Rightarrow (\text{Abb. }2)''=(\text{Abb. }3)'=\text{Abb. }1$

und somit

$(\text{Abb. }2)'=\text{Abb. }3$

$(\text{Abb. }2)''=\text{Abb. }1$

Also stellen

Abb. 2 die ursprüngliche Funktion f(x),
Abb. 3 die 1. Ableitung f'(x),
Abb. 1 die 2. Ableitung f''(x)

dar.

3. $e^x - 4e^{-x} = 0$ bzw. $e^x - \frac{4}{e^x} = 0$

$e^x = 4e^{-x}$ bzw. $e^x = \frac{4}{e^x} \quad |\cdot e^x$

$(e^x)^2 = 4$

$e^x = \pm 2$

$e^x = 2 \Rightarrow x = \ln 2$

$e^x = -2$ ↯ da $e^x > 0$ für alle $x \in \mathbb{R}$

$\mathbb{L} = \{\ln 2\}$

oder:

$$e^x - 4e^{-x} = 0$$

$$e^x = 4e^{-x} \quad |\ln$$

$$x = \ln(4e^{-x})$$

$$x = \ln 4 + \ln e^{-x}$$

$$x = \ln 4 + (-x)$$

$$2x = \ln 4$$

$$x = \frac{1}{2}\ln 4 = \ln 4^{\frac{1}{2}} = \ln 2$$

$\mathbb{L} = \{\ln 2\}$

4. $f(x) = 2\cos\left(\frac{1}{4}x\right) - \frac{1}{2}x^4$

$$F(x) = 2 \cdot \frac{1}{\frac{1}{4}} \cdot \sin\left(\frac{1}{4}x\right) - \frac{1}{2} \cdot \frac{1}{5}x^5 + C = 8\sin\left(\frac{1}{4}x\right) - \frac{1}{10}x^5 + C$$

$g(x) = \frac{2x+3}{x^2+3x-1}$ Es gilt: $(x^2+3x-1)' = 2x+3$

$$g(x) = \frac{(x^2+3x-1)'}{x^2+3x-1}$$

$$G(x) = \ln|x^2+3x-1| + C$$

Stochastik

1. a)

	M: Maschinenbaustudent	$\overline{M}$: kein Maschinenbaustudent	
b: bestanden	**16 %**	**69 %**	**85 %**
$\overline{b}$: nicht bestanden	4 %	**11 %**	15 %
	20 %	**80 %**	100 %

Die zu berechnenden Werte sind fett gedruckt.

b) $P(\overline{M} \cap b) = 0{,}69 = 69\ \%$ (siehe Vierfeldertafel)

c) $P(M) = 0{,}2$
$P(b) = 1 - 0{,}15 = 0{,}85$
$P(M) \cdot P(b) = 0{,}17$
$P(M \cap b) = 0{,}16 \neq P(M) \cdot P(b)$ stochastisch abhängig

2. Der Graph gehört zu $p = 0{,}25$, also rot.
Der Graph hat sein Maximum bei etwa $x = 12{,}5$.
Für den Erwartungswert $\mu = n \cdot p$ ergibt sich für

rot: 12,5 blau: 10 weiß: 10
gelb: 7,5 grün: 5 lila: 5

Da sich bei einer Binomialverteilung das Maximum stets in der Umgebung des Erwartungswerts befindet, kommt nur die Farbe rot in Betracht.

Geometrie

a) $$\overline{AB} = |\overrightarrow{AB}| = \left|\begin{pmatrix} 0 \\ -3 \\ -1 \end{pmatrix} - \begin{pmatrix} 1 \\ 2 \\ 3 \end{pmatrix}\right| = \left|\begin{pmatrix} -1 \\ -5 \\ -4 \end{pmatrix}\right| = \sqrt{(-1)^2 + (-5)^2 + (-4)^2} = \sqrt{1 + 25 + 16} = \sqrt{42}$$

$$\overline{AC} = |\overrightarrow{AC}| = \left|\begin{pmatrix} -1 \\ 2 \\ -5 \end{pmatrix} - \begin{pmatrix} 1 \\ 2 \\ 3 \end{pmatrix}\right| = \left|\begin{pmatrix} -2 \\ 0 \\ -8 \end{pmatrix}\right| = \sqrt{(-2)^2 + 0^2 + (-8)^2} = \sqrt{4 + 0 + 64} = \sqrt{68}$$

$$\overline{BC} = |\overrightarrow{BC}| = \left|\begin{pmatrix} -1 \\ 2 \\ -5 \end{pmatrix} - \begin{pmatrix} 0 \\ -3 \\ -1 \end{pmatrix}\right| = \left|\begin{pmatrix} -1 \\ 5 \\ -4 \end{pmatrix}\right| = \sqrt{(-1)^2 + 5^2 + (-4)^2} = \sqrt{1 + 25 + 16} = \sqrt{42}$$

Δ ABC ist gleichschenklig mit der Basis [AC].

b) $\vec{D} = \vec{A} + \overrightarrow{AD} = \vec{A} + \overrightarrow{BC}$

$$= \begin{pmatrix} 1 \\ 2 \\ 3 \end{pmatrix} + \begin{pmatrix} -1 \\ 5 \\ -4 \end{pmatrix} = \begin{pmatrix} 0 \\ 7 \\ -1 \end{pmatrix}$$

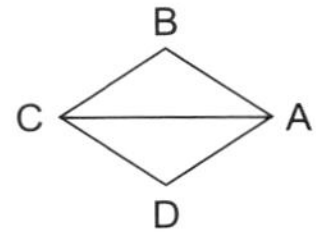

oder:

$$\vec{D} = \vec{C} + \overrightarrow{CD} = \vec{C} + \overrightarrow{BA} = \begin{pmatrix} -1 \\ 2 \\ -5 \end{pmatrix} + \begin{pmatrix} 1 \\ 5 \\ 4 \end{pmatrix} = \begin{pmatrix} 0 \\ 7 \\ -1 \end{pmatrix}$$

c) E verläuft parallel zur x_2-Achse, da mit dem Punkt $A(1\,|\,2\,|\,3)$ alle Punkte $(1\,|\,a\,|\,3)$, $a \in \mathbb{R}$, der Ebene E angehören.

oder:

$$\vec{n} = \begin{pmatrix} 3 \\ 0 \\ -4 \end{pmatrix}$$

Der Normalenvektor der Ebene verläuft also parallel zur x_1-x_3-Ebene und steht damit auf der x_2-Achse senkrecht $\Rightarrow$ $E \parallel x_2$-Achse.

d) Mit $|\vec{n}| = \sqrt{3^2 + 0^2 + (-4)^2} = 5$ und der Formel $d(P; E) = \dfrac{|n_1p_1 + n_2p_2 + n_3p_3 + n_0|}{|\vec{n}|}$ ergibt sich:

$$d(P; E) = \frac{1}{5} \cdot |3 \cdot 3 + 0 \cdot 7 - 4 \cdot 2 + 9| = \frac{1}{5} \cdot 10 = 2$$

Analysis

BE

1. Gegeben sind vier Funktionsbilder. Graph A zeigt die Funktion f(x).
   Welche Funktionen sind durch die Graphen B, C und D dargestellt? 4

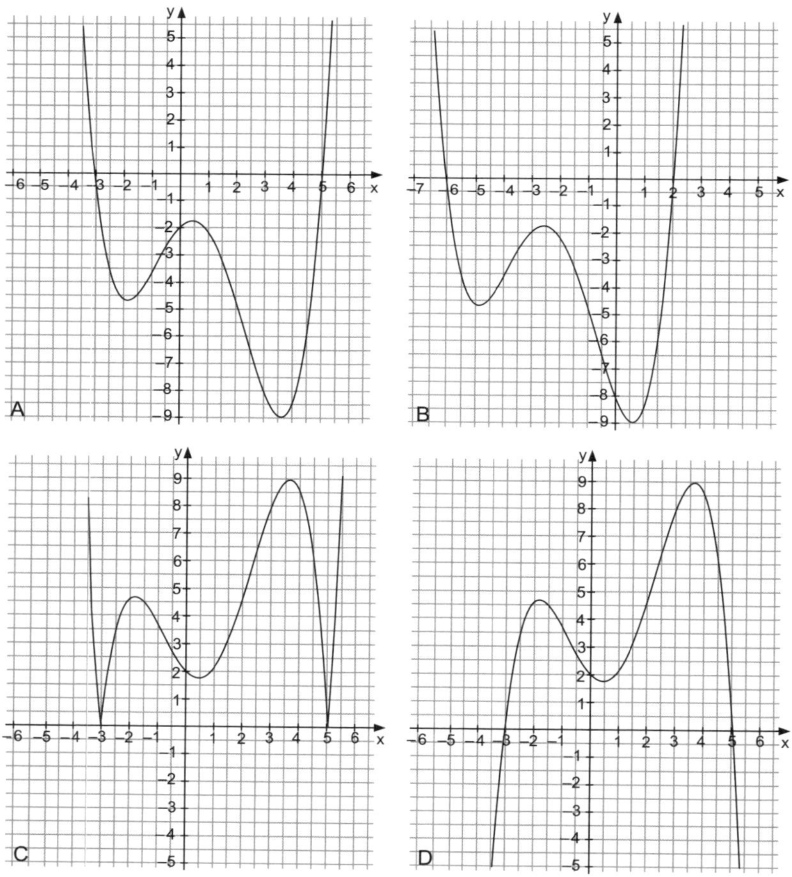

2. Untersuchen Sie die folgenden Funktionen auf Nullstellen:

$f(x) = (x^2 - 4)(x + 2)$ $\qquad$ $g(x) = \dfrac{(x^2 - 4)}{(x + 2)}$

$h(x) = e^{(x^2 - 4)(x + 2)}$ $\qquad$ $i(x) = \sqrt{x^2 - 4}$ 6

3. Der Graph einer rationalen Funktion 3. Grades berührt die x-Achse für $x = -3$ und hat im Punkt $(0|4)$ ein relatives Maximum.
Geben Sie die Gleichung dieser Funktion an. 6

4. Lösen Sie die Gleichung:
$4\ln(2x) - (\ln(2x))^2 = 0$ 4

20

Stochastik

BE

1. Aus den Schalen A, B und C wird nacheinander je eine Kugel gezogen. In jeder Schale befinden sich nur Kugeln, die sich lediglich in ihrer Farbe unterscheiden.
Schale A: 2 rote, 3 weiße, 5 schwarze
Schale B: 5 rote, 5 weiße
Schale C: 3 rote, 4 weiße, 3 schwarze
Berechnen Sie die Wahrscheinlichkeit, mit der
   a) drei rote Kugeln 1
   b) drei gleichfarbige Kugeln 1
   c) höchstens eine rote Kugel 2

   gezogen werden.

2. Herr Meier fährt jeden Morgen mit dem Auto zur Arbeit. Dass er einen Arbeitstag zu spät beginnt, liegt zum einen daran, dass er zu spät daheim losfährt, zum anderen daran, dass auf der Strecke zur Arbeit oft ein Verkehrsstau auftritt. Die Wahrscheinlichkeit, in einen Verkehrsstau zu geraten, beträgt 80 %, wenn Herr Meier zu spät losfährt, während er an zwei von drei Tagen ohne Stau durchkommt, wenn er pünktlich von zu Hause aufbricht. Die Wahrscheinlichkeit, dass Herr Meier weder zu spät losfährt noch in einen Stau gerät, beträgt 50 %.
   a) Berechnen Sie die Wahrscheinlichkeit, dass Herr Meier rechtzeitig daheim losfährt. 1

b) Zeigen Sie, dass die beiden Ereignisse „später losfahren" und „Verkehrsstau" stochastisch abhängig sind. 3

c) Von den Angaben soll lediglich der Wert „80 %" so geändert werden, dass die beiden Ereignisse „später losfahren" und „Verkehrsstau" stochastisch unabhängig sind. Bestimmen Sie den Wert, der statt 80 % gesetzt werden muss. 2

10

Geometrie

BE

1. Die Vektoren $\vec{a}$, $\vec{b}$ und $\vec{c}$ legen das Prisma OABCDE fest.
   Es gilt:

   $$\overrightarrow{OR} = \frac{2}{3}\overrightarrow{OA}$$

   $$\overrightarrow{RS} = \frac{3}{4}\overrightarrow{RE}$$

   $$\overrightarrow{CT} = \frac{1}{6}\overrightarrow{CD}$$

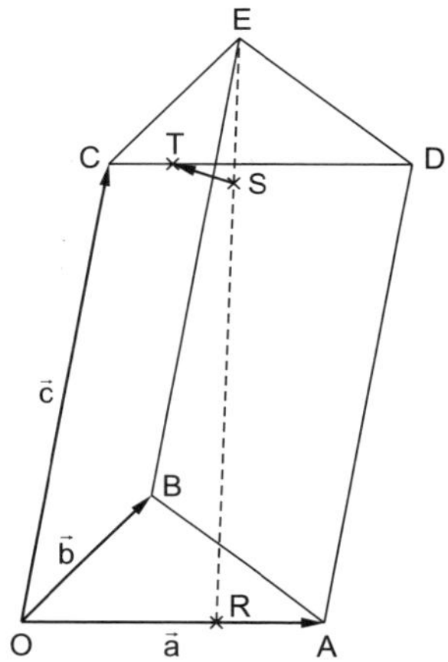

   a) Stellen Sie den Vektor $\overrightarrow{ST}$ durch die Vektoren $\vec{a}$, $\vec{b}$ und $\vec{c}$ dar. 2

   b) Interpretieren Sie das Ergebnis geometrisch. 2

2. Gegeben ist das Dreieck ABC durch A(5 | 3 | 7), B(–5 | –3 | 5) und C(–2 | 1 | 4).

   a) Zeigen Sie, dass die Höhe h_a des Dreiecks auf der Geraden

   $$g: \vec{X} = \begin{pmatrix} -3 \\ 7 \\ -1 \end{pmatrix} + \lambda \begin{pmatrix} 2 \\ -1 \\ 2 \end{pmatrix} \quad \text{mit } \lambda \in \mathbb{R}$$ 2

   liegt.

   b) Bestimmen Sie die Länge der Höhe h_a. 3

   c) Zeigen Sie, dass das Dreieck ABC die Fläche $3\sqrt{26}$ besitzt. 1

10

Tipps und Hinweise

Analysis

Aufgabe 1

Wie verändert sich der Graph beim Übergang von A nach B?

Wie muss der Graph verschoben werden, um von A nach B zu gelangen?

Wie lässt sich eine solche Verschiebung in der Funktionsgleichung ablesen?

Es gibt zwei mögliche Verschiebungen:
- Verschiebung in y-Richtung um b nach oben/nach unten, aus f(x) wird $f(x)+b$/$f(x)-b$.
- Verschiebung in x-Richtung um a nach rechts/nach links, aus f(x) wird $f(x-a)$/$f(x+a)$.

Was fällt am Graphen C auf?

Welche Rechenoperation verwandelt bei einer negativen Zahl nur das Vorzeichen?

Es gilt:

$$|y| = \begin{cases} y, & \text{falls } y \geq 0 \\ -y, & \text{falls } y < 0 \end{cases}$$

Wenn $y < 0$ gilt, so ist $-y$ eine positive Zahl!

Wie verändert sich der Graph beim Übergang von A nach D?

Woran muss der Graph gespiegelt werden, um von A nach D zu gelangen?

Wie lässt sich eine solche Spiegelung in der Funktionsgleichung ablesen?

Es gibt zwei mögliche Spiegelungen:
- Spiegelung an der y-Achse, aus f(x) wird $f(-x)$.
- Spiegelung an der x-Achse, aus f(x) wird $-f(x)$.

Aufgabe 2

Nullstellen sind die Schnittpunkte mit der x-Achse. Diese hat die Gleichung $y=0$.

Ein Produkt ist null, wenn einer der Faktoren null ist.

x^2-4 kann faktorisiert werden (binomische Formel!).

Beachten Sie die vollständige Faktorisierung von f(x) auch bei den folgenden Funktionen.

Bei jeder gebrochenen Funktion muss auf den Definitionsbereich geachtet werden.

Welchen Definitionsbereich hat g(x)?

- Warum besitzt g(x) nur eine einzige Nullstelle, obwohl der Zähler für zwei verschiedene x-Werte den Wert null annimmt?
- Wie verläuft die Funktion $y = e^x$? Besitzt sie Schnittpunkte mit der x-Achse?
- Bei jeder Wurzelfunktion muss auf den Definitionsbereich geachtet werden.
- Welchen Definitionsbereich hat i(x)?
- Ein Produkt aus zwei Faktoren ist positiv, wenn beide Faktoren dasselbe Vorzeichen haben, also entweder für beide > 0 oder für beide < 0 gilt.
- Ein Quadrat kann nicht negativ werden.
- Die Nullstelle muss dem Definitionsbereich angehören.

Aufgabe 3

- Wie lautet die allgemeine Funktionsgleichung für eine rationale Funktion 3. Grades?
- Wie viele Unbekannte hat diese allgemeine Funktionsgleichung? Sie brauchen ebenso viele Bestimmungsgleichungen.
- In der Angabe finden Sie Informationen zu zwei Punkten, die dem Graphen der Funktion angehören.
- Was bedeutet „berührt die x-Achse"? Eine Skizze hilft.
- Für $x = -3$ muss $y = 0$ gelten, damit die x-Achse berührt wird.
- Das Wort „berührt" lässt die x-Achse für $x = -3$ zur Tangente werden. Was folgt daraus für die Steigung im Berührpunkt?
- Was bedeutet „in $(0|4)$ ein relatives Maximum"?
- Der Punkt $(0|4)$ muss auf dem Graphen liegen.
- Welche Eigenschaften hat jeder Extrempunkt?
- Sie erhalten vier Gleichungen für die vier Unbekannten.
- Durch zwei dieser Gleichungen sind zwei Unbekannte unmittelbar bestimmt. Setzen Sie diese in die beiden anderen Gleichungen ein.
- Lösen Sie die beiden Gleichungen mit den beiden verbliebenen Unbekannten.

Aufgabe 4

- Klammern Sie aus.
- Ein Produkt ist null, wenn einer der Faktoren null ist.
- Wo besitzt die Funktion $f(x) = \ln x$ ihre Nullstelle?
- Es gilt: $\ln 1 = 0$

- $\ln x$ und e^x sind Funktion und Umkehrfunktion, sie „heben sich auf".
- $\ln a = b \;\Rightarrow\; a = e^b$

Stochastik

Aufgabe 1

- In jeder Schale befinden sich 10 Kugeln.

Aufgabe 1 a

- „drei rote Kugeln" bedeutet aus jeder Schale eine rote Kugel.

Aufgabe 1 b

- Welche Farben stehen für „drei gleichfarbige Kugeln" zur Verfügung?
- In Schale B befinden sich keine schwarzen Kugeln.

Aufgabe 1 c

- Zerlegen Sie „höchstens eine rote" in zwei Ereignisse.
- „eine rote" wird erfüllt, wenn aus nur einer Schale eine rote, aus den beiden anderen Schalen keine rote gezogen wird.

Aufgabe 2

- Machen Sie sich klar, welche Wahrscheinlichkeiten gegeben sind.
- Benennen Sie die beiden Ereignisse entsprechend.
- Sie können die Angaben auch in ein Baumdiagramm eintragen.

Aufgabe 2 a

- Sie kennen sowohl die Wahrscheinlichkeit einer Schnittmenge („weder zu spät losfahren noch in Stau geraten") als auch die Wahrscheinlichkeit, bei pünktlichem Aufbruch nicht in Stau zu geraten.
- Verwenden Sie die 1. Pfadregel bzw. die Beziehung $P(\overline{S} \cap \overline{V}) = P(\overline{S}) \cdot P_{\overline{S}}(\overline{V})$.
- Aus $P(\overline{S})$ ergibt sich $P(S)$.

Aufgabe 2 b

- Zwei Ereignisse A und B sind stochastisch unabhängig, wenn $P(A \cap B) = P(A) \cdot P(B)$ gilt.
- Sie sollen zeigen $P(S \cap V) \neq P(S) \cdot P(V)$.
- Sie kennen $P(S)$ aus Teilaufgabe a.
- $P(S \cap V)$ ergibt sich mithilfe der 1. Pfadregel bzw. aus $P(S \cap V) = P(S) \cdot P_S(V)$.

- $P(V)$ lässt sich aus zwei Schnittmengen-Wahrscheinlichkeiten zusammensetzen.
- $P(V) = P(S \cap V) + P(\overline{S} \cap V)$

Aufgabe 2 c

- Benutzen Sie die Formel für unabhängige Ereignisse $P(S \cap V) = P(S) \cdot P(V)$.
- Verfahren Sie wie in Teilaufgabe b, achten Sie aber darauf, statt 0,8 stets x zu setzen.
- Lösen Sie die Gleichung nach x auf.

oder:

- Machen Sie sich klar, was es bedeutet, wenn die beiden Ereignisse unabhängig sind.
- Übertragen Sie die entsprechenden Wahrscheinlichkeiten.

Geometrie

Aufgabe 1 a

- Finden Sie einen Weg, der über die angegebenen Punkte vom Punkt S zum Punkt T führt.
- Drücken Sie alle Vektoren durch $\vec{a}$, $\vec{b}$ und $\vec{c}$ aus.
- Fassen Sie so weit wie möglich zusammen.

Aufgabe 1 b

- Was fällt am Ergebnis von Teilaufgabe a auf?
- Welche Fläche des Prismas wird ebenfalls nur von den Vektoren $\vec{b}$ und $\vec{c}$ aufgespannt?
- Welche Lage muss der Ergebnisvektor von Teilaufgabe a bzgl. dieser Fläche haben?

Aufgabe 2 a

- Skizzieren Sie ein beliebiges Dreieck ABC und zeichnen Sie auch die Höhe h_a ein.

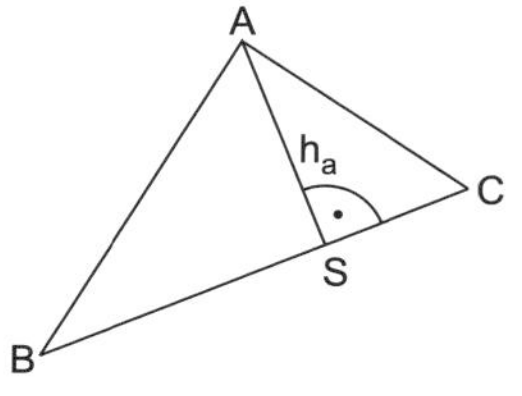

- Durch welchen Dreieckspunkt verläuft die Höhe h_a?
- Jede Höhe steht auf der Gegenseite senkrecht.
- Zeigen Sie, dass A auf der Geraden g liegt.
- Zeigen Sie, dass die Gerade g auf der Geraden durch B und C senkrecht steht.
- Zwei Vektoren stehen aufeinander senkrecht, wenn ihr Skalarprodukt null ergibt.

- Berechnung des Skalarprodukts:

$$\vec{a} \circ \vec{b} = \begin{pmatrix} a_1 \\ a_2 \\ a_3 \end{pmatrix} \circ \begin{pmatrix} b_1 \\ b_2 \\ b_3 \end{pmatrix} = a_1 b_1 + a_2 b_2 + a_3 b_3$$

Aufgabe 2 b

- Die Höhe h_a wird durch den Punkt A und den Schnittpunkt S der Geraden g mit der Geraden durch B und C begrenzt.
- Die Gerade durch B und C ergibt sich aus $\vec{X} = \vec{B} + \lambda \overrightarrow{BC}$.
- Den Schnittpunkt zweier Geraden erhält man durch Gleichsetzen der beiden Gleichungen.
- Es ergeben sich 3 Gleichungen für 2 Unbekannte.
- Probe in der 3. Gleichung nicht vergessen.
- Einsetzen eines Parameters in die entsprechende Geradengleichung liefert die Koordinaten des Schnittpunkts.
- Die Länge der Höhe h_a entspricht der Länge des Vektors $\overrightarrow{AS}$.
- Die Länge des Vektors $\vec{a} = \begin{pmatrix} a_1 \\ a_2 \\ a_3 \end{pmatrix}$ ergibt sich aus $|\vec{a}| = \sqrt{a_1^2 + a_2^2 + a_3^2}$.

Aufgabe 2 c

- Die Dreiecksfläche lässt sich elementargeometrisch oder vektoriell berechnen.
- Für die Dreiecksfläche gilt $A_\Delta = \frac{1}{2} \cdot g \cdot h$ mit Grundlinie g und zugehöriger Höhe h.
- Die Länge der Höhe h_a haben Sie in Teilaufgabe 2 b berechnet. Die entsprechende Grundlinie hat die Länge $|\overrightarrow{BC}|$.

oder:

- Für die Dreiecksfläche gilt: $A_\Delta = \frac{1}{2} \cdot |\overrightarrow{AB} \times \overrightarrow{AC}|$
- Das Vektorprodukt (oder Kreuzprodukt) zweier Vektoren $\vec{a}$ und $\vec{b}$ berechnet sich zu:

$$\vec{a} \times \vec{b} = \begin{pmatrix} a_1 \\ a_2 \\ a_3 \end{pmatrix} \times \begin{pmatrix} b_1 \\ b_2 \\ b_3 \end{pmatrix} = \begin{pmatrix} a_2 b_3 - a_3 b_2 \\ a_3 b_1 - a_1 b_3 \\ a_1 b_2 - a_2 b_1 \end{pmatrix}$$

Lösungen

Analysis

1. Graph B ist der um 3 nach links verschobene Graph A.
   $\Rightarrow$ B: $f(x+3)$

   Graph C besitzt keine negativen Funktionswerte. Die bei Graph A unterhalb der x-Achse liegenden Teile des Graphen werden an der x-Achse gespiegelt („nach oben geklappt").
   $\Rightarrow$ C: $|f(x)|$

   Graph D entsteht, wenn Graph A in seiner Gesamtheit an der x-Achse gespiegelt wird.
   $\Rightarrow$ D: $-f(x)$

2. $f(x)=(x^2-4)(x+2)=(x+2)(x-2)(x+2)=(x-2)(x+2)^2 \qquad \mathbb{D}=\mathbb{R}$

   Nullstellen: $(2|0)$, $(-2|0)$ doppelte Nullstelle

   Verlangt ist nur die Angabe der Nullstellen.

   Zusätzlicher Hinweis: Jede doppelte Nullstelle ist ein Berührpunkt der x-Achse. Der Funktionsgraph hat die x-Achse also als Tangente. Somit ist jede doppelte Nullstelle zugleich ein Extrempunkt.

   $$g(x)=\frac{x^2-4}{x+2}=\frac{(x-2)(x+2)}{(x+2)} \qquad \mathbb{D}=\mathbb{R}\setminus\{-2\}$$

   Für $x=-2$ ergibt sich keine Nullstelle, da $-2\notin\mathbb{D}$!
   (Nur zur Information: $g(x)$ besitzt an der Stelle $(-2|-4)$ ein „Loch".)
   Einzige Nullstelle: $(2|0)$

   $h(x)=e^{(x^2-4)(x+2)}=e^{(x-2)(x+2)^2} \qquad \mathbb{D}=\mathbb{R}$

   Die Funktion besitzt keine Nullstelle, da $e^x>0$ für $x\in\mathbb{R}$.

   $i(x)=\sqrt{x^2-4}=\sqrt{(x-2)(x+2)} \qquad \mathbb{D}=]-\infty, -2]\cup[2; \infty[$

   Die Funktion ist nur definiert, wenn der Radikand (= Term unter der Wurzel) nicht negativ ist.
   Nullstellen: $(2|0)$ und $(-2|0)$

3. $f(x)=ax^3+bx^2+cx+d$

   „berührt die x-Achse in $(-3|0)$" $\Rightarrow$ (1) $f(-3)=0$
   (2) $f'(-3)=0$

   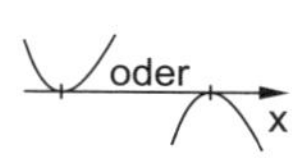

   „relatives Maximum in $(0|4)$" $\Rightarrow$ (3) $f(0)=4$
   (4) $f'(0)=0$

Wegen $f'(x)=3ax^2+2bx+c$ ergibt sich:

(1) $-27a+9b-3c+d=0$

(2) $27a-6b+c=0$

(3) $d=4$

(4) $c=0$

Einsetzen von (3) und (4) in (1) und (2):

(1) $-27a + 9b + 4 = 0$

(2) $27a - 6b \quad = 0$

(1)+(2) $3b+4=0 \Rightarrow b=-\frac{4}{3}$

in (2) $27a-6\cdot\left(-\frac{4}{3}\right)=0 \Rightarrow 27a+8=0 \Rightarrow a=-\frac{8}{27}$

$f(x)=-\frac{8}{27}x^3-\frac{4}{3}x^2+4$

4. $4\ln(2x)-(\ln(2x))^2=0$

$\ln(2x)(4-\ln(2x))=0$

$\ln(2x)=0$ oder $4-\ln(2x)=0$

$2x=1$ $\qquad \ln(2x)=4$

$x=\frac{1}{2}$ $\qquad 2x=e^4$

$x=\frac{1}{2}e^4$

$L=\left\{\frac{1}{2};\frac{1}{2}e^4\right\}$

Stochastik

1. a) $P(rrr)=P_A(r)\cdot P_B(r)\cdot P_C(r)=\frac{2}{10}\cdot\frac{5}{10}\cdot\frac{3}{10}=\frac{30}{1000}=0{,}03=3\,\%$

b) $P(\text{gleichfarbig})=P(rrr)+P(www)=\frac{2}{10}\cdot\frac{5}{10}\cdot\frac{3}{10}+\frac{3}{10}\cdot\frac{5}{10}\cdot\frac{4}{10}$

$=\frac{30}{1000}+\frac{60}{1000}=0{,}09=9\,\%$

c) $P(\text{höchstens eine rote}) = P(\text{keine rote}) + P(\text{eine rote})$

$$= P(\bar{r}\,\bar{r}\,\bar{r}) + P(r\,\bar{r}\,\bar{r}) + P(\bar{r}\,r\,\bar{r}) + P(\bar{r}\,\bar{r}\,r)$$

$$= \frac{8}{10}\cdot\frac{5}{10}\cdot\frac{7}{10} + \frac{2}{10}\cdot\frac{5}{10}\cdot\frac{7}{10} + \frac{8}{10}\cdot\frac{5}{10}\cdot\frac{7}{10} + \frac{8}{10}\cdot\frac{5}{10}\cdot\frac{3}{10}$$

$$= \frac{280}{1\,000} + \frac{70}{1\,000} + \frac{280}{1\,000} + \frac{120}{1\,000} = \frac{750}{1\,000} = 0{,}75 = 75\,\%$$

2. Mit S für „später losfahren“ und V für „Verkehrsstau“ sind gegeben:

$P_S(V) = 80\,\%$ $\qquad P_{\bar{S}}(\bar{V}) = \frac{2}{3}$ $\qquad P(\bar{S} \cap \bar{V}) = 50\,\%$

Die Angaben lassen sich auch in einem Baumdiagramm darstellen (nicht gefordert!).

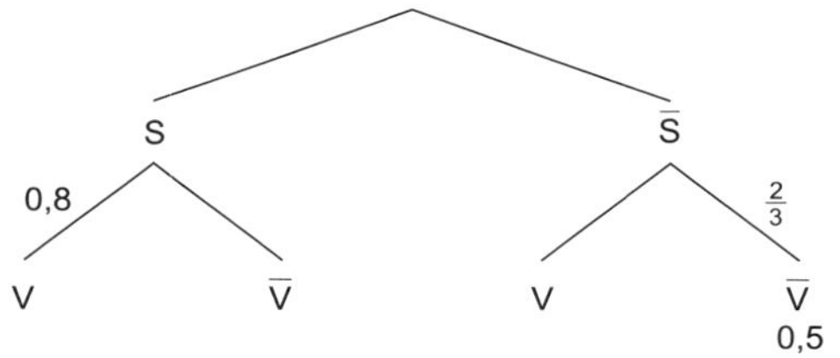

a) $P(\bar{S} \cap \bar{V}) = P(\bar{S}) \cdot P_{\bar{S}}(\bar{V})$

$$0{,}5 = P(\bar{S}) \cdot \frac{2}{3}$$

$$P(\bar{S}) = 0{,}5 : \frac{2}{3} = \frac{1}{2} \cdot \frac{3}{2} = \frac{3}{4} = 0{,}75 = 75\,\%$$

$\Rightarrow \quad P(S) = 0{,}25 = 25\,\%$

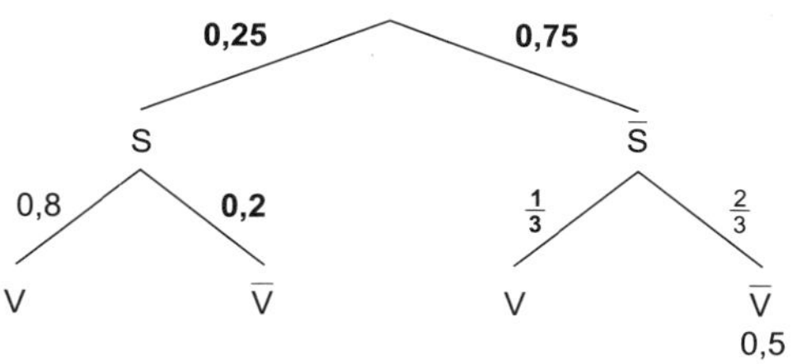

Die zu berechnenden Werte sind fett gedruckt.

b) $P(S) = 0,25$

$$P(V) = P(S \cap V) + P(\bar{S} \cap V) = 0,25 \cdot 0,8 + 0,75 \cdot \frac{1}{3}$$

$$= \frac{1}{4} \cdot \frac{8}{10} + \frac{3}{4} \cdot \frac{1}{3} = \frac{1}{5} + \frac{1}{4} = \frac{4}{20} + \frac{5}{20} = \frac{9}{20} = \frac{45}{100} = 0,45 = 45\ \%$$

$$P(S \cap V) = 0,25 \cdot 0,8 = \frac{1}{4} \cdot \frac{8}{10} = \frac{8}{40} = \frac{80}{400} \neq P(S) \cdot P(V) = \frac{1}{4} \cdot \frac{45}{100} = \frac{45}{400}$$

S und V sind somit stochastisch abhängig.

c) Sollen S und V unabhängig sein, muss gelten:

$$P(S \cap V) = P(S) \cdot P(V)$$

$$0,25 \cdot x = 0,25 \cdot \left[0,25 \cdot x + 0,75 \cdot \frac{1}{3}\right]$$

$$x = 0,25 \cdot x + 0,75 \cdot \frac{1}{3}$$

$$x = \frac{1}{4}x + \frac{3}{4} \cdot \frac{1}{3}$$

$$\frac{3}{4}x = \frac{1}{4}$$

$$x = \frac{1}{4} : \frac{3}{4} = \frac{1}{4} \cdot \frac{4}{3} = \frac{1}{3}$$

Anstelle von 0,8 muss der Wert $\frac{1}{3}$ gewählt werden.

oder:

Die beiden Ereignisse S und V sind nur dann stochastisch unabhängig, wenn die Wahrscheinlichkeit, in einen Stau zu geraten, nichts damit zu tun hat, ob Herr Meier zu spät losfährt oder nicht. Im Baumdiagramm muss also nach S die gleiche Wahrscheinlichkeitsverteilung wie nach $\bar{S}$ auftreten.

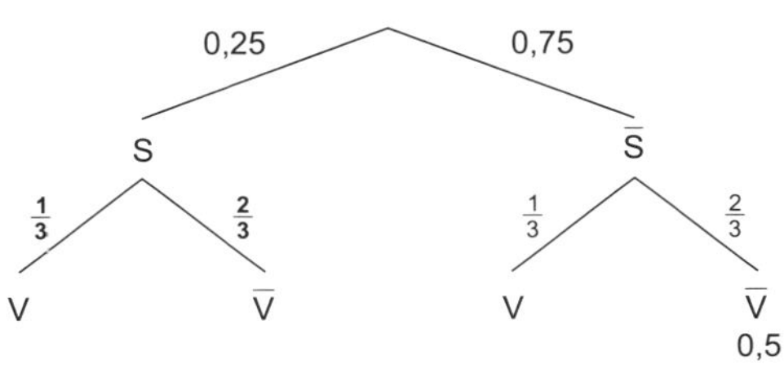

Die zu berechnenden Werte sind fett gedruckt.

1. a) $\overrightarrow{ST} = \overrightarrow{SE} + \overrightarrow{EC} + \overrightarrow{CT} = \frac{1}{4}\overrightarrow{RE} - \vec{b} + \frac{1}{6}\vec{a} = \frac{1}{4}(\overrightarrow{RO} + \overrightarrow{OC} + \overrightarrow{CE}) - \vec{b} + \frac{1}{6}\vec{a}$

$$= \frac{1}{4}\left(-\frac{2}{3}\vec{a} + \vec{c} + \vec{b}\right) - \vec{b} + \frac{1}{6}\vec{a} = -\frac{1}{4}\cdot\frac{2}{3}\vec{a} + \frac{1}{4}\vec{c} + \frac{1}{4}\vec{b} - \vec{b} + \frac{1}{6}\vec{a}$$

$$= -\frac{1}{6}\vec{a} + \frac{1}{4}\vec{c} - \frac{3}{4}\vec{b} + \frac{1}{6}\vec{a} = \frac{1}{4}\vec{c} - \frac{3}{4}\vec{b}$$

oder:

$$\overrightarrow{ST} = \overrightarrow{SR} + \overrightarrow{RO} + \overrightarrow{OC} + \overrightarrow{CT} = \frac{3}{4}\overrightarrow{ER} - \frac{2}{3}\vec{a} + \vec{c} + \frac{1}{6}\vec{a}$$

$$= \frac{3}{4}(\overrightarrow{EC} + \overrightarrow{CO} + \overrightarrow{OR}) - \frac{2}{3}\vec{a} + \vec{c} + \frac{1}{6}\vec{a} = \frac{3}{4}\left(-\vec{b} - \vec{c} + \frac{2}{3}\vec{a}\right) - \frac{2}{3}\vec{a} + \vec{c} + \frac{1}{6}\vec{a}$$

$$= -\frac{3}{4}\vec{b} - \frac{3}{4}\vec{c} + \frac{3}{4}\cdot\frac{2}{3}\vec{a} - \frac{2}{3}\vec{a} + \vec{c} + \frac{1}{6}\vec{a} = -\frac{3}{4}\vec{b} - \frac{3}{4}\vec{c} + \vec{c} + \frac{1}{2}\vec{a} - \frac{2}{3}\vec{a} + \frac{1}{6}\vec{a}$$

$$= -\frac{3}{4}\vec{b} + \frac{1}{4}\vec{c} + \frac{3}{6}\vec{a} - \frac{4}{6}\vec{a} + \frac{1}{6}\vec{a} = -\frac{3}{4}\vec{b} + \frac{1}{4}\vec{c}$$

b) Da $\overrightarrow{ST}$ nur von den Vektoren $\vec{b}$ und $\vec{c}$ abhängt, verläuft der Vektor $\overrightarrow{ST}$ parallel zur Seitenfläche OBEC, die von $\vec{b}$ und $\vec{c}$ aufgespannt wird.

2. a) Die Höhe h_a liegt dann auf der Geraden g, wenn g durch A verläuft und der Richtungsvektor von g senkrecht auf der Geraden durch B und C steht.

$A \in g$? $\quad \begin{pmatrix} 5 \\ 3 \\ 7 \end{pmatrix} = \begin{pmatrix} -3 \\ 7 \\ -1 \end{pmatrix} + \lambda \begin{pmatrix} 2 \\ -1 \\ 2 \end{pmatrix}$ ist erfüllt für $\lambda = 4$

A liegt auf g.

$\vec{u} \perp \overrightarrow{BC}$? $\quad \overrightarrow{BC} = \begin{pmatrix} -2 \\ 1 \\ 4 \end{pmatrix} - \begin{pmatrix} -5 \\ -3 \\ 5 \end{pmatrix} = \begin{pmatrix} 3 \\ 4 \\ -1 \end{pmatrix}$

$$\vec{u} \circ \overrightarrow{BC} = \begin{pmatrix} 2 \\ -1 \\ 2 \end{pmatrix} \circ \begin{pmatrix} 3 \\ 4 \\ -1 \end{pmatrix} = 6 - 4 - 2 = 0$$

Die Gerade g steht auf der Geraden durch B und C senkrecht.
Die Höhe h_a liegt auf der Geraden g.

b) S sei der Schnittpunkt von g und der Geraden durch B und C. Dann entspricht die Länge der Höhe h_a der Entfernung der Punkte A und S.

$$g_{BC}\colon\ \vec{X}=\begin{pmatrix}-5\\-3\\5\end{pmatrix}+\nu\cdot\begin{pmatrix}3\\4\\-1\end{pmatrix}$$

$$g\cap g_{BC}\colon\ \begin{pmatrix}-3\\7\\-1\end{pmatrix}+\lambda\cdot\begin{pmatrix}2\\-1\\2\end{pmatrix}=\begin{pmatrix}-5\\-3\\5\end{pmatrix}+\nu\cdot\begin{pmatrix}3\\4\\-1\end{pmatrix}$$

$$\begin{aligned}-3+2\lambda&=-5+3\nu & &\qquad -3+20-8\nu=-5+3\nu \;\Rightarrow\; 22=11\nu\\ 7-\lambda&=-3+4\nu \;\Rightarrow\; \lambda=10-4\nu \nearrow\\ -1+2\lambda&=5-\nu\end{aligned}$$

Die ersten beiden Gleichungen liefern $\nu=2$ und $\lambda=2$.

Probe in der 3. Gleichung: $-1+4=5-2$ erfüllt

Durch Einsetzen von λ in g (oder ν in g_{BC}) ergibt sich der Schnittpunkt $S(1\,|\,5\,|\,3)$.

$$|h_a|=|\overrightarrow{AS}|=\left|\begin{pmatrix}1\\5\\3\end{pmatrix}-\begin{pmatrix}5\\3\\7\end{pmatrix}\right|=\left|\begin{pmatrix}-4\\2\\-4\end{pmatrix}\right|=\sqrt{(-4)^2+2^2+(-4)^2}=\sqrt{16+4+16}$$

$$=\sqrt{36}=6$$

c) *elementargeometrisch:*

$$A_\Delta=\frac{1}{2}\cdot|\overrightarrow{BC}|\cdot|h_a|=\frac{1}{2}\cdot\left|\begin{pmatrix}3\\4\\-1\end{pmatrix}\right|\cdot 6=\frac{1}{2}\cdot\sqrt{3^2+4^2+(-1)^2}\cdot 6=3\cdot\sqrt{9+16+1}$$

$$=3\sqrt{26}$$

vektoriell:

Mit $\overrightarrow{AB}=\begin{pmatrix}-5\\-3\\5\end{pmatrix}-\begin{pmatrix}5\\3\\7\end{pmatrix}=\begin{pmatrix}-10\\-6\\-2\end{pmatrix}$ und $\overrightarrow{AC}=\begin{pmatrix}-2\\1\\4\end{pmatrix}-\begin{pmatrix}5\\3\\7\end{pmatrix}=\begin{pmatrix}-7\\-2\\-3\end{pmatrix}$ folgt:

$$A_\Delta=\frac{1}{2}\cdot|\overrightarrow{AB}\times\overrightarrow{AC}|=\frac{1}{2}\cdot\left|\begin{pmatrix}-10\\-6\\-2\end{pmatrix}\times\begin{pmatrix}-7\\-2\\-3\end{pmatrix}\right|=\frac{1}{2}\cdot\left|\begin{pmatrix}18-4\\14-30\\20-42\end{pmatrix}\right|=\frac{1}{2}\cdot\left|\begin{pmatrix}14\\-16\\-22\end{pmatrix}\right|$$

$$=\frac{1}{2}\cdot\left|2\cdot\begin{pmatrix}7\\-8\\-11\end{pmatrix}\right|=\sqrt{7^2+(-8)^2+(-11)^2}=\sqrt{49+64+121}=\sqrt{234}=\sqrt{9\cdot 26}$$

$$=3\sqrt{26}$$

Abitur Mathematik (Bayern): Prüfungsteil A
Übungsaufgabe 4

Analysis

BE

1. Gegeben ist der Graph einer Funktion 3. Grades f(x). Entscheiden Sie, ob die folgenden Aussagen richtig oder falsch sind, und begründen Sie Ihre Antworten.

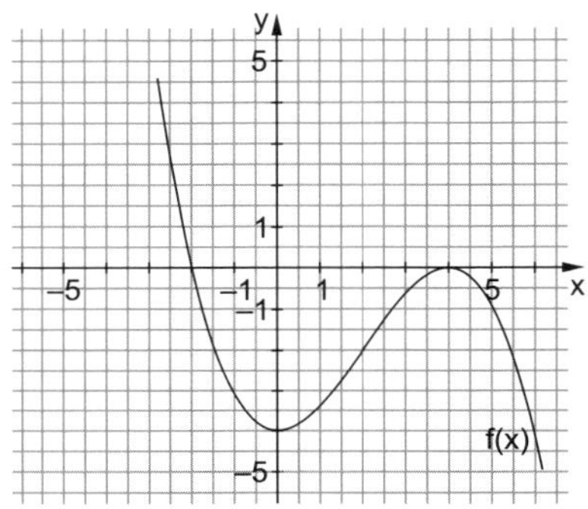

   a) Die Funktion f(x) lässt sich in der Form $f(x)=a(x+b)(x+c)^2$ angeben. 2

   b) Es gilt: $f''(4)=0$ 2

   c) Der Graph der Ableitungsfunktion f'(x) ist eine nach unten geöffnete Parabel. 2

2. Wo besitzt der Graph der Funktion

   $f(x)=3\sin(4x+1)+5$

   waagrechte Tangenten? 4

3. Berechnen Sie die Schnittpunkte der beiden Funktionen.

   $f(x)=\dfrac{3x}{x+1}$ $\qquad g(x)=8-\dfrac{7x}{x-3}$ 4

4. Gegeben ist die Funktion

   $f(x)=2\ln(x+3)$.

   a) Bestimmen Sie Definitions- und Wertebereich der Funktion. 2

   b) Bestimmen Sie den Term der Umkehrfunktion $f^{-1}(x)$. 3

   c) Geben Sie Definitions- und Wertemenge der Umkehrfunktion an. 1

20

BE

1. Für eine Umfrage wurden 1 000 Personen ausgewählt, die den Bildungsstand in Deutschland widerspiegeln. Diese repräsentative Gruppe setzt sich zusammen aus:

Abschlussart	Umfrageteilnehmer insgesamt	darunter weiblich
ohne Hauptschulabschluss	73	27
mit Hauptschulabschluss	237	103
mit Realschulabschluss	407	208
mit Fachhochschulreife	15	8
mit allgemeiner Hochschulreife	268	154
insgesamt	1 000	500

a) Berechnen Sie die Wahrscheinlichkeit dafür, dass eine zufällig ausgewählte Umfrageteilnehmerin mindestens den Realschulabschluss erreicht hat. 2

b) Berechnen Sie die Wahrscheinlichkeit dafür, dass ein zufällig ausgewählter männlicher Teilnehmer der Umfrage die Schule ohne Hauptschulabschluss verlassen hat. 2

c) Es wird immer wieder behauptet, dass die Mädchen in der Schule erfolgreicher seien. Nehmen Sie auf der Grundlage der Zahlen für die Teilnehmer der Umfrage mit allgemeiner Hochschulreife zu dieser Behauptung Stellung. 3

2. Im Jahre 2007 galten für die Abiturprüfung in Bayern noch andere Bestimmungen, bei denen es möglich war, entweder „in Deutsch" oder „in einer Fremdsprache" oder auch „in beiden Fächern" die Prüfung abzulegen. „Weder Deutsch noch eine Fremdsprache" war jedoch nicht gestattet. 2007 legten am Archimedes-Gymnasium 52,5 % aller Abiturienten die Prüfung in einer Fremdsprache ab, wobei 15 % aller Abiturienten sowohl in Deutsch als auch in einer Fremdsprache geprüft wurden. Bestimmen Sie den Prozentsatz der Abiturienten, die in Deutsch geprüft wurden. 3

10

Geometrie

BE

Gegeben ist die Ebene E: $2x_1 - x_2 - 2x_3 + 6 = 0$.

a) Untersuchen Sie, ob der Punkt $A(0\,|\,-6\,|\,3)$ der Ebene E angehört. 1

b) Bestimmen Sie eine Gleichung der Ebene F, die parallel zu E durch den Punkt $B(8\,|\,-7\,|\,4)$ verläuft. 2

c) Berechnen Sie den Abstand der beiden Ebenen E und F. 3

d) Geben Sie eine Gleichung der Geraden g an, die senkrecht auf E steht und durch den Punkt $P(-2\,|\,0\,|\,4)$ verläuft. 1

e) Berechnen Sie die Koordinaten des Schnittpunktes S der Geraden g mit der Ebene F. 3

10

Tipps und Hinweise

Analysis

Aufgabe 1 a

- Der Graph zeigt, dass die Funktion zwei Nullstellen besitzt.
- Für $x=-2$ hat f(x) eine einfache Nullstelle (f(x) wechselt das Vorzeichen).
- Für $x=4$ hat f(x) eine doppelte Nullstelle (f(x) wechselt das Vorzeichen nicht; der Graph berührt die x-Achse in $(4\,|\,0)$).
- Hat eine Funktion eine Nullstelle für $x=k$, so muss sich der Funktionsterm durch $(x-k)$ dividieren lassen.
- Hat eine Funktion eine Nullstelle für $x=k$, so lässt sich der Funktionsterm als Produkt angeben, dessen einer Faktor $(x-k)$ lautet.
- Die Bestimmung der Parameter a, b und c ist nicht verlangt, hilft Ihnen aber – auch für andere Aufgaben – weiter.

Aufgabe 1 b

- Die 2. Ableitung bestimmt das Krümmungsverhalten einer Funktion.
- $f''(4)=0$ bedeutet, dass die Funktion im Punkt $(4\,|\,0)$ weder rechts- noch linksgekrümmt ist.
- $f''(x_0)=0$ ist ein notwendiges Kriterium für einen Wendepunkt.
- Der Graph zeigt, dass $(4\,|\,0)$ doppelte Nullstelle und Maximum ist. Welchen Wert hat $f'(4)$ daher?

Aufgabe 1 c

- Die 1. Ableitung bestimmt das Monotonieverhalten einer Funktion.
- Es gilt:
  $f'(x)<0 \;\Rightarrow\;$ f(x) fällt streng monoton.
  $f'(x)>0 \;\Rightarrow\;$ f(x) steigt streng monoton.
- Lesen Sie am Graphen ab, in welchen Intervallen f(x) fällt/steigt.
- Wo verläuft der Graph von $f'(x)$ unterhalb/oberhalb der x-Achse?
- f(x) ist eine Polynomfunktion 3. Grades. Welchen Grad hat die Ableitungsfunktion?
- Wie nennt man den Graphen einer Polynomfunktion 2. Grades?

Aufgabe 2

- Eine Tangente ist waagrecht, wenn sie die Steigung null hat.
- Die Tangentensteigungen werden durch die 1. Ableitung angegeben.

- Beachten Sie beim Ableiten, dass $(\sin x)' = \cos x$ gilt.
- Vergessen Sie nicht, die Kettenregel anzuwenden (nachdifferenzieren).
- Wo besitzt $g(x) = \cos x$ Nullstellen? Achten Sie auf die Periode von $\cos x$.
- Die „erste“ Nullstelle von $\cos x$ befindet sich bei $x = \frac{\pi}{2}$.
- Benachbarte Nullstellen von $\cos x$ haben eine Entfernung von π.

Aufgabe 3

- Die Schnittpunkte von Funktionen ergeben sich durch Gleichsetzen der Funktionsterme.
- Wie nennt man eine solche Gleichung?
- Warum ist es wichtig, eine Definitionsmenge der Gleichung anzugeben?
- Erscheint x im Nenner, so muss darauf geachtet werden, dass der Nenner nicht null werden darf.
- Um weiteres Rechnen mit Bruchtermen zu vermeiden, multiplizieren Sie die Gleichung mit den auftretenden Nennern.
- Es ergibt sich eine quadratische Gleichung.
- Die quadratische Gleichung $ax^2 + bx + c = 0$ besitzt die Lösungen
  $x_{1;\,2} = \frac{-b \pm \sqrt{b^2 - 4ac}}{2a}$.
- Achten Sie darauf, dass die Lösung der Definitionsmenge angehören muss.
- Da nach den Schnittpunkten (nicht den Schnittstellen) gefragt ist, müssen Sie auch den jeweiligen y-Wert berechnen.

Aufgabe 4 a

- Stellen Sie sich den Funktionsgraphen von $g(x) = \ln x$ vor.
- Für $g(x) = \ln x$ gilt $\mathbb{D}_g = \mathbb{R}^+$ (also $x > 0$) und $\mathbb{W}_g = \mathbb{R}$.
- Das Argument von $\ln x$ muss positiv sein.
- $f(x) = 2\ln(x+3)$ ist im Vergleich zu $g(x) = \ln x$ in x-Richtung verschoben und in y-Richtung gestreckt.

Aufgabe 4 b

- „Umkehrfunktion“ bedeutet, dass der Funktionsgraph an $y = x$ gespiegelt wird und in der Funktionsvorschrift x und y vertauscht werden.
- Die Funktionsvorschrift der Umkehrfunktion lautet somit zunächst $x = f(y)$.
- Lösen Sie diese Gleichung nach y auf, um die Funktionsvorschrift von $f^{-1}(x)$ zu erhalten.

Aufgabe 4 c

- Da x und y vertauscht werden, müssen auch $\mathbb{D}$ und $\mathbb{W}$ vertauscht werden.
- Es gilt $\mathbb{D}_{f^{-1}} = \mathbb{W}_f$ und $\mathbb{W}_{f^{-1}} = \mathbb{D}_f$.

Stochastik

Aufgabe 1 a

- Beachten Sie, dass es sich um eine Teilnehmerin handelt.
- Laplace-Wahrscheinlichkeit: $P(E) = \frac{\text{Anzahl der für E günstigen Möglichkeiten}}{\text{Anzahl aller Möglichkeiten}}$
- „mindestens Realschulabschluss" beinhaltet auch höhere Schulabschlüsse.

Aufgabe 1 b

- Die erste Zahlenspalte bezieht sich auf alle (männlichen und weiblichen) Teilnehmer.
- Berechnen Sie die Gesamtzahl der männlichen Teilnehmer und die Anzahl der männlichen Teilnehmer ohne Hauptschulabschluss.
- Bilden Sie den entsprechenden Quotienten.

Aufgabe 1 c

- Vergleichen Sie die Wahrscheinlichkeiten $P_{♀}$(allg. Hochschulreife) und P(allg. Hochschulreife).
- Was folgt daraus für $P_{♂}$(allg. Hochschulreife)?
- Sie können $P_{♂}$(allg. Hochschulreife) auch berechnen. Beachten Sie dabei die Tipps zu Aufgabe 1 b.

Aufgabe 2

- Welche Prozentsätze lassen sich aus den beiden gegebenen erschließen?
- Wie groß war der Prozentsatz derer, die nicht in einer Fremdsprache geprüft wurden?
- Was besagten die Bestimmungen für diese Abiturienten, die nicht in einer Fremdsprache geprüft wurden?
- Legen Sie eine Vierfeldertafel an.

Geometrie

Aufgabe a

- Liegt ein Punkt in einer Ebene, so erfüllen seine Koordinaten die Ebenengleichung.
- Setzen Sie die Koordinaten von A in die Ebenengleichung E ein. Ist diese erfüllt?

Aufgabe b

- Zwei Ebenen sind parallel, wenn ihre Normalenvektoren parallel (oder sogar identisch) sind.
- Benutzen Sie die Formel für die Normalenform einer Ebene in Koordinatenform: $n_1x_1 + n_2x_2 + n_3x_3 + n_0 = 0$
- Verwenden Sie den Punkt B, der in F liegt, um n_0 zu bestimmen.
- Liegt ein Punkt in einer Ebene, so erfüllen seine Koordinaten die Ebenengleichung.

Aufgabe c

- Der Abstand paralleler Ebenen ist gleich dem Abstand eines beliebigen Punktes der einen Ebene zur anderen Ebene.
- Für die Berechnung des Abstands eines Punktes von einer Ebene gibt es eine Formel.
- In der Normalenform muss jedes x_i durch die entsprechende Koordinate des Punktes, dessen Abstand von der Ebene berechnet werden soll, ersetzt werden. Man dividiert den Absolutbetrag des sich ergebenden Werts durch die Länge des Normalenvektors.
- Verwenden Sie die Formel $d(P; E) = \frac{|n_1p_1 + n_2p_2 + n_3p_3 + n_0|}{|\vec{n}|}$.

Aufgabe d

- Eine Gerade, die senkrecht auf einer Ebene steht, heißt Lotgerade oder Normale.
- Welchen Richtungsvektor besitzt eine Lotgerade/Normale auf eine Ebene?
- Da der Normalenvektor der Ebene senkrecht auf der Ebene steht, lässt er sich als Richtungsvektor der Geraden verwenden.
- Verwenden Sie P als Aufpunkt und den Normalenvektor als Richtungsvektor.

Aufgabe e

- Alle Punkte auf der Geraden g erfüllen die Geradengleichung. Somit lässt sich jeder Punkt auf g schreiben als: $(-2 + 2k \mid -k \mid 4 - 2k)$
- Der Schnittpunkt S liegt nicht nur auf g, sondern auch in der Ebene F, also müssen seine Koordinaten auch die Ebenengleichung erfüllen.
- Setzen Sie $(-2 + 2k \mid -k \mid 4 - 2k)$ in die Normalenform der Ebene F ein.
- Es ergibt sich eine Gleichung mit einer Unbekannten k.
- Auflösen nach k und Einsetzen dieses Werts in die Geradengleichung liefert die Koordinaten des Schnittpunkts S.

Lösungen

Analysis

1. a) richtig
   Der Graph zeigt eine Funktion 3. Grades mit einer einfachen Nullstelle für $x=-2$ ($\Rightarrow b=2$) und einer doppelten Nullstelle (da die x-Achse berührt wird) für $x=4$ ($\Rightarrow c=-4$).
   Der Verlauf der Funktion ($f(x) \to +\infty$ für $x \to -\infty$ bzw. $f(x) \to -\infty$ für $x \to +\infty$) zeigt auch, dass $a<0$ gelten muss.

   b) falsch
   Die Nullstelle $x=4$ ist zugleich ein Extremwert, da der Graph die x-Achse berührt, die x-Achse also Tangente ist. Somit gilt $f'(4)=0$.
   Die Krümmung wird jedoch an der Stelle $x=4$ nicht zu null (Rechtskrümmung bleibt erhalten).

   c) richtig
   Beim Ableiten erniedrigt sich der Grad um 1. Die 1. Ableitung zeigt die Monotonie:
   - In $]-\infty; 0[$ fällt f(x), also gilt $f'(x)<0$ in $]-\infty; 0[$.
   - In $]0; 4[$ steigt f(x), also gilt $f'(x)>0$ in $]0; 4[$.
   - In $]4; +\infty[$ fällt f(x), also gilt $f'(x)<0$ in $]4; +\infty[$.

   Der Graph von f'(x) zeigt somit eine Funktion 2. Grades, die nur in $]0; 4[$ oberhalb der x-Achse liegt, also eine nach unten geöffnete Parabel.

2. Die 1. Ableitung gibt die Tangentensteigung an.
   $f'(x)=3\cos(4x+1)\cdot 4=12\cos(4x+1)$
   Die Tangente verläuft waagrecht, wenn ihre Steigung null ist.
   $12\cos(4x+1)=0 \quad \Rightarrow \quad \cos(4x+1)=0$
   Die Nullstellen von cos a befinden sich bei $a=\frac{\pi}{2}+k\pi$ mit $k\in\mathbb{Z}$.
   Somit besitzt der Graph von f(x) waagrechte Tangenten, falls:
   $$4x+1=\frac{\pi}{2}+k\pi \quad \Rightarrow \quad x=\frac{\pi}{8}-\frac{1}{4}+\frac{k}{4}\pi \text{ mit } k\in\mathbb{Z}$$

3. $$f(x)=g(x)$$
   $$\frac{3x}{x+1}=8-\frac{7x}{x-3} \qquad \mathbb{D}=\mathbb{R}\setminus\{-1;3\}$$
   $$3x(x-3)=8(x+1)(x-3)-7x(x+1)$$
   $$3x^2-9x=8x^2-24x+8x-24-7x^2-7x$$
   $$3x^2-9x=x^2-23x-24$$

$$\Rightarrow \quad 2x^2 + 14x + 24 = 0$$

$$x^2 + 7x + 12 = 0$$

$$\Rightarrow \quad x = \frac{-7 \pm \sqrt{49 - 48}}{2} \quad \Rightarrow \quad x_1 = -4 \qquad x_2 = -3$$

Schnittpunkte: $(-4\,|\,4)$ und $(-3\,|\,4{,}5)$

4. a) $x + 3 > 0 \quad \Rightarrow \quad x > -3 \quad \Rightarrow \quad \mathbb{D}_f =]-3; +\infty[$

   $\mathbb{W}_f = \mathbb{R}$ da f(x) durch Verschiebung um 3 nach links und durch Streckung mit dem Faktor 2 aus ln x entsteht.

   b) f: $y = 2\ln(x + 3)$

   Vertauschen von x und y:

   f^{-1}: $x = 2\ln(y + 3)$

   Auflösen nach y:

$$\frac{1}{2}x = \ln(y + 3)$$

$$e^{\frac{1}{2}x} = y + 3$$

$$y = e^{\frac{1}{2}x} - 3$$

$$f^{-1}(x) = e^{\frac{1}{2}x} - 3$$

   c) $\mathbb{D}_{f^{-1}} = \mathbb{W}_f = \mathbb{R}$

   $\mathbb{W}_{f^{-1}} = \mathbb{D}_f =]-3; +\infty[$

Stochastik

1. a) $P = \frac{208 + 8 + 154}{500} = \frac{370}{500} = \frac{37}{50} = \frac{74}{100} = 74\,\%$

   b) Gesamtzahl der männlichen Umfrageteilnehmer:

   $1\,000 - 500 = 500$

   Anzahl der männlichen Teilnehmer ohne Hauptschulabschluss:

   $73 - 27 = 46$

$$P = \frac{46}{500} = \frac{92}{1\,000} = 9{,}2\,\%$$

   c) $P_♀(\text{allg. Hochschulreife}) = \frac{154}{500} = \frac{308}{1\,000} = 30{,}8\,\%$

$P(\text{allg. Hochschulreife}) = \frac{268}{1\,000} = 26{,}8\ \%$

Die Einbeziehung der männlichen Teilnehmer verringert somit die Wahrscheinlichkeit, also muss gelten:

$P_{♂}(\text{allg. Hochschulreife}) < P_{♀}(\text{allg. Hochschulreife})$

Die Zahlen bestätigen daher die Behauptung.

$P_{♂}$(allg. Hochschulreife) lässt sich – ähnlich wie in Aufgabe 1 b – auch berechnen. Dies ist jedoch nicht verlangt, kann aber zur Begründung ebenso benutzt werden:

$P_{♂}(\text{allg. Hochschulreife}) = \frac{268-154}{500} = \frac{114}{500} = \frac{228}{1\,000} = 22{,}8\ \%$

2. P(nicht in einer Fremdsprache geprüft) $= 1 - 0{,}525 = 0{,}475 = 47{,}5\ \%$

   Da jeder, der nicht in einer Fremdsprache geprüft wurde, in Deutsch geprüft werden musste, gilt somit:
   P(Deutsch, aber nicht Fremdsprache geprüft) $= 47{,}5\ \%$

   Und damit:
   P(Deutsch geprüft) = P(Deutsch, aber nicht Fremdsprache geprüft
   + P(Deutsch und Fremdsprache geprüft)
   $= 47{,}5\ \% + 15\ \% = 62{,}5\ \%$

   oder:
   P(Deutsch geprüft) = 1 – [P(Fremdsprache geprüft) – P(Deutsch und Fremdsprache geprüft)] $= 1 - [0{,}525 - 0{,}15] = 0{,}625$

   oder:
   Sehr übersichtlich mit einer Vierfeldertafel:

	D	$\overline{D}$	
F	15 %		52,5 %
$\overline{F}$	**47,5 %**	0 %	**47,5 %**
	62,5 %		100 %

   Die zu berechnenden Werte sind fett gedruckt.

   Somit: $P(D) = 62{,}5\ \%$

Geometrie

a) $E: 2x_1 - x_2 - 2x_3 + 6 = 0$

   Einsetzen der Koordinaten von $A(0\,|\,-6\,|\,3)$ ergibt:
   $2 \cdot 0 - (-6) - 2 \cdot 3 + 6 = 0 + 6 - 6 + 6 = 6 \neq 0$

   Somit liegt A nicht in der Ebene E.

b) $n_F = n_E = \begin{pmatrix} 2 \\ -1 \\ -2 \end{pmatrix}$

F: $2x_1 - x_2 - 2x_3 + n_0 = 0$

Einsetzen von B(8 | –7 | 4) ergibt:

$$\begin{aligned} 2 \cdot 8 - (-7) - 2 \cdot 4 + n_0 &= 0 \\ 15 + n_0 &= 0 \\ n_0 &= -15 \end{aligned}$$

Somit:

F: $2x_1 - x_2 - 2x_3 - 15 = 0$

c) Da kein Punkt der Ebene E gegeben ist, jedoch $B \in F$ gilt, formt man um:

$$d(E; F) = d(B; E) = \frac{|2 \cdot 8 - (-7) - 2 \cdot 4 + 6|}{\sqrt{2^2 + (-1)^2 + (-2)^2}} = \frac{21}{3} = 7$$

Die beiden Ebenen E und F haben also einen Abstand von 7 LE.

d) g: $\vec{X} = \begin{pmatrix} -2 \\ 0 \\ 4 \end{pmatrix} + k \begin{pmatrix} 2 \\ -1 \\ -2 \end{pmatrix} \qquad k \in \mathbb{R}$

e) Da $S \in g$, gilt S(–2 + 2k | –k | 4 – 2k). Eingesetzt in F erhält man:

$$\begin{aligned} 2 \cdot (-2 + 2k) - (-k) - 2 \cdot (4 - 2k) - 15 &= 0 \\ -4 + 4k + k - 8 + 4k - 15 &= 0 \\ 9k - 27 &= 0 \\ k &= 3 \end{aligned}$$

Somit:

$$\vec{S} = \begin{pmatrix} -2 \\ 0 \\ 4 \end{pmatrix} + 3 \cdot \begin{pmatrix} 2 \\ -1 \\ -2 \end{pmatrix} = \begin{pmatrix} 4 \\ -3 \\ -2 \end{pmatrix} \quad \Rightarrow \quad S(4 | -3 | -2)$$

Abitur Mathematik (Bayern): Abiturprüfung 2012
Analysis I

Teil 1

BE

1. Geben Sie zu den Funktionstermen jeweils den maximalen Definitionsbereich sowie einen Term der Ableitungsfunktion an.

   a) $f(x) = \ln(x+3)$ 2

   b) $g(x) = \dfrac{3}{x^2-1}$ 3

2. Geben Sie jeweils den Term einer in $\mathbb{R}$ definierten Funktion an, die die angegebene Eigenschaft besitzt.

   a) Der Graph der Funktion f hat den Hochpunkt $(0|5)$. 2

   b) Die Funktion g ist an der Stelle $x = 5$ nicht differenzierbar. 2

3. Gegeben ist die in $\mathbb{R}$ definierte Funktion

   $f\colon x \mapsto \sin(2x)$.

   a) Geben Sie zwei benachbarte Nullstellen von f an. 2

   b) Berechnen Sie den Wert des bestimmten Integrals $\int_0^2 f(x)\,dx$.

   Warum stimmt der Wert dieses Integrals nicht mit dem Inhalt der Fläche überein, die für $0 \le x \le 2$ zwischen dem Graphen von f und der x-Achse liegt? 5

4. Abbildung 1 zeigt den Graphen G_f einer in $]-\infty; 5]$ definierten Funktion f.
Skizzieren Sie in der Abbildung den Graphen der zugehörigen Ableitungsfunktion f'. Berücksichtigen Sie dabei insbesondere einen Näherungswert für f'(0), die Nullstelle von f' und das Verhalten von f' für $x \to 5$.

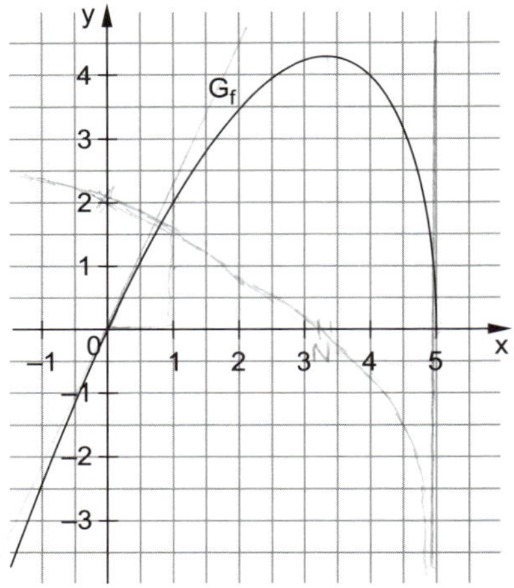

Abb. 1

4

20

Teil 2

BE

Gegeben ist die Funktion

$$f\colon x \mapsto \frac{2e^x}{e^x + 9}$$

mit Definitionsbereich $\mathbb{R}$. Abbildung 2 zeigt den Graphen G_f von f.

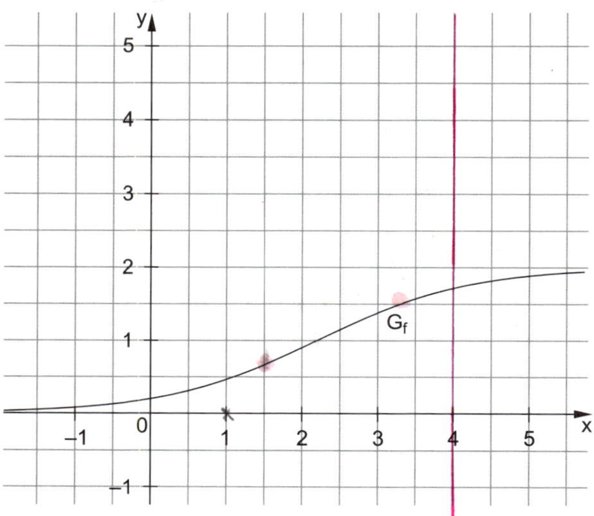

Abb. 2

1. a) Zeigen Sie rechnerisch, dass G_f genau einen Achsenschnittpunkt S besitzt, und geben Sie die Koordinaten von S an. 2

b) Begründen Sie mithilfe des Funktionsterms von f, dass $\lim\limits_{x \to -\infty} f(x) = 0$ und $\lim\limits_{x \to +\infty} f(x) = 2$ gilt. 2

c) Weisen Sie rechnerisch nach, dass G_f in $\mathbb{R}$ streng monoton steigt.
$\left[\text{zur Kontrolle: } f'(x) = \frac{18e^x}{(e^x+9)^2}\right]$ 3

d) Bestimmen Sie die Gleichung der Tangente an G_f im Achsenschnittpunkt S. [Ergebnis: $y = 0{,}18x + 0{,}2$] 2

e) Berechnen Sie den Inhalt der Fläche, die G_f mit den Koordinatenachsen und der Geraden $x = 4$ einschließt. 4

f) Begründen Sie, dass f in $\mathbb{R}$ umkehrbar ist. Geben Sie den Definitionsbereich und den Wertebereich der Umkehrfunktion f^{-1} an und zeichnen Sie den Graphen von f^{-1} in Abbildung 2 ein. 6

2. Das Wachstum von Sonnenblumen der Sorte Alba lässt sich modellhaft mithilfe der Funktion f beschreiben. Beginnt man die Beobachtung zwei Wochen nach der Auskeimung einer Sonnenblume dieser Sorte, so liefert f(x) für $x \in [0; 4]$ im Modell die Höhe der Blume in Metern. Dabei ist x die seit Beobachtungsbeginn vergangene Zeit in Monaten. In den Aufgaben 2 a bis 2 d werden ausschließlich Sonnenblumen der Sorte Alba betrachtet.

a) Berechnen Sie auf der Grundlage des Modells, um wie viele Zentimeter eine Sonnenblume innerhalb der ersten zwei Monate nach Beobachtungsbeginn wächst. 2

b) Berechnen Sie auf der Grundlage des Modells, wie viele Monate nach Beobachtungsbeginn eine Sonnenblume eine Höhe von 1,5 Metern erreicht. Beschreiben Sie, wie man den berechneten Wert grafisch überprüfen kann. 5

c) Im Modell gibt es einen Zeitpunkt x_M, zu dem die Blumen am schnellsten wachsen. Bestimmen Sie mithilfe von Abbildung 2 einen Näherungswert für x_M. Ermitteln Sie anschließend einen Näherungswert für die maximale Wachstumsrate in Zentimetern pro Tag. 5

d) Ein Biologe nimmt an, dass sich das Wachstum der Blumen vor Beobachtungsbeginn näherungsweise durch die Gleichung der Tangente aus Aufgabe 1 d beschreiben lässt. Untersuchen Sie mithilfe einer Rechnung, ob diese Annahme damit in Einklang steht, dass vom Zeitpunkt des Auskeimens bis zum Beobachtungsbeginn etwa zwei Wochen vergehen. 4

Haben zu Beobachtungsbeginn Sonnenblumen der Sorte Tramonto die gleiche Höhe wie Sonnenblumen der Sorte Alba, so erreichen von da an die Sonnenblumen der Sorte Tramonto im Vergleich zu denen der Sorte Alba jede Höhe in der Hälfte der Zeit.
Das Wachstum von Sonnenblumen der Sorte Tramonto lässt sich modellhaft mithilfe einer in $\mathbb{R}$ definierten Funktion g beschreiben, die eine Funktionsgleichung der Form I, II oder III mit $k \in \mathbb{R}^+$ besitzt:

I $y = \dfrac{2e^{x+k}}{e^{x+k}+9}$ **II** $y = k \cdot \dfrac{2e^{x}}{e^{x}+9}$ **III** $y = \dfrac{2e^{kx}}{e^{kx}+9}$

Dabei ist x die seit Beobachtungsbeginn vergangene Zeit in Monaten und y ein Näherungswert für die Höhe einer Blume in Metern.

e) Begründen Sie, dass weder eine Gleichung der Form I noch eine der Form II als Funktionsgleichung von g infrage kommt. 4

f) Die Funktionsgleichung von g hat also die Form III. Geben Sie den passenden Wert von k an. 1

40

Tipps und Hinweise

Teil 1

Aufgabe 1 a

- Das Argument der ln-Funktion muss positiv sein.
- Die Ableitung der Funktion $y = \ln x$ finden Sie in der Merkhilfe.
- Denken Sie an die Kettenregel (nachdifferenzieren).

Aufgabe 1 b

- Um welche Art von Funktion handelt es sich?
- Was darf bei einem Bruch nie passieren?
- Division durch null ist nicht definiert.
- Für welche x-Werte hat der Nenner den Wert null?
- Beim Ableiten die Quotientenregel beachten (siehe Merkhilfe).
- Zähler vereinfachen.

Aufgabe 2 a

- Bei welcher Art von Funktion haben Sie erstmals einen höchsten bzw. tiefsten Punkt kennengelernt?
- Bei quadratischen Funktionen nennt man den höchsten bzw. tiefsten Punkt auch Scheitel.
- Welche Eigenschaft muss eine Parabel (Graph einer quadratischen Funktion) besitzen, um einen Hochpunkt zu haben?
- Eine an der x-Achse gespiegelte Normalparabel hat die Gleichung $f(x) = -x^2$ und den Hochpunkt $(0\,|\,0)$.
- Was muss man mit der an der x-Achse gespiegelten Normalparabel machen, damit der Hochpunkt in $(0\,|\,5)$ liegt?
- Der Graph der Funktion $g(x) = f(x) + c$ entspricht dem um c in positive y-Richtung verschobenen Graphen von f(x).

Aufgabe 2 b

- Wie lässt sich eine nicht differenzierbare Stelle am Funktionsgraphen erkennen?
- Bei welcher Art von Funktion tritt im Graphen ein „Knick“ auf?
- Wie sieht der Graph der Funktion $f(x) = |x|$ aus?
- Für welchen x-Wert ist $f(x) = |x|$ nicht differenzierbar?

- Was muss man mit dem Graphen der Funktion $f(x) = |x|$ machen, damit der „Knick" bei $x = 5$ auftritt?
- Der Graph der Funktion $g(x) = f(x + a)$ entspricht dem um $-a$ in x-Richtung verschobenen Graphen von $f(x)$.

Aufgabe 3 a

- Welche Veränderung erfährt der Graph der Funktion $g(x) = \sin x$ beim Übergang zur Funktion $f(x) = \sin(2x)$?
- Die Funktion $g(x) = \sin x$ besitzt die Periode 2π. Welche Periode besitzt die Funktion $f(x) = \sin(2x)$?
- Für welchen Wert von x gilt $f(x) = \sin(2\pi)$?
- Die Periode von $f(x) = \sin(2x)$ beträgt π, d. h., eine Periode des Graphen von $f(x)$ ist im Vergleich zu einer Periode des Graphen von $g(x) = \sin x$ in x-Richtung auf die Hälfte zusammengedrückt.
- Die Funktion $g(x) = \sin x$ besitzt in $[0; 2\pi]$ die Nullstellen $x = 0$, $x = \pi$ und $x = 2\pi$.
- Für welche x-Werte gilt $f(x) = \sin(2x) = \sin 0$ bzw. $f(x) = \sin \pi$ bzw. $f(x) = \sin(2\pi)$?

Aufgabe 3 b

- Sie finden die Stammfunktion zu $g(x) = \sin x$ in der Merkhilfe.
- Beachten Sie, dass $f(x) = \sin(2x)$ bei der Integration einer Funktion vom Typ $f(ax + b)$ mit $a = 2$ und $b = 0$ entspricht. Die entsprechende Formel entnehmen Sie der Merkhilfe.
- Zur Berechnung bestimmter Integrale finden Sie eine Formel in der Merkhilfe.
- Das bestimmte Integral gibt eine Flächenbilanz an.
- Oberhalb der x-Achse gelegene Flächen gehen positiv, unterhalb der x-Achse gelegene Flächen gehen negativ in die Flächenbilanz ein.
- Liegen im Integrationsintervall $[0; 2]$ Nullstellen von $f(x)$?
- Wie verläuft der Graph von $f(x)$ im Intervall $[0; 2]$?

Aufgabe 4

- Die Ableitung $f'(x)$ gibt die Steigung der Funktion $f(x)$ an.
- Die Steigung der Funktion für $x = 0$ entspricht der Steigung der Tangente an die Funktion für $x = 0$.
- Zeichnen Sie sich die Kurventangente im Punkt $(0|0)$ ein.
- Durch welche Punkte verläuft diese Tangente?

- Welche Steigung hat diese Tangente?
- Die Nullstelle von f' ist dort, wo $f'(x)=0$ gilt, also dort, wo für den Graphen von f(x) eine waagrechte Tangente vorliegt.
- Jede Funktion besitzt in ihren Extrempunkten waagrechte Tangenten.
- Für $x \to 5$ fällt der Graph G_f immer steiler ab.
- Dem Fallen eines Graphen entspricht eine negative Steigung.

Teil 2

Aufgabe 1 a

- Es sind Schnittpunkte mit der x-Achse und mit der y-Achse möglich.
- Für alle Punkte auf der x-Achse gilt $y=0$ (Nullstellen).
- Für alle Punkte auf der y-Achse gilt $x=0$.

Aufgabe 1 b

- Beachten Sie: $\lim\limits_{x \to -\infty} e^x = 0$ und $\lim\limits_{x \to +\infty} e^x = +\infty$
- Der Bruch $\frac{\infty}{\infty}$ lässt sich nicht bestimmen.
- Klammern Sie e^x im Zähler und im Nenner aus und kürzen Sie.
- Beachten Sie: $\lim\limits_{x \to \infty} \frac{a}{e^x} =$ „$\frac{a}{\infty}$“ $=0$ bzw. $\lim\limits_{x \to \infty} \frac{a}{e^x} = \lim\limits_{x \to \infty} a \cdot e^{-x} = 0$

Aufgabe 1 c

- Die Monotonie wird mit der 1. Ableitung bestimmt (siehe Merkhilfe).
- Verwenden Sie die Quotientenregel (siehe Merkhilfe).
- Beachten Sie: $(e^x)' = e^x$ (siehe Merkhilfe)

Aufgabe 1 d

- Jede Tangente hat als Gerade die allgemeine Gleichung $y = mx + t$.
- Die Steigung der Tangente ergibt sich mithilfe der 1. Ableitung (siehe Merkhilfe).
- Der Achsenabschnitt t der Tangente ergibt sich aus den Koordinaten von S.

Aufgabe 1 e

- Der Graph der Funktion verläuft im Intervall [0; 4] oberhalb der x-Achse (siehe Abbildung 2).
- Die gesuchte Fläche ergibt sich durch das bestimmte Integral.

- Um eine Stammfunktion von f(x) zu finden, beachte man den Zusammenhang von Zähler und Nenner von f(x).
- Was ergibt die Ableitung des Nenners?
- Ziehen Sie beim bestimmten Integral den Faktor 2 aus dem Zähler vor das Integralzeichen.
- Ist bei einem Bruch der Zähler die Ableitung des Nenners, so ergibt sich die Stammfunktion gemäß der Formel in der Merkhilfe.
- Der Wert des bestimmten Integrals ergibt sich durch Einsetzen der oberen und unteren Integrationsgrenze (siehe Merkhilfe).

Aufgabe 1 f

- Welche Eigenschaft muss eine Funktion besitzen, um umkehrbar zu sein?
- In Teilaufgabe 1 c wurde die Monotonie untersucht.
- Beim Umkehren werden x und y vertauscht, entsprechend vertauschen sich Definitions- und Wertemenge.
- Die Definitionsmenge von f(x) ist angegeben.
- Die Wertemenge lässt sich aus den Ergebnissen der Teilaufgaben 1 b und 1 c erschließen oder aus der Abbildung 2 ablesen.
- Der Graph der Umkehrfunktion ergibt sich durch Spiegelung von G_f an der Winkelhalbierenden $y = x$.

Aufgabe 2 a

- Welche Höhe hat die Sonnenblume zu Beginn der Beobachtung $(x = 0)$?
- Beachten Sie das Ergebnis von Teilaufgabe 1 a.
- Wie ergibt sich die Höhe der Sonnenblume nach den ersten beiden Monaten?
- Berechnen Sie f(2).
- Der Höhenunterschied gibt an, um wie viel die Sonnenblume gewachsen ist.
- Beachten Sie, dass f(x) die Höhe in Metern angibt, Sie aber nach Zentimetern gefragt werden.

Aufgabe 2 b

- Da f(x) die Höhe in Metern angibt, muss $f(x) = 1{,}5$ gelten.
- Lösen Sie die Gleichung nach x auf.
- Zeichnen Sie die Gerade $y = 1{,}5$ in Abbildung 2 ein.
- Wo schneidet diese Gerade den Funktionsgraphen? Lesen Sie den zugehörigen x-Wert ab.

Aufgabe 2 c

- Die Sonnenblume wächst umso schneller, je schneller sich ihre Höhe vergrößert, je steiler also der Graph G_f verläuft.
- Wo verläuft G_f am steilsten?
- Es ist ein Näherungswert gesucht, Sie können also – bei genauem Hinschauen – ein bisschen „raten“.
- Ihr Näherungswert sollte sich im Intervall [2; 2,5] befinden.
- Ein genauerer Wert lässt sich rechnerisch ermitteln (dies ist aber **nicht** verlangt).
- Berechnen Sie die Wachstumsrate (= 1. Ableitung) an der von Ihnen abgelesenen Stelle.
- Dieser Wert gibt an, wie groß das maximale Wachstum im Monat ist.
- Wie groß ist dann das maximale Wachstum pro Tag?
- Sie können für einen Monat 30 Tage veranschlagen.

Aufgabe 2 d

- Welche Höhe besitzt die Sonnenblume beim Auskeimen?
- Wo hat die Tangente den Funktionswert 0?
- Lösen Sie die Gleichung $0 = 0{,}18x + 0{,}2$ nach x auf.
- Wie lange vor dem Beobachtungsbeginn hätte die Sonnenblume die Höhe = 0?
- Welcher Zeitraum ist vom Auskeimen bis zum Beobachtungsbeginn angegeben?

oder:

- Durch welche Punkte muss eine Gerade verlaufen, die das Wachstum vom Auskeimen bis zum Beobachtungsbeginn darstellt?
- Welche Höhe hat die Sonnenblume beim Beobachtungsbeginn? Dies liefert einen Geradenpunkt.
- Zu welchem Zeitpunkt (in Monaten) keimt die Sonnenblume aus? Welche Höhe hat sie zu diesem Zeitpunkt? Dies liefert den zweiten Geradenpunkt.
- Stellen Sie eine Geradengleichung auf und vergleichen Sie mit der Tangentengleichung aus Teilaufgabe 1 d.

Aufgabe 2 e

- Welche Höhe besitzt eine Tramonto-Sonnenblume zu Beobachtungsbeginn?
- Welchen Wert muss g(0) haben?
- Hat die Sorte Alba die Höhe h nach t Monaten, so hat die Sorte Tramonto die Höhe h nach $\frac{1}{2} \cdot t$ Monaten erreicht. Die Höhe h wird von f bzw. g angegeben.

- Welcher Zusammenhang besteht zwischen beiden Funktionen?
- Es muss Höhe $= f(t) = g\left(\frac{1}{2}t\right)$ oder allgemein $f(x) = g\left(\frac{1}{2}x\right)$ gelten.
- Wie entsteht Gleichung I aus f(x)?
- Drücken Sie g(0) durch f aus.
- Gilt $g(0) = f(0)$?
- Wie entsteht Gleichung II aus f(x)?
- Drücken Sie g(0) durch f aus.
- Gilt $g(0) = f(0)$?

Aufgabe 2 f

- Wie entsteht Gleichung III aus f(x)?
- „Sorte Tramonto erreicht im Vergleich zu Sorte Alba jede Höhe in der Hälfte der Zeit“ ist gleichbedeutend mit „Sorte Alba erreicht im Vergleich zu Sorte Tramonto jede Höhe in der doppelten Zeit“.

Lösungen

Teil 1

1. a) $f(x) = \ln(x+3)$

   $x+3>0 \;\Rightarrow\; x>-3 \;\Rightarrow\; \mathbb{D}_f =]-3; +\infty[$

   $$f'(x) = \frac{1}{x+3} \cdot 1 = \frac{1}{x+3}$$

   b) $$g(x) = \frac{3}{x^2-1}$$

   $x^2-1=0 \;\Rightarrow\; x^2=1 \;\Rightarrow\; x=\pm 1 \;\Rightarrow\; \mathbb{D} = \mathbb{R} \setminus \{-1; 1\}$

   $$g'(x) = \frac{0 \cdot (x^2-1) - 3 \cdot 2x}{(x^2-1)^2} = \frac{-6x}{(x^2-1)^2}$$

2. a) Nach unten geöffnete Parabel mit dem Hochpunkt $(0\,|\,5)$, also an der x-Achse gespiegelte und um 5 Einheiten nach oben verschobene Normalparabel.

   $f(x) = -x^2+5$ mit $\mathbb{D} = \mathbb{R}$

   b) Betragsfunktion mit Knick bei $x=5$, also muss $y = |x|$ um 5 Einheiten nach rechts verschoben werden.

   $g(x) = |x-5|$ mit $\mathbb{D} = \mathbb{R}$

3. a) $f(x) = \sin(2x)$ mit $\mathbb{D} = \mathbb{R}$

   Die Periode von $f(x) = \sin(2x)$ beträgt π, da der Argumentwert 2π für $x = \pi$ angenommen wird. Eine Periode des Graphen von $f(x)$ ist somit im Vergleich zu einer Periode des Graphen von $y = \sin x$ auf die Hälfte zusammengeschoben.

   Nullstellen im Periodenbereich $[0; \pi]$ sind somit:

   $x=0$; $x = \frac{\pi}{2}$; $x=\pi$

   Als benachbarte Nullstellen können gewählt werden:

   $x=0$ und $x = \frac{\pi}{2}$

   oder:

   $x = \frac{\pi}{2}$ und $x=\pi$

   oder:

   $x=0$ und $x = -\frac{\pi}{2}$ (da $f(x)$ punktsymmetrisch zum Ursprung ist)

b) $\int\limits_0^2 f(x)\,dx = \int\limits_0^2 \sin(2x)\,dx = \left[\frac{1}{2}(-\cos(2x))\right]_0^2 = \left[-\frac{1}{2}\cos(2x)\right]_0^2$

$= -\frac{1}{2}\cos 4 + \frac{1}{2}\cos 0 \approx 0{,}827$

Im Integrationsintervall [0; 2] verläuft der Graph von f(x) zwischen den Nullstellen $x = 0$ und $x = \frac{\pi}{2} \approx 1{,}57$ oberhalb der x-Achse und zwischen der Nullstelle $x = \frac{\pi}{2} \approx 1{,}57$ und der Integrationsgrenze $x = 2$ unterhalb der x-Achse. Somit geht ein Teil der eingeschlossenen Fläche negativ in die Flächenbilanz (bestimmtes Integral) ein.

4. G_f verläuft im Intervall [–0,5; 0,5] näherungsweise durch die Punkte $(-0{,}5\,|\,-1)$; $(0\,|\,0)$ und $(0{,}5\,|\,1)$.

Die Tangente am Kurvenpunkt $(0\,|\,0)$ hat also näherungsweise die Gleichung:
t: $y = 2x$

Somit: $f'(0) \approx 2$

Der Extremwert (Hochpunkt) befindet sich näherungsweise im Punkt $(3{,}3\,|\,4{,}25)$. Die Ableitungsfunktion f' besitzt also für $x \approx 3{,}3$ eine Nullstelle.

Somit: $f'(3{,}3) = 0$

Für $x \to 5$ läuft G_f näherungsweise senkrecht von oben auf den Kurvenrandpunkt $(5\,|\,0)$ zu. Die Steigung beträgt also näherungsweise $-\infty$.

Somit: $\lim\limits_{x \to 5} f'(x) = -\infty$ (senkrechte Asymptote $x = 5$)

Damit ergibt sich z. B. einer der beiden folgenden Graphen:

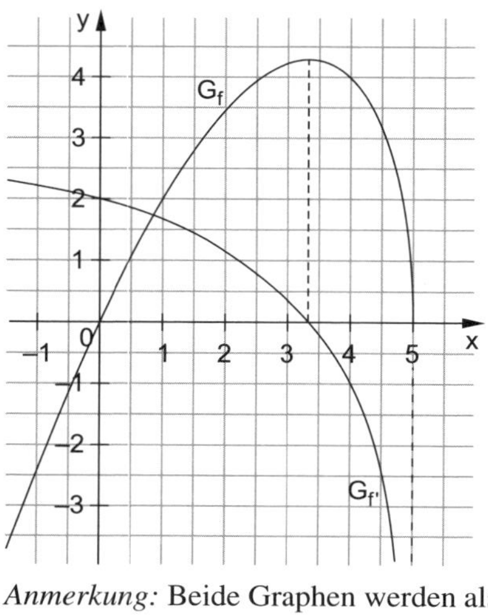

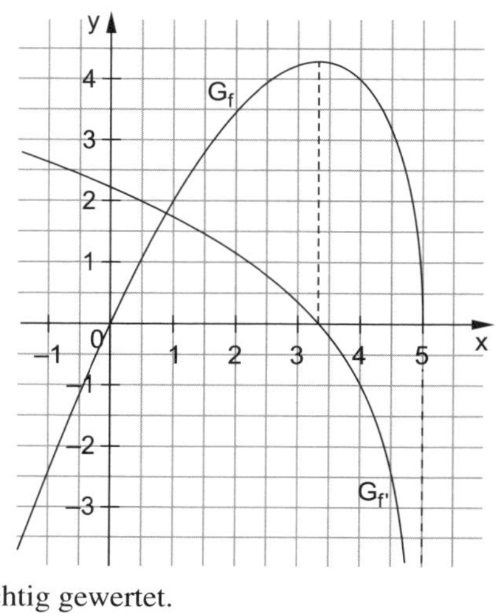

Anmerkung: Beide Graphen werden als richtig gewertet.

Teil 2

1. a) $f(x) = \frac{2e^x}{e^x + 9}$ mit $\mathbb{D} = \mathbb{R}$

Schnitt mit der x-Achse: $y = 0$

$f(x) = 0 \Rightarrow 2e^x = 0 \Rightarrow$ nicht möglich, da $e^x > 0$ für $x \in \mathbb{R} \Rightarrow$ Kein Schnittpunkt mit der x-Achse vorhanden.

Schnitt mit der y-Achse: $x = 0$

$$f(0) = \frac{2e^0}{e^0 + 9} = \frac{2 \cdot 1}{1 + 9} = \frac{2}{10} = 0{,}2$$

Schnittpunkt mit der y-Achse: $S(0 \mid 0{,}2)$

b) $$\lim_{x \to -\infty} \frac{2e^x}{e^x + 9} = \frac{2 \cdot 0}{0 + 9} = \frac{0}{9} = 0$$

$$\lim_{x \to +\infty} \frac{2e^x}{e^x + 9} = \lim_{x \to +\infty} \frac{2e^x}{e^x\left(1 + \frac{9}{e^x}\right)} = \lim_{x \to +\infty} \frac{2}{1 + \frac{9}{e^x}} = „\frac{2}{1 + \frac{9}{\infty}}“ = \frac{2}{1 + 0} = 2$$

c) $$f'(x) = \frac{2e^x(e^x + 9) - 2e^x \cdot e^x}{(e^x + 9)^2} = \frac{2e^x \cdot e^x + 18e^x - 2e^x \cdot e^x}{(e^x + 9)^2} = \frac{18e^x}{(e^x + 9)^2}$$

$f'(x) > 0$, da mit $e^x > 0$ für $x \in \mathbb{R}$ der Zähler positiv und auch der Nenner als Quadrat und wegen $e^x + 9 > 9$ positiv ist.

Aus $f'(x) > 0$ folgt, dass G_f streng monoton in $\mathbb{R}$ steigt.

d) Tangente: $y = mx + t$

Steigung: $m = f'(0) = \frac{18 \cdot e^0}{(e^0 + 9)^2} = \frac{18 \cdot 1}{(1 + 9)^2} = \frac{18}{100} = 0{,}18 \Rightarrow y = 0{,}18x + t$

Kurvenpunkt: $S(0 \mid 0{,}2)$ liegt auf der y-Achse $\Rightarrow t = 0{,}2$

Tangente in S: $y = 0{,}18x + 0{,}2$

e)

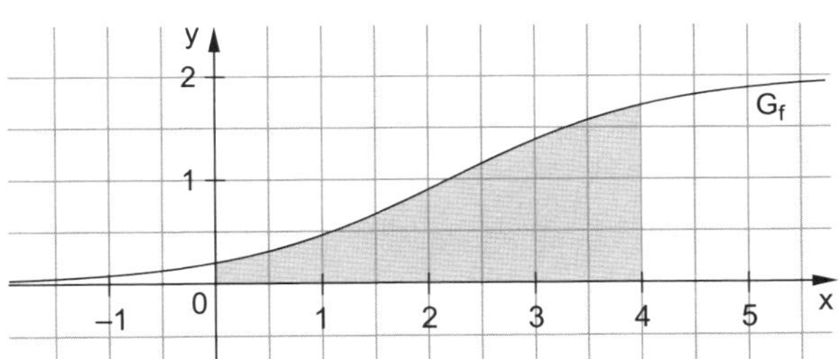

Gesucht ist die grau unterlegte Fläche:

$$A = \int_0^4 \frac{2e^x}{e^x + 9} dx = 2 \cdot \int_0^4 \frac{e^x}{e^x + 9} dx = 2 \cdot [\ln|e^x + 9|]_0^4$$

$$= 2 \cdot (\ln|e^4 + 9| - \ln|e^0 + 9|) \approx 3{,}7$$

Anmerkung: Beim Bruch $\frac{e^x}{e^x + 9}$ ist der Zähler die Ableitung des Nenners, somit lässt sich die Formel

$$\int \frac{f'(x)}{f(x)} dx = \ln|f(x)| + C$$

aus der Merkhilfe anwenden.

f) Da nach Teilaufgabe 1 c der Graph G_f in $\mathbb{R}$ streng monoton steigt, ist f(x) in $\mathbb{R}$ umkehrbar.

Aus der Angabe entnimmt man $\mathbb{D}_f = \mathbb{R}$, somit gilt $\mathbb{W}_{f^{-1}} = D_f = \mathbb{R}$.

Aus den Teilaufgaben 1 b und 1 c bzw. Abb. 2 ist zu entnehmen: $\mathbb{W}_f =]0; 2[$
Somit gilt $\mathbb{D}_{f^{-1}} = \mathbb{W}_f =]0; 2[$.

Der Graph $G_{f^{-1}}$ der Umkehrfunktion ergibt sich durch Spiegelung des Graphen G_f an der Winkelhalbierenden $y = x$.

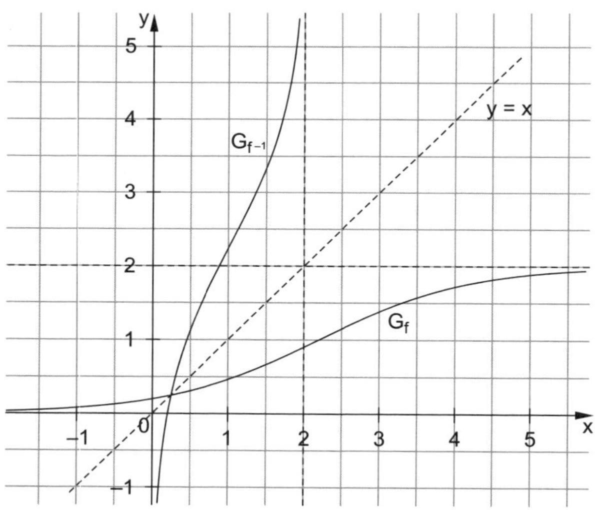

2. a) $f(0) = 0{,}2$ (siehe Teilaufgabe 1 a)

$$f(2) = \frac{2e^2}{e^2+9} \approx 0{,}9$$

Die Sonnenblume hat somit zu Beginn der Beobachtung eine Höhe von 0,2 m und nach 2 Monaten eine Höhe von 0,9 m.
Sie ist somit um 0,9 m − 0,2 m = 0,7 m = 70 cm gewachsen.

b) $f(x) = 1{,}5$

$$\frac{2e^x}{e^x+9} = 1{,}5$$

$$2e^x = 1{,}5e^x + 13{,}5$$

$$0{,}5e^x = 13{,}5$$

$$e^x = 27$$

$$x = \ln 27$$

$$x \approx 3{,}3$$

Nach ca. 3,3 Monaten hat die Sonnenblume eine Höhe von 1,5 m erreicht.

Grafische Lösung:

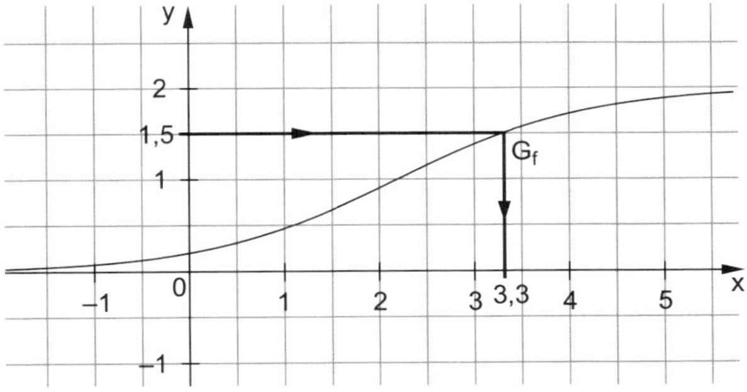

Ablesen des x-Wertes, für den $f(x) = 1{,}5$ gilt: Man bestimmt den Schnittpunkt der Geraden $y = 1{,}5$ mit dem Funktionsgraphen und liest den zugehörigen x-Wert ab.

c) Da f(x) in [0; 4] die Höhe der Blume angibt, gibt die Steigung von f(x) das Wachstum der Blume an. Die Blume wächst also dort am schnellsten, wo die Steigung am steilsten ist. Dies ist nach Abbildung 2 im Intervall [2; 2,5].

$\Rightarrow \quad x_M \in \,]2; 2{,}5[$

Anmerkung: Ein genauerer Wert ergibt sich rechnerisch, was hier aber **nicht** verlangt ist. Die Steigung (f'(x)) ist am steilsten (extrem), wenn $f''(x) = 0$ gilt.

$$f'(x) = \frac{18e^x}{(e^x+9)^2} \quad \text{(siehe Teilaufgabe 1 c)}$$

$$f''(x) = \frac{18e^x(e^x+9)^2 - 18e^x \cdot 2(e^x+9) \cdot e^x}{(e^x+9)^4} = \frac{(e^x+9) \cdot [18e^x(e^x+9) - 36e^x \cdot e^x]}{(e^x+9)^4}$$

$$= \frac{18e^x \cdot e^x + 162e^x - 36e^x \cdot e^x}{(e^x+9)^3} = \frac{162e^x - 18e^x \cdot e^x}{(e^x+9)^3} = \frac{18e^x(9-e^x)}{(e^x+9)^3}$$

$f''(x) = 0 \;\Rightarrow\; 18e^x(9-e^x) = 0 \;\Rightarrow\; 9-e^x = 0 \;\Rightarrow\; 9 = e^x \;\Rightarrow\; x = \ln 9 \approx 2{,}2$

Also $x_M \approx 2{,}2$.

Hinweis: Liest man aus Abbildung 2 für $x_M = 2{,}1$ oder auch $x_M = 2{,}3$ oder $x_M = 2{,}4$ ab, so ergeben sich die zugehörigen Näherungswerte analog.

$$f'(2{,}2) = \frac{18 \cdot e^{2,2}}{(e^{2,2}+9)^2} \approx 0{,}5$$

oder: $f'(2{,}1) \approx 0{,}5$ bzw. $f'(2{,}3) \approx 0{,}5$ bzw. $f'(2{,}4) \approx 0{,}5$

Das maximale Wachstum beträgt somit ungefähr 0,5 m im Monat. Die maximale Wachstumsrate pro Tag beträgt (mit 1 Monat = 30 Tage) somit:

$$\frac{50\text{ cm}}{30\text{ Tage}} \approx 1{,}7\,\frac{\text{cm}}{\text{Tag}}$$

d) Tangente aus Teilaufgabe 1 d: $y = 0{,}18x + 0{,}2$

Beschreibt die Tangente das Wachstum vom Auskeimen (Höhe = 0) bis zum Beobachtungsbeginn (Höhe = f(0) = 0,2), so muss die Tangente die x-Achse (y = 0) näherungsweise im Punkt $(-0{,}5 \mid 0)$ schneiden, da 2 Wochen = 14 Tage ≈ 0,5 Monate gilt.

Schnitt der Tangente mit der x-Achse:

$$\begin{aligned} 0 &= 0{,}18x + 0{,}2 \\ 0{,}18x &= -0{,}2 \\ x &= -\frac{0{,}2}{0{,}18} \\ x &\approx -1{,}1 \end{aligned}$$

Verliefe das Wachstum näherungsweise wie die Tangente, so würde vom Auskeimen bis zum Beobachtungsbeginn mehr als ein Monat vergehen.

oder:

Eine Gerade, die das Wachstum der Sonnenblume vom Auskeimen (Höhe = 0) bis zum Beobachtungsbeginn (Höhe = 0,2) darstellt, müsste durch die Punkte

- $P\left(-\frac{14}{30} \,\middle|\, 0\right)$ Auskeimen 14 Tage $\left(= \frac{14}{30} \text{ Monate}\right)$ vor Beobachtungsbeginn
- $Q(0 \mid 0{,}2)$ Beobachtungsbeginn

verlaufen.

Die Steigung dieser Geraden beträgt:

$$m = \frac{0{,}2}{\frac{14}{30}} \approx 0{,}43$$

Der Achsenabschnitt: $t = 0{,}2$

Gerade: $y = 0{,}43x + 0{,}2$

Sie verläuft also steiler als die Tangente aus Teilaufgabe 1 d, hat aber denselben Achsenabschnitt.

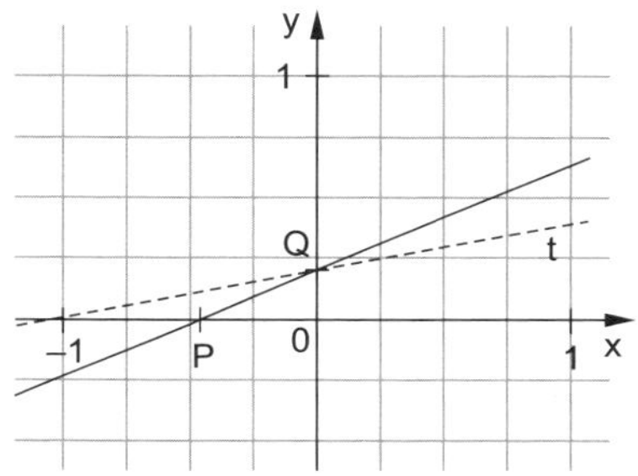

Die Annahme des Biologen steht also nicht in Einklang mit der Wirklichkeit.

e) Aus dem Text ist zu entnehmen:

- $g(0) = f(0) = 0{,}2$
  da: „zu Beobachtungsbeginn gleiche Höhe“
- $g\left(\frac{1}{2}x\right) = f(x)$
  da: „Sorte Tramonto erreicht im Vergleich zu Sorte Alba jede Höhe in der Hälfte der Zeit“

  Beispiel: Nach Teilaufgabe 2 b erreicht die Sorte Alba in 3,3 Monaten eine Höhe von 1,5 m, also erreicht die Sorte Tramonto die Höhe von 1,5 m in $\frac{1}{2} \cdot 3{,}3 = 1{,}65$ Monaten.
  $f(3{,}3) = 1{,}5$ und $g(1{,}65) = 1{,}5$

Funktionsgleichung I kommt nicht infrage, da:

$$y = \frac{2e^{x+k}}{e^{x+k} + 9} = f(x+k)$$

Hinweis: Dies entspricht einer Verschiebung des Graphen G_f um k in negative x-Richtung.

$$g(0) = \frac{2e^{0+k}}{e^{0+k} + 9} = f(0+k) = f(k) \quad \text{mit} \quad k > 0$$

Da der Graph von f(x) streng monoton steigt, gilt $f(k) > f(0)$ und somit $g(0) \neq f(0)$.

Funktionsgleichung II kommt nicht infrage, da:

$$y = k \cdot \frac{2e^x}{e^x + 9} = k \cdot f(x)$$

Hinweis: Dies entspricht einer Streckung des Graphen G_f um k in y-Richtung.

$g(0) = k \cdot f(0) \quad \text{mit } k > 0$

Somit ist $g(0) = f(0)$ nur für $k = 1$ erfüllt, dann wäre aber $g(x) = f(x)$.

f) $$y = \frac{2e^{kx}}{e^{kx} + 9} = f(kx)$$

Aus $g\left(\frac{1}{2}x\right) = f(x)$ folgt $g(x) = f(2x)$ und somit $k = 2$.

Abitur Mathematik (Bayern): Abiturprüfung 2012
Analysis II

Teil 1

BE

1. Gegeben ist die Funktion

   $$f\colon x \mapsto \frac{2x+3}{x^2+4x+3}$$

   mit maximaler Definitionsmenge $\mathbb{D}$. Bestimmen Sie $\mathbb{D}$ sowie die Nullstelle von f. 3

2. Gegeben ist die in $\mathbb{R}$ definierte Funktion

   $$g\colon x \mapsto x \cdot e^{-2x}.$$

   a) Bestimmen Sie die Koordinaten des Punktes, in dem der Graph von g eine waagrechte Tangente hat. 5

   b) Geben Sie das Verhalten von g für $x \to -\infty$ und $x \to +\infty$ an. 2

3. Betrachtet wird die in $\mathbb{R}^+$ definierte Funktion

   $$h\colon x \mapsto -\ln x + 3.$$

   a) Geben Sie an, wie der Graph von h schrittweise aus dem Graphen der in $\mathbb{R}^+$ definierten Funktion $x \mapsto \ln x$ hervorgeht. 2

   b) Bestimmen Sie die Gleichung der Tangente an den Graphen von h im Punkt $(1\,|\,h(1))$. 4

4. a) Warum hat jede Integralfunktion mindestens eine Nullstelle? 1

   b) Geben Sie den Term einer in $\mathbb{R}$ definierten Funktion f an, sodass die in $\mathbb{R}$ definierte Integralfunktion

   $$F\colon x \mapsto \int_{-1}^{x} f(t)\,dt$$

   genau zwei Nullstellen besitzt. Geben Sie die Nullstellen von F an. 3

20

Teil 2

BE

1. An einer Wand im Innenhof der von Antoni Gaudi gestalteten Casa Batlló in Barcelona findet man ein Keramikkunstwerk (vgl. Abbildung 1). Der annähernd parabelförmige obere Rand des Kunstwerks soll durch den Graphen einer ganzrationalen Funktion modellhaft dargestellt werden. Auf dem Graphen sollen bei Verwendung des eingezeichneten Koordinatensystems die Punkte $A(-2\,|\,0)$, $B(2\,|\,0)$ und $C(0\,|\,5)$ liegen (1 LE entspricht 1 m, d. h., das Kunstwerk ist 5 m hoch).

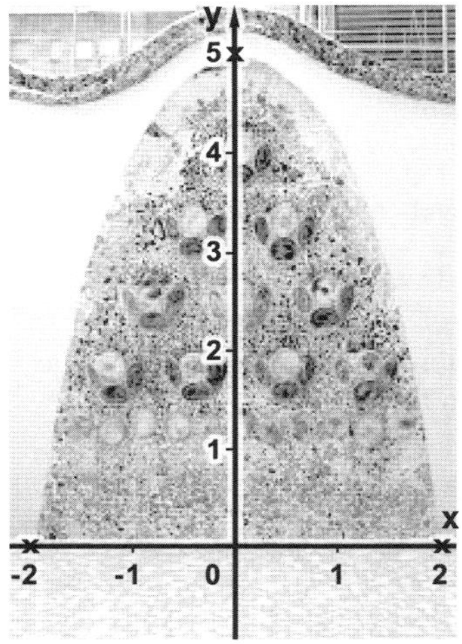

Abb. 1: Foto: Tony Hisgett, lizenziert unter cc-by-2.0

a) Ermitteln Sie den Term einer in $\mathbb{R}$ definierten quadratischen Funktion p, deren Graph durch die Punkte A, B und C verläuft.
[zur Kontrolle: $p(x) = -1{,}25x^2 + 5$] 3

Ein den oberen Rand des Kunstwerks genauer darstellendes Modell liefert der Graph der in $\mathbb{R}$ definierten ganzrationalen Funktion q vierten Grades mit $q(x) = -0{,}11x^4 - 0{,}81x^2 + 5$. Der Graph von q wird mit G_q bezeichnet.

b) Weisen Sie rechnerisch nach, dass G_q symmetrisch bezüglich der y-Achse ist, durch die Punkte A und B verläuft und genau einen Extrempunkt besitzt. 7

Abbildung 2 zeigt die Graphen von p und q.

c) Welcher der beiden dargestellten Graphen ist G_q? Begründen Sie Ihre Antwort. 2

d) Im Intervall $]0; 2[$ gibt es eine Stelle x_0, an der der Wert der Differenz $d(x) = q(x) - p(x)$ maximal wird. Berechnen Sie x_0 sowie den Wert der zugehörigen Differenz. 5

e) Berechnen Sie mithilfe der Funktion q einen Näherungswert für den Flächeninhalt A des vom Kunstwerk eingenommenen Teils der Wand. 4

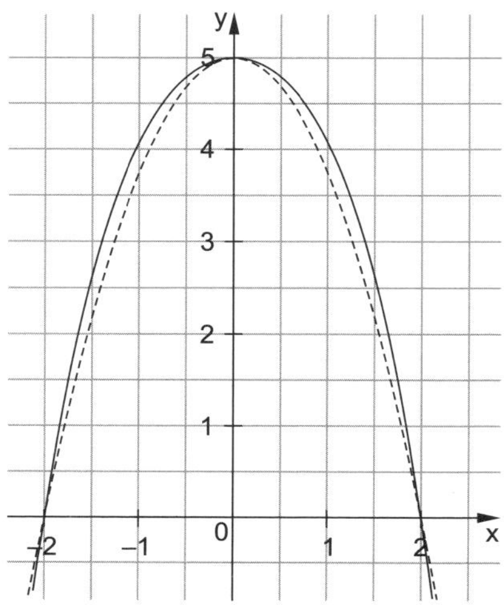

Abb. 2

f) Die Gerade mit der Gleichung $y = 1{,}1$ teilt im Modell den vom Kunstwerk eingenommenen Teil der Wand in zwei unterschiedlich gestaltete Bereiche. Beschreiben Sie, wie man mithilfe der Funktion q das Verhältnis der Flächeninhalte dieser beiden Bereiche näherungsweise bestimmen kann. Geben Sie dazu geeignete Ansätze an und kommentieren Sie diese. 4

2. Unter dem Wasserdurchfluss eines Bachs an einer bestimmten Stelle versteht man das Volumen des Wassers, das an dieser Stelle in einer bestimmten Zeit vorbeifließt. Die Funktion f beschreibt die zeitliche Entwicklung des Wasserdurchflusses eines Bachs an einer Messstelle, nachdem zum Zeitpunkt $t = 0$ eine bachaufwärts gelegene Schleuse geöffnet wurde. Abbildung 3 zeigt den Graphen G_f von f.

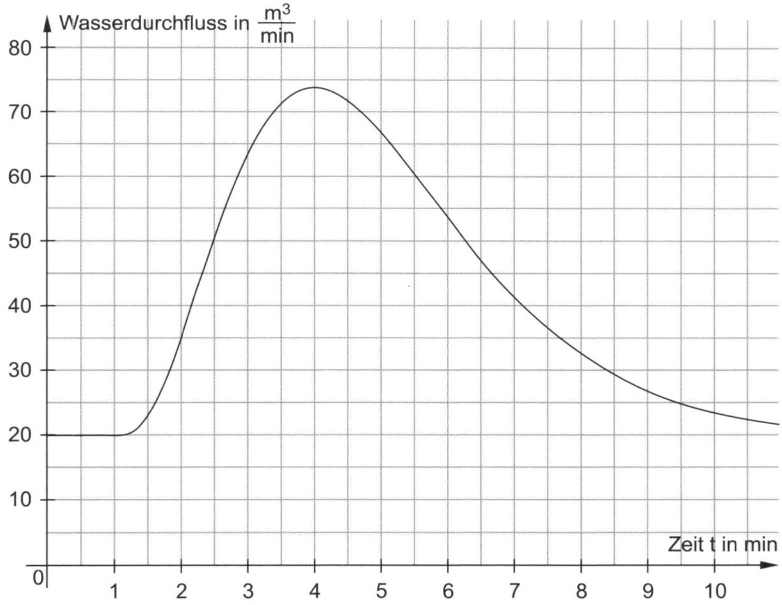

Abb. 3

a) Entnehmen Sie Abbildung 3 im Bereich $t > 1$ Näherungswerte für die Koordinaten des Hochpunkts sowie für die t-Koordinaten der beiden Wendepunkte von G_f und geben Sie unter Berücksichtigung dieser Näherungswerte die jeweilige Bedeutung der genannten Punkte im Sachzusammenhang an. 5

b) Bestimmen Sie $\int_1^4 f(t)\,dt$ näherungsweise mithilfe von Abbildung 3.

Deuten Sie den Wert des Integrals im Sachzusammenhang. 5

c) Bestimmen Sie mithilfe von G_f für $t=4$ und $t=3$ jeweils einen Näherungswert für die mittlere Änderungsrate von f im Zeitintervall [2; t]. Veranschaulichen Sie Ihr Vorgehen in Abbildung 3 durch geeignete Steigungsdreiecke. Welche Bedeutung hat der Grenzwert der mittleren Änderungsraten für $t \to 2$ im Sachzusammenhang? 5

40

Tipps und Hinweise

Teil 1

Aufgabe 1

- Um welche Art von Funktion handelt es sich?
- Was darf bei einem Bruch nie passieren?
- Division durch null ist nicht definiert.
- Für welche x-Werte hat der Nenner den Wert null?
- Die Merkhilfe liefert die Lösungsformel für quadratische Gleichungen.
- Ein Bruch hat den Wert null, wenn der Zähler den Wert null hat.

Aufgabe 2 a

- Welche Steigung besitzt eine waagrechte Tangente?
- Die Tangentensteigung wird durch die 1. Ableitung angegeben (siehe Merkhilfe).
- Beachten Sie beim Ableiten die Produktregel und denken Sie an die Kettenregel (nachdifferenzieren).
- Lösen Sie die Gleichung $g'(x) = 0$ nach x auf. Bedenken Sie, dass $e^x > 0$ für $x \in \mathbb{R}$ gilt.
- Gefragt ist nach den Punktkoordinaten. Sie müssen also auch den zugehörigen y-Wert berechnen.

Aufgabe 2 b

- Beachten Sie: $\lim\limits_{x \to +\infty} e^x = +\infty$ und $\lim\limits_{x \to -\infty} e^x = 0$
- Die Rechenregeln für Potenzen finden Sie in Ihrer Merkhilfe.
- Formen Sie den Term $x \cdot e^{-2x}$ entsprechend um.
- Der Grenzwert $\lim\limits_{x \to +\infty} \frac{x}{e^x} = 0$ steht in Ihrer Merkhilfe.

Aufgabe 3 a

- Es gilt:

$f(x) + a$	Verschiebung um a in y-Richtung
$f(x + a)$	Verschiebung um –a in x-Richtung
$a \cdot f(x)$	Dehnung/Stauchung in y-Richtung
$f(ax)$	Dehnung/Stauchung in x-Richtung
$-f(x)$	Spiegelung an der x-Achse
$f(-x)$	Spiegelung an der y-Achse

- Wie geht der Graph von $g(x) = -\ln x$ aus dem Graphen von $f(x) = \ln x$ hervor?
- Wie geht der Graph von $h(x) = -\ln x + 3$ aus dem Graphen von $g(x) = -\ln x$ hervor?

Aufgabe 3 b

- Jede Tangente hat als Gerade die allgemeine Gleichung $y = mx + t$.
- Die Steigung der Tangente ergibt sich mithilfe der 1. Ableitung (siehe Merkhilfe).
- Einsetzen von Steigung und Punktkoordinaten (berechnen Sie dazu h(1)) in die allgemeine Geradengleichung liefert den Achsenabschnitt t.

Aufgabe 4 a

- Für die Berechnung bestimmter Integrale gilt:

$$\int_a^b f(x)\,dx = F(b) - F(a) \quad \text{(siehe Merkhilfe)}$$

- $$\int_a^a f(x)\,dx = F(a) - F(a) = 0$$

Aufgabe 4 b

- Welcher Art von Funktion muss F angehören, um genau zwei Nullstellen zu besitzen?
- Welche Art von Funktion muss f(t) sein, wenn die zugehörige Integralfunktion quadratisch ist?
- Wie lautet die Gleichung der einfachsten linearen Funktion?
- Bestimmen Sie die zugehörige Integralfunktion mit der unteren Grenze –1.
- Berechnen Sie die entsprechenden Nullstellen.

oder:

- Zeichnen Sie die lineare Funktion sowie die Gerade $x = -1$.
- Welche Parallele zu $x = -1$ müssen Sie wählen, damit die eingeschlossenen Teilflächen oberhalb und unterhalb der x-Achse gleich groß sind?

Teil 2

Aufgabe 1 a

- Wie lautet die allgemeine Gleichung einer quadratischen Funktion?
- Jeder Punkt, der auf dem Graphen einer Funktion liegt, muss die Funktionsgleichung erfüllen.
- Lösen Sie das Gleichungssystem aus drei Gleichungen mit drei Unbekannten.

oder:

- Wie lautet die allgemeine Scheitelform einer Parabel?

- Setzen Sie die Koordinaten des Scheitelpunkts C und eines weiteren Kurvenpunkts (z. B. A) ein.
- Berechnen Sie die Unbekannte.

oder:

- Der Grafik lässt sich entnehmen, dass die Parabel nach unten geöffnet ist, achsensymmetrisch zur y-Achse verläuft und ihren Scheitel in C hat und durch A und B verläuft.
- Es handelt sich also um eine an der x-Achse gespiegelte, in x-Richtung gestreckte und um 5 Einheiten in positive y-Richtung verschobene Normalparabel.
- Geben Sie die entsprechende Funktionsgleichung an und setzen Sie zur Berechnung der Unbekannten A oder B ein.

Aufgabe 1 b

- Ist der Graph einer Funktion symmetrisch zur y-Achse, so muss gelten: $f(-x) = f(x)$
- Jeder Punkt, der auf dem Graphen einer Funktion liegt, muss die Funktionsgleichung erfüllen.
- Beachten Sie die Ableitungsregel in der Merkhilfe.
- Bedingung für einen Extremwert: $f'(x) = 0$ (siehe Merkhilfe)

Aufgabe 1 c

- Abbildung 2 ist zu entnehmen, dass der gestrichelte Graph in $]-2; 0[$ und $]0; 2[$ unterhalb des durchgezogenen Graphen verläuft.
- Wählen Sie einen x-Wert aus $]0; 2[$ (oder auch $]-2; 0[$) und berechnen Sie den zugehörigen Funktionswert sowohl für $p(x)$ als auch für $q(x)$.
- Vergleichen Sie die beiden Funktionswerte.

Aufgabe 1 d

- Setzen Sie $q(x)$ und $p(x)$ in $d(x)$ ein und vereinfachen Sie den Term.
- $d(x)$ besitzt für x_0 einen Extremwert, wenn $d'(x_0) = 0$ und d' an der Stelle x_0 das Vorzeichen wechselt (siehe Merkhilfe).
- An der Stelle x_0 befindet sich ein Maximum, wenn $d(x)$ für $x < x_0$ steigt ($d'(x) > 0$) und für $x > x_0$ fällt ($d'(x) < 0$).
- Es ist auch nach dem Wert $d(x_0)$ gefragt.

Aufgabe 1 e

- Der Flächeninhalt lässt sich mithilfe eines bestimmten Integrals berechnen.
- Beachten Sie die Symmetrie der Fläche – das erleichtert das Rechnen.

- Die Formel zur Bestimmung der Stammfunktion finden Sie in der Merkhilfe.
- In welcher Einheit ergibt sich die Fläche? Beachten Sie die gegebene Längeneinheit.

Aufgabe 1 f

- Welcher Zusammenhang besteht zwischen den beiden Teilflächen und der in Teilaufgabe 1 e berechneten Fläche?
- Welches Verhältnis ist gesucht?
- Wie lässt sich die obere Fläche berechnen?
- Wie ergeben sich die Integrationsgrenzen der oberen Fläche?
- Welcher Art ist die Gleichung $q(x) = 1{,}1$?
- Wie löst man eine biquadratische Gleichung?

Aufgabe 2 a

- Die y-Koordinate des Hochpunkts gibt den maximalen Wasserdurchfluss an.
- Wendepunkte befinden sich dort, wo $f''(t) = 0$ gilt, wo also $f'(t)$ extrem wird.
- Die 1. Ableitung gibt die Änderungsrate von f(x), hier also die Änderung des Wasserdurchflusses an.
- Steigt f(x), so wird der Wasserdurchfluss größer, fällt f(x), so wird der Wasserdurchfluss geringer.

Aufgabe 2 b

- Mithilfe des bestimmten Integrals wird eine Fläche ermittelt.
- Welche Wassermenge wird durch ein „Einheitsquadrat" (Einheit in x-Richtung: 2 Kästchen $\triangleq$ 1 min; Einheit in y-Richtung: 2 Kästchen $\triangleq 10\,\frac{m^3}{min}$) dargestellt?
- Wie viele komplette Einheitsquadrate sind in der Fläche enthalten?
- Wie lassen sich Teil-Einheitsquadrate näherungsweise zu kompletten Einheitsquadraten zusammenfügen?
- Welche Fläche ergibt sich insgesamt?
- Beschreiben Sie, in welchem Zeitraum die durch die Fläche dargestellte Wassermenge fließt.

Aufgabe 2 c

- In der Merkhilfe finden Sie eine Formel für die mittlere Änderungsrate (Differenzenquotient).
- Zeichnen Sie die beiden Steigungsdreiecke ein.
- Der Grenzwert ergibt die 1. Ableitung an der Stelle $t = 2$ (siehe Merkhilfe).
- Die Tangentensteigung gibt die momentane Änderungsrate an.

Lösungen

Teil 1

1. $f(x) = \dfrac{2x+3}{x^2+4x+3}$

$x^2+4x+3=0 \;\Rightarrow\; x_{1/2} = \dfrac{-4 \pm \sqrt{16-4\cdot 1\cdot 3}}{2} = \dfrac{-4\pm 2}{2} \;\Rightarrow\; x_1=-1;\; x_2=-3$

$\mathbb{D} = \mathbb{R} \setminus \{-1; -3\}$

$f(x)=0 \;\Rightarrow\; 2x+3=0 \;\Rightarrow\;$ Nullstelle: $x = -\dfrac{3}{2}$

2. a) $g(x) = x \cdot e^{-2x}$ mit $\mathbb{D} = \mathbb{R}$

waagrechte Tangente $\Leftrightarrow$ $g'(x)=0$

$g'(x) = 1\cdot e^{-2x} + x \cdot e^{-2x} \cdot (-2) = e^{-2x} \cdot (1-2x)$

$g'(x)=0 \;\Rightarrow\; 1-2x=0$ da $e^{-2x}>0$ für $x \in \mathbb{R}$

$-2x=-1$

$x=\dfrac{1}{2}$

$g\left(\dfrac{1}{2}\right) = \dfrac{1}{2} \cdot e^{-2\cdot\frac{1}{2}} = \dfrac{1}{2}\cdot e^{-1} = \dfrac{1}{2e}$

Im Punkt $\left(\frac{1}{2} \,\middle|\, \frac{1}{2e}\right)$ hat der Graph von g eine waagrechte Tangente.

b) $\lim\limits_{x\to -\infty} x\cdot e^{-2x} =$ „$-\infty\cdot\infty$“ $= -\infty$

$\lim\limits_{x\to+\infty} x\cdot e^{-2x} = \lim\limits_{x\to+\infty} \dfrac{x}{e^{2x}} = \lim\limits_{x\to+\infty} \dfrac{x}{e^x\cdot e^x} = \lim\limits_{x\to+\infty} \dfrac{x}{e^x}\cdot\dfrac{1}{e^x}$

$= \lim\limits_{x\to+\infty} \dfrac{x}{e^x}\cdot \lim\limits_{x\to+\infty} e^{-x} = 0\cdot 0 = 0$ (siehe Merkhilfe)

3. a) $h(x) = -\ln x + 3$ mit $\mathbb{D} = \mathbb{R}^+$

Durch Spiegelung des Graphen von $f(x)=\ln x$ an der x-Achse entsteht der Graph von $g(x)=-\ln x$.

Durch Verschiebung des Graphen von $g(x)=-\ln x$ um 3 Einheiten in positive y-Richtung („nach oben“) erhält man den Graphen von $h(x)=-\ln x+3$.

b) Tangente: $y = mx + t$

Steigung: $m = h'(1) \Rightarrow h'(x) = -\frac{1}{x} \Rightarrow h'(1) = -1$

Punkt: $h(1) = -\ln 1 + 3 = 0 + 3 = 3 \Rightarrow P(1\,|\,3)$

Steigung und Punkt eingesetzt, ergibt: $3 = -1 \cdot 1 + t \Rightarrow t = 4$

Tangente: $y = -x + 4$

4. a) Da $\int_a^a f(t)\,dt = 0$ gilt, ist bei jeder Integralfunktion die untere Integrationsgrenze eine Nullstelle.

b) $F(x) = \int_{-1}^{x} f(t)\,dt$

F(x) besitzt genau zwei Nullstellen, wenn F(x) eine quadratische Funktion ist (mit Scheitel unterhalb der x-Achse, falls nach oben geöffnet, bzw. mit Scheitel oberhalb der x-Achse, falls nach unten geöffnet).

Wenn F(x) eine quadratische Funktion sein soll, muss f(t) eine lineare Funktion sein. Einfachste Möglichkeit:

$f(t) = t$

Somit:

$$F(x) = \int_{-1}^{x} t\,dt = \left[\frac{1}{2}t^2\right]_{-1}^{x} = \frac{1}{2}x^2 - \frac{1}{2}$$

$\frac{1}{2}x^2 - \frac{1}{2} = 0 \Rightarrow x^2 = 1 \Rightarrow$ Nullstellen: $x_1 = -1,\; x_2 = 1$

oder grafisch:

$F(-1) = \int_{-1}^{-1} t\,dt = 0$

(siehe Teilaufgabe 4 a)

$F(1) = \int_{-1}^{1} t\,dt = 0$

(da Fläche oberhalb der x-Achse = Fläche unterhalb der x-Achse)

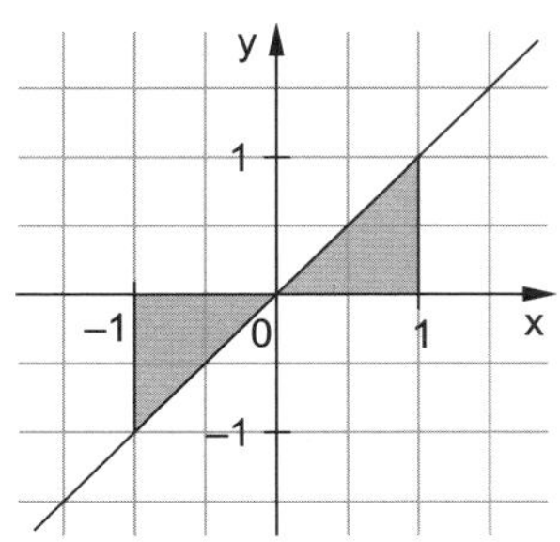

Teil 2

1. a) $p(x) = ax^2 + bx + c$

Einsetzen von A: $a \cdot (-2)^2 + b \cdot (-2) + c = 0 \quad \Rightarrow \quad \text{I} \quad 4a - 2b + c = 0$
Einsetzen von B: $a \cdot 2^2 + b \cdot 2 + c = 0 \quad \Rightarrow \quad \text{II} \quad 4a + 2b + c = 0$
Einsetzen von C: $a \cdot 0^2 + b \cdot 0 + c = 5 \quad \Rightarrow \quad \text{III} \quad c = 5$

I – II: $-4b = 0 \quad \Rightarrow \quad b = 0$

b und c in I: $4a + 5 = 0 \quad \Rightarrow \quad a = -\frac{5}{4} = -1,25$

$$p(x) = -\frac{5}{4}x^2 + 5 = -1,25x^2 + 5$$

oder mit der Scheitelform:

$$p(x) = a(x - x_S)^2 + y_S$$
$$= a(x - 0)^2 + 5$$
$$= ax^2 + 5$$

Einsetzen von A:

$$0 = a \cdot (-2)^2 + 5 \quad \Rightarrow \quad 0 = 4a + 5 \quad \Rightarrow \quad a = -\frac{5}{4}$$

$$p(x) = -\frac{5}{4}x^2 + 5 = -1,25x^2 + 5$$

oder mit der Grafik:

Der Graph von p(x) ist eine nach unten geöffnete Parabel, die den Scheitel im Punkt $C(0 \mid 5)$ hat (und damit achsensymmetrisch zur y-Achse ist).

$p(x) = ax^2 + 5$

Einsetzen von A:

$$0 = a \cdot (-2)^2 + 5 \quad \Rightarrow \quad 0 = 4a + 5 \quad \Rightarrow \quad a = -\frac{5}{4}$$

$$p(x) = -\frac{5}{4}x^2 + 5 = -1,25x^2 + 5$$

b) $q(x) = -0,11x^4 - 0,81x^2 + 5$

$q(-x) = -0,11(-x)^4 - 0,81(-x)^2 + 5 = -0,11x^4 - 0,81x^2 + 5 = q(x)$

$\Rightarrow$ G_q ist symmetrisch zur y-Achse.

oder:

G_q ist symmetrisch zur y-Achse, da q(x) nur geradzahlige Potenzen von x aufweist.

$q(-2) = -0{,}11 \cdot (-2)^4 - 0{,}81 \cdot (-2)^2 + 5 = -1{,}76 - 3{,}24 + 5 = 0 \quad \Rightarrow \quad A \in G_q$

$q(2) = -0{,}11 \cdot 2^4 - 0{,}81 \cdot 2^2 + 5 = -1{,}76 - 3{,}24 + 5 = 0 \quad \Rightarrow \quad B \in G_q$

oder:

$B \in G_q$, da q symmetrisch zur y-Achse und $A \in G_q$.

$q'(x) = -0{,}44x^3 - 1{,}62x$

$$\begin{aligned} q'(x) = 0 \quad \Rightarrow \quad & -0{,}44x^3 - 1{,}62x = 0 \\ & x(-0{,}44x^2 - 1{,}62) = 0 \\ \Rightarrow \quad & x_1 = 0 \quad \text{bzw.} \quad -0{,}44x^2 - 1{,}62 = 0 \\ & \qquad -0{,}44x^2 = 1{,}62 \\ & \qquad x^2 = -\frac{1{,}62}{0{,}44} \quad ↯ \text{ (Quadrat} \geq 0!) \end{aligned}$$

Somit besitzt G_q nur für $x = 0$ einen Extrempunkt, nämlich $(0 \mid 5)$.

Hinweis: Ein Nachweis der Art des Extremwerts ist nicht verlangt!

c) Im Intervall]0; 2[verläuft der gestrichelte Graph unterhalb des durchgezogenen Graphen. Man überprüft für ein x aus diesem Intervall, welcher Funktionswert kleiner ist.

$p(1) = -1{,}25 \cdot 1^2 + 5 = 3{,}75$

$q(1) = -0{,}11 \cdot 1^4 - 0{,}81 \cdot 1^2 + 5 = 4{,}08$

$\Rightarrow \quad q(1) > p(1)$

G_q ist durch die durchgezogene Linie dargestellt.

d) $d(x) = q(x) - p(x) \quad \text{mit } x \in \,]0; 2[$

$$\begin{aligned} d(x) &= -0{,}11x^4 - 0{,}81x^2 + 5 - (-1{,}25x^2 + 5) \\ &= -0{,}11x^4 + 0{,}44x^2 \\ &= -0{,}11(x^4 - 4x^2) \end{aligned}$$

d(x) ist extrem, wenn $d'(x) = 0$ gilt.

$d'(x) = -0{,}11(4x^3 - 8x)$

$$\begin{aligned} d'(x) = 0 \quad \Rightarrow \quad & 4x^3 - 8x = 0 \\ & x(4x^2 - 8) = 0 \\ \Rightarrow \quad & x_1 = 0 \notin \,]0; 2[\quad \text{bzw.} \quad 4x^2 - 8 = 0 \\ & \qquad x^2 = 2 \\ & \qquad x = \underset{(-)}{+}\sqrt{2}, \quad \text{nur } x = \sqrt{2}, \text{ da } x \in \,]0; 2[\end{aligned}$$

Für $x \in \,]0; \sqrt{2}[$ gilt:

$x > 0$ und $4x^2 - 8 < 0$, da $x^2 < 2 \quad \Rightarrow \quad d'(x) = -0{,}11x(4x^2 - 8) > 0$

Für $x \in]\sqrt{2}; 2[$ gilt:

$x > 0$ und $4x^2 - 8 > 0$, da $x^2 > 2 \quad \Rightarrow \quad d'(x) = -0{,}11x(4x^2 - 8) < 0$

d(x) besitzt also für $x = \sqrt{2}$ ein Maximum.

oder Nachweis der Art des Extremums mithilfe der 2. Ableitung:

$d''(x) = -0{,}11(12x^2 - 8)$

$d''(\sqrt{2}) = -0{,}11(12 \cdot 2 - 8) < 0 \quad \Rightarrow \quad$ für $x_0 = \sqrt{2}$ maximaler Wert

Wert der zugehörigen Differenz:

$d(\sqrt{2}) = -0{,}11(\sqrt{2}^4 - 4 \cdot \sqrt{2}^2) = -0{,}11 \cdot (4 - 8) = 0{,}44$

e) $$A = \int_{-2}^{2} q(x)\,dx = 2 \cdot \int_{0}^{2} q(x)\,dx = 2 \cdot \int_{0}^{2} (-0{,}11x^4 - 0{,}81x^2 + 5)\,dx$$

$$= 2 \cdot \left[-\frac{0{,}11}{5}x^5 - \frac{0{,}81}{3}x^3 + 5x \right]_0^2 = 2 \cdot [-0{,}022x^5 - 0{,}27x^3 + 5x]_0^2$$

$$= 2 \cdot [-0{,}022 \cdot 2^5 - 0{,}27 \cdot 2^3 + 5 \cdot 2 - 0] = 2 \cdot 7{,}136 = 14{,}272$$

Da die LE 1 m entspricht, beträgt die Fläche 14,272 m^2.

f) Die Parallele zur x-Achse $y = 1{,}1$ teilt die Fläche A (aus Teilaufgabe 1 e) in einen unteren Bereich A_1 und einen oberen Bereich A_2, wobei gilt:

$A_1 = A - A_2$

Das Verhältnis von oberer zu unterer Fläche berechnet sich somit zu:

$$\frac{A_2}{A_1} = \frac{A_2}{A - A_2}$$

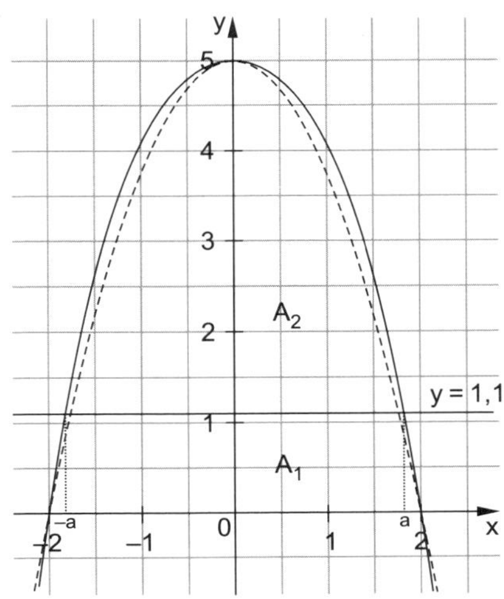

Um einen Näherungswert für dieses Verhältnis angeben zu können, benötigt man also die Größe der Fläche A_2. Es gilt:

$$A_2 = 2 \cdot \int_{0}^{a} (q(x) - 1{,}1)\,dx,$$

wobei a die positive Schnittstelle von q(x) mit der Geraden $y = 1{,}1$ ist.

$q(x) = 1{,}1 \quad \Rightarrow \quad -0{,}11x^4 - 0{,}81x^2 + 5 = 1{,}1$

$$-0{,}11x^4 - 0{,}81x^2 + 3{,}9 = 0$$

Substitution: $x^2 = z$

$$-0{,}11z^2 - 0{,}81z + 3{,}9 = 0$$

Man löst diese quadratische Gleichung mithilfe der Formel aus der Merkhilfe nach z auf. $z = x^2$ liefert dann die x-Werte.
a ist diejenige Lösung, für die $a > 0$ gilt.

oder:

Man gibt einen Näherungswert für das Verhältnis $\frac{A_2}{A_1} = \frac{A - A_1}{A_1}$ an, indem man A_1 durch eine Trapezfläche annähert.
Die große Parallele des Trapezes ist die Strecke zwischen $A(-2\,|\,0)$ und $B(2\,|\,0)$, hat also die Länge 4.
Die kleine Parallele des Trapezes ist die Strecke zwischen $(-a\,|\,1{,}1)$ und $(a\,|\,1{,}1)$, hat also die Länge 2a, wobei a die positive Schnittstelle von q(x) mit der Geraden $y = 1{,}1$ ist. a lässt sich wie im ersten Lösungsweg berechnen.
Die Höhe des Trapezes beträgt 1,1.

Somit ergibt sich: $A_1 = \frac{1}{2} \cdot (4 + 2a) \cdot 1{,}1$

2. a) Hochpunkt $(\approx 4\,|\approx 74)$

4 Minuten nach Öffnen der Schleuse fließt an der Beobachtungsstelle die maximale Wassermenge pro Minute, nämlich 74 $\frac{m^3}{min}$ vorbei.

oder:

4 Minuten nach Öffnen der Schleuse ist der Wasserdurchfluss mit 74 $\frac{m^3}{min}$ an der Beobachtungsstelle maximal.

Wendepunkt 1 bei $t \approx 2{,}5$.
2,5 Minuten nach Öffnen der Schleuse steigt der Wasserdurchfluss an der Beobachtungsstelle am stärksten an.

Wendepunkt 2 bei $t \approx 5{,}8$.
5,8 Minuten nach Öffnen der Schleuse fällt der Wasserdurchfluss an der Beobachtungsstelle am stärksten ab.

b) $\int_{1}^{4} f(t)\,dt \approx 143\ \text{m}^3$

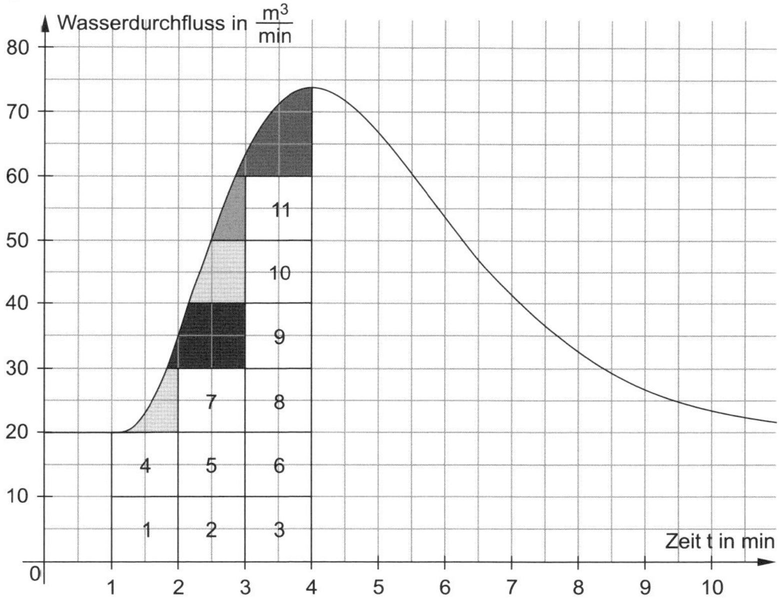

Jedes Quadrat aus 4 Kästchen liefert 10 m^3, da 2 Kästchen nach oben 10 $\frac{\text{m}^3}{\text{min}}$ und 2 Kästchen nach rechts 1 min darstellen. Es ergeben sich 11 vollständige Quadrate. Die Teilquadrate lassen sich entsprechend ihrer Einfärbung zu jeweils ungefähr einem Quadrat ergänzen ($\hat{=}$ 3 weitere Quadrate). Es verbleibt ein Rest neben Quadrat 11.
Es vergeht 1 Minute nach Öffnen der Schleuse. In den folgenden 3 Minuten fließen ca. 143 m^3 Wasser an der Beobachtungsstelle vorbei.

c)

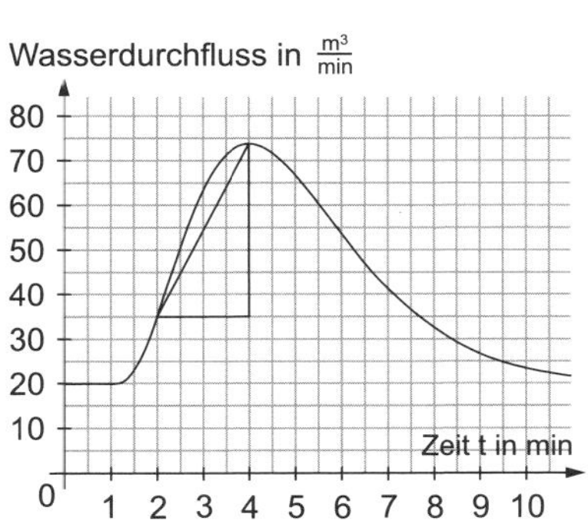

(2 | 35) (4 | 74)

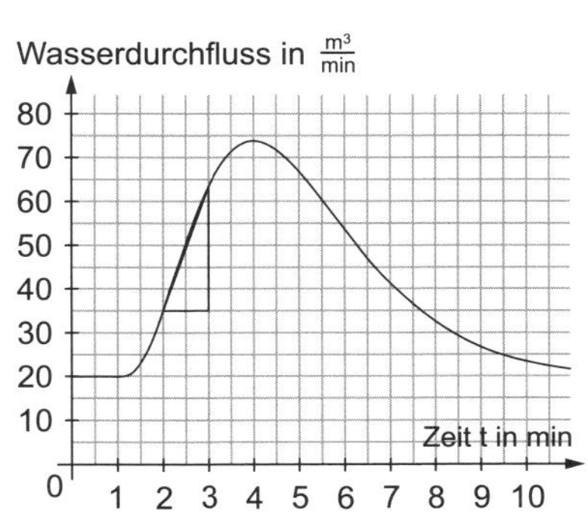

(2 | 35) (3 | 63)

$$m = \frac{f(4) - f(2)}{4 - 2} \approx \frac{74 - 35}{4 - 2} = 19{,}5 \qquad m = \frac{f(3) - f(2)}{3 - 2} \approx \frac{63 - 35}{3 - 2} = 28$$

$\lim\limits_{t \to 2} \frac{f(t) - f(2)}{t - 2}$ beschreibt die Steigung der Tangente im Punkt $P(2 \mid f(2) \approx 35)$ und somit die momentane Änderungsrate des Wasserdurchflusses an der Beobachtungsstelle 2 Minuten nach Öffnen der Schleuse.

Abitur Mathematik (Bayern): Abiturprüfung 2012
Stochastik I

BE

Für eine Quizshow sucht ein Fernsehsender Abiturientinnen und Abiturienten als Kandidaten. Jeder Bewerber gibt in einem online auszufüllenden Formular die Durchschnittsnote seines Abiturzeugnisses an.

1. Insgesamt bewerben sich dreimal so viele weibliche wie männliche Personen, wobei 80 % der weiblichen und 75 % der männlichen Bewerber eine Durchschnittsnote von 1,5 oder besser angeben. Bestimmen Sie den Anteil der Personen unter allen Bewerbern, die eine schlechtere Durchschnittsnote als 1,5 angeben. 4

2. Aus dem Bewerberfeld werden zwanzig weibliche und zehn männliche Personen zu einem Casting eingeladen, das in zwei Gruppen durchgeführt wird. Fünfzehn der Eingeladenen werden für die erste Gruppe zufällig ausgewählt. Die Wahrscheinlichkeit dafür, dass für die erste Gruppe zehn weibliche und fünf männliche Personen ausgewählt werden, wird mit p bezeichnet.

   a) Begründen Sie im Sachzusammenhang, dass p nicht durch den Term $\binom{15}{5}\cdot\left(\frac{1}{3}\right)^5\cdot\left(\frac{2}{3}\right)^{10}$ beschrieben wird. 2

   b) Bestimmen Sie die Wahrscheinlichkeit p mithilfe eines geeigneten Terms. 4

Nach dem Casting stehen die zehn Kandidaten der Quizshow fest.

3. Im Rahmen der Show müssen Aufgaben aus verschiedenen Fachgebieten gelöst werden. Die Anzahl der von einem Kandidaten zu lösenden Aufgaben aus dem Fachgebiet Mathematik ist gleich der Augensumme, die von ihm bei einmaligem Werfen zweier Würfel erzielt wird. Die beiden Würfel tragen jeweils auf zwei Seitenflächen die Augenzahl 0, auf drei Seitenflächen die Augenzahl 1 und auf einer Seitenfläche die Augenzahl 2.

   a) Berechnen Sie die Wahrscheinlichkeit dafür, dass der erste Kandidat genau zwei Aufgaben aus dem Fachgebiet Mathematik lösen muss. 4

   b) Die Zufallsgröße X beschreibt die Anzahl der von einem Kandidaten zu lösenden Aufgaben aus dem Fachgebiet Mathematik. Der Tabelle kann die Wahrscheinlichkeitsverteilung von X entnommen werden. Ermitteln Sie den fehlenden Wert der Wahrscheinlichkeitsverteilung sowie den Erwartungswert von X.

x	0	1	2	3	4
$P(X=x)$	$\frac{1}{9}$	$\frac{1}{3}$	$\frac{13}{36}$		$\frac{1}{36}$

3

c) Bestimmen Sie die Wahrscheinlichkeit dafür, dass genau einer der zehn Kandidaten keine Aufgabe aus dem Fachgebiet Mathematik lösen muss. 2

d) Bestimmen Sie, wie viele Kandidaten an der Quizshow mindestens teilnehmen müssten, damit mit einer Wahrscheinlichkeit von mehr als 90 % wenigstens ein Kandidat darunter ist, der keine Aufgabe aus dem Fachgebiet Mathematik lösen muss. 4

Für eine Aufgabe aus dem Fachgebiet Mathematik kommen zwei Kuverts zum Einsatz, die jeweils fünf Spielkarten enthalten. Es ist bekannt, dass das eine Kuvert genau zwei und das andere genau drei rote Spielkarten enthält. Der Showmaster wählt, jeweils zufällig, ein Kuvert und aus diesem zwei Karten aus.

e) Bestätigen Sie rechnerisch, dass die Wahrscheinlichkeit dafür, dass die beiden ausgewählten Karten rot sind, 20 % beträgt. 4

f) Der Showmaster zeigt die beiden ausgewählten Karten; sie sind tatsächlich rot. Der Kandidat wird nach der Wahrscheinlichkeit dafür gefragt, dass die beiden Karten aus dem Kuvert mit den drei roten Karten stammen. Bestimmen Sie diese Wahrscheinlichkeit. 3

30

Tipps und Hinweise

Aufgabe 1

- Wie groß ist der Anteil der männlichen bzw. der weiblichen Bewerber?
- Wenn es dreimal so viele weibliche wie männliche Bewerber gibt, gibt es insgesamt vier Teile, von denen die Frauen drei und die Männer einen haben.
- $\frac{1}{4} = 0{,}25 = 25\,\%$ und $\frac{3}{4} = 0{,}75 = 75\,\%$
- Berechnen Sie zunächst den Anteil derer, die eine Durchschnittsnote $\leq 1{,}5$ haben.
- x % von y % = x % · y %
  Vor der Multiplikation die Prozente in Kommazahlen verwandeln.
- Wer keine Durchschnittsnote $\leq 1{,}5$ hat, hat eine schlechtere Durchschnittsnote als 1,5. Gegenereignis!

oder:

- Fertigen Sie eine Vierfeldertafel mit den Ereignissen „Geschlecht" (männlich/weiblich) und „Durchschnittsnote" ($\leq 1{,}5$ / $> 1{,}5$) an.
- Berechnen Sie hierzu den Anteil Männer/Frauen mit Durchschnittsnote $\leq 1{,}5$.
- x % von y % = x % · y %
  Vor der Multiplikation die Prozente in Kommazahlen verwandeln.
- Der gesuchte Wert lässt sich aus der Vierfeldertafel ablesen.

oder:

- Fertigen Sie ein Baumdiagramm (1. Ast „Geschlecht", 2. Ast „Durchschnittsnote").
- $P(D > 1{,}5) = P(♂ \cap D > 1{,}5) + P(♀ \cap D > 1{,}5)$

Aufgabe 2 a

- Welcher Formel der Merkhilfe entspricht der angegebene Term?
- Bei welcher Art des Ziehens wird mit diesem Term gerechnet?
- Passt diese Art des Ziehens zum Sachzusammenhang „Bewerberauswahl"?
- Beim Ziehen mit Zurücklegen kann eine Kugel auch mehrfach gezogen werden – sie liegt vor jedem Zug wieder in der Urne.

Aufgabe 2 b

- Die Merkhilfe bietet auch eine Formel für das Ziehen ohne Zurücklegen.
- Es werden insgesamt 15 aus den 30 Bewerbern (20 weibliche, 10 männliche) ausgewählt.
- In der Gruppe sollen 10 Frauen und 5 Männer sein.

Aufgabe 3 a

- Der Würfel besitzt 6 Seitenflächen, jedoch nur die drei Augenzahlen 0 (zweimal), 1 (dreimal) und 2 (einmal).
- Bestimmen Sie die Wahrscheinlichkeiten der einzelnen Augenzahlen beim einmaligen Werfen eines Würfels.
- Mit welchen Augenzahlen lässt sich beim zweimaligen Werfen (= einmaliges Werfen zweier Würfel) die Augenzahl 2 erzielen?
- In Teilaufgabe 3 b ist das richtige Ergebnis aufgelistet.

Aufgabe 3 b

- Die Anzahl der Mathematikaufgaben entspricht der erwürfelten Augensumme.
- Mögliche Augensummen sind 0, 1, 2, 3, 4. Ihre Wahrscheinlichkeiten sind in der Tabelle angegeben.
- Die Summe der Wahrscheinlichkeiten aller Augensummen muss 1 ergeben.

oder:

- Mit welchen Augenzahlen lässt sich beim zweimaligen Werfen die Augensumme 3 erzielen?
- Der Erwartungswert lässt sich mithilfe der Formel in der Merkhilfe berechnen.

Aufgabe 3 c

- Die Wahrscheinlichkeit, keine Mathematikaufgabe lösen zu müssen, ist für alle 10 Kandidaten gleich $\left(P(0) = \frac{1}{9}\right)$.
- Es handelt sich um eine Bernoulli-Kette der Länge $n = 10$ mit genau einem Treffer (siehe Merkhilfe).

Aufgabe 3 d

- Formulieren Sie „wenigstens ein Kandidat" über das Gegenereignis.
- Die Anzahl n der Kandidaten ist gesucht.
- Lösungsansatz: $1 - \left(\frac{8}{9}\right)^n > 0{,}9$
- Beim Auflösen der Ungleichung hilft Logarithmieren.
- Bedenken Sie, dass $\ln a < 0$ für alle $0 < a < 1$ gilt.
- n muss eine natürliche Zahl sein.

Aufgabe 3 e

- Mit welcher Wahrscheinlichkeit wird aus dem Kuvert mit 2 roten Karten als Erstes eine rote Karte gezogen?
- Mit welcher Wahrscheinlichkeit wird aus diesem Kuvert als Zweites wieder eine rote Karte gezogen?
- Bestimmen Sie die entsprechenden Wahrscheinlichkeiten für das Kuvert mit 3 roten Karten.
- Die Wahrscheinlichkeit, gewählt zu werden, ist für beide Kuverts gleich groß.
- Die gesuchte Wahrscheinlichkeit lässt sich auch mithilfe eines Baumdiagramms bestimmen.

Aufgabe 3 f

- Gesucht ist die Wahrscheinlichkeit, dass das Kuvert mit den 3 roten Karten gewählt wurde, unter der Bedingung, dass beide Karten rot sind.
- Berechnen Sie $P_{2\ \text{rot}}$(Kuvert mit 3 roten Karten) nach der Formel in der Merkhilfe.
- P(2 rot) kennen Sie aus Teilaufgabe 3 e.
- P(2 rot $\cap$ Kuvert mit 3 roten Karten) = P(es wird das Kuvert mit 3 roten Karten gezogen und daraus werden 2 rote Karten gewählt)

Lösungen

1. Da es dreimal so viele weibliche wie männliche Bewerber gibt, sind 75 % weiblich und 25 % männlich.

   Eine Durchschnittsnote $\leq 1{,}5$ haben insgesamt:
   80 % von 75 % + 75 % von 25 % $= 0{,}8 \cdot 0{,}75 + 0{,}75 \cdot 0{,}25 = 0{,}7875$

   Eine Durchschnittsnote $> 1{,}5$ haben insgesamt:
   $1 - 0{,}7875 = 0{,}2125 = 21{,}25\ \%$

   oder:

	männlich	weiblich	
Durchschnittsnote $\leq 1{,}5$	$0{,}75 \cdot 0{,}25 = 0{,}1875$	$0{,}8 \cdot 0{,}75 = 0{,}6$	**0,7875**
Durchschnittsnote $> 1{,}5$	**0,0625**	**0,15**	**0,2125**
	0,25	0,75	1

   Die fett gedruckten Werte sind aus der Vierfeldertafel heraus zu berechnen.

   P(Durchschnittsnote $> 1{,}5$) $= 0{,}2125 = 21{,}25\ \%$

   oder:
   P(Durchschnittsnote $> 1{,}5$)
   $= 0{,}25 \cdot 0{,}25 + 0{,}75 \cdot 0{,}2$
   $= 0{,}0625 + 0{,}15$
   $= 0{,}2125$
   $= 21{,}25\ \%$

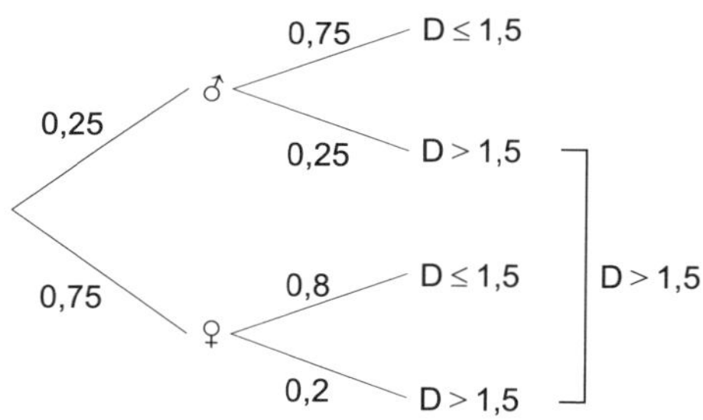

2. a) Der Term $\binom{15}{5} \cdot \left(\frac{1}{3}\right)^5 \cdot \left(\frac{2}{3}\right)^{10}$ entspricht einem Ziehen **mit** Zurücklegen (siehe Merkhilfe). Die Urne, aus der 15-mal mit Zurücklegen gezogen wird, besitzt einen Trefferanteil von einem Drittel. Es sollen genau 5 Treffer erzielt werden.

   Zwar ist der Anteil der männlichen Personen hier ein Drittel (20 weibliche und 10 männliche Personen) und es sollen auch 5 männliche Personen ausgewählt werden, aber jeder Bewerber kann nur höchstens einmal teilnehmen. Es handelt sich beim Casting also um ein Ziehen **ohne** Zurücklegen.

   b) $p = \frac{\binom{20}{10} \cdot \binom{10}{5}}{\binom{30}{15}} = \frac{184\,756 \cdot 252}{155\,117\,520} \approx 0{,}30015 = 30{,}015\ \%$ (siehe Merkhilfe)

3. a) Für jeden Würfel gilt:

Augenzahl	0	1	2
P(Augenzahl)	$\frac{2}{6}$	$\frac{3}{6}$	$\frac{1}{6}$

Die Augensumme 2 kann erzielt werden durch (0 | 2) oder (2 | 0) oder (1 | 1).
Somit gilt:

$$P(\text{Augensumme } 2) = \frac{2}{6} \cdot \frac{1}{6} + \frac{1}{6} \cdot \frac{2}{6} + \frac{3}{6} \cdot \frac{3}{6} = \frac{13}{36}$$

Anmerkung: Die Überprüfung des Ergebnisses kann in der Tabelle der Teilaufgabe 3 b erfolgen.

b) Da die Summe aller Wahrscheinlichkeiten 1 ergeben muss, erhält man:

$$P(X = 3) = 1 - \frac{1}{9} - \frac{1}{3} - \frac{13}{36} - \frac{1}{36} = \frac{1}{6}$$

oder:

Augensumme 3 ergibt sich durch (1 | 2) oder (2 | 1):

$$P(X = 3) = \frac{3}{6} \cdot \frac{1}{6} + \frac{1}{6} \cdot \frac{3}{6} = \frac{1}{6}$$

$$E(X) = 0 \cdot \frac{1}{9} + 1 \cdot \frac{1}{3} + 2 \cdot \frac{13}{36} + 3 \cdot \frac{1}{6} + 4 \cdot \frac{1}{36} = \frac{5}{3} = 1\frac{2}{3}$$ (siehe Merkhilfe)

c) $P = \binom{10}{1} \cdot \left(\frac{1}{9}\right)^1 \cdot \left(\frac{8}{9}\right)^9 \approx 0{,}38493 = 38{,}493\ \%$ (siehe Merkhilfe)

d) P(wenigstens 1 Kandidat ohne Mathe-Aufgabe) > 90 %
1 − P(kein Kandidat ohne Mathe-Aufgabe) > 0,9

$$1 - \binom{n}{0} \cdot \left(\frac{1}{9}\right)^0 \cdot \left(\frac{8}{9}\right)^n > 0{,}9$$

$$-\left(\frac{8}{9}\right)^n > -0{,}1$$

$$\left(\frac{8}{9}\right)^n < 0{,}1$$

$$\ln\left(\frac{8}{9}\right)^n < \ln 0{,}1$$

$$n \cdot \ln\left(\frac{8}{9}\right) < \ln 0{,}1$$

$$n > \frac{\ln 0{,}1}{\ln\left(\frac{8}{9}\right)} \qquad \text{Vorsicht: } \ln\left(\frac{8}{9}\right) < 0, \text{ da } \frac{8}{9} < 1$$

$$n > 19{,}55$$

Es müssten mindestens 20 Kandidaten teilnehmen.

e) Kuvert A enthält 2 rote Karten $\Rightarrow$ $P_A(\text{rot}_1) = \frac{2}{5}$ und $P_A(\text{rot}_2) = \frac{1}{4}$

Kuvert B enthält 3 rote Karten $\Rightarrow$ $P_B(\text{rot}_1) = \frac{3}{5}$ und $P_B(\text{rot}_2) = \frac{2}{4}$

Jedes Kuvert wird mit gleicher Wahrscheinlichkeit gewählt: $P(A) = P(B) = \frac{1}{2}$

$$P(2\text{ rot}) = P(A) \cdot P_A(\text{rot}_1) \cdot P_A(\text{rot}_2) + P(B) \cdot P_B(\text{rot}_1) \cdot P_B(\text{rot}_2)$$

$$= \frac{1}{2} \cdot \frac{2}{5} \cdot \frac{1}{4} + \frac{1}{2} \cdot \frac{3}{5} \cdot \frac{2}{4} = \frac{1}{5} = 0{,}2 = 20\,\%$$

oder:

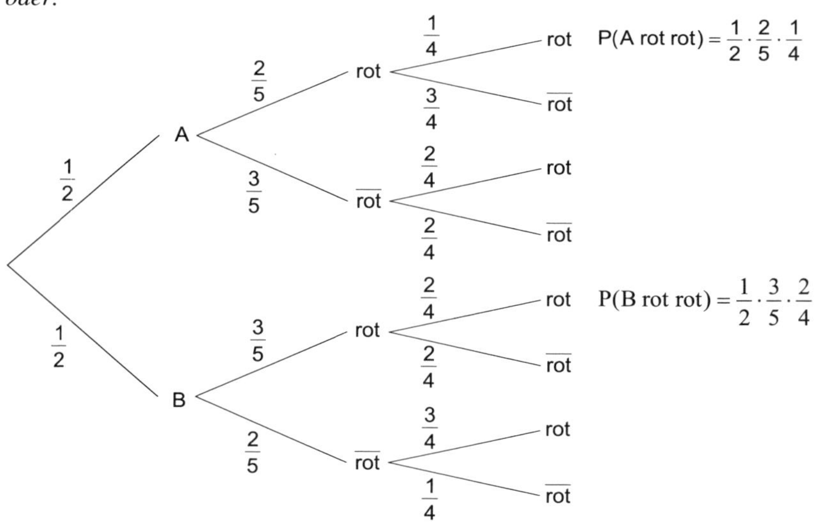

$$P(2\text{ rot}) = \frac{1}{2} \cdot \frac{2}{5} \cdot \frac{1}{4} + \frac{1}{2} \cdot \frac{3}{5} \cdot \frac{2}{4} = \frac{1}{5} = 0{,}2 = 20\,\%$$

f) Gesucht ist die bedingte Wahrscheinlichkeit:

$$P_{2\text{ rot}}(B) = \frac{P(2\text{ rot} \cap B)}{P(2\text{ rot})} = \frac{\frac{1}{2} \cdot \frac{3}{5} \cdot \frac{2}{4}}{\frac{1}{5}} = \frac{3}{4} = 0{,}75 = 75\,\% \quad \text{(siehe Merkhilfe)}$$

Abitur Mathematik (Bayern): Abiturprüfung 2012
Stochastik II

BE

1. Nachdem die Verfilmung eines bekannten Romans erfolgreich in den Kinos gezeigt wurde, veröffentlicht eine Tageszeitung das Ergebnis einer repräsentativen Umfrage unter Jugendlichen. Der Umfrage zufolge hatten 88 % der befragten Jugendlichen den Roman zum Zeitpunkt des Kinostarts noch nicht gelesen, 18 % sahen die Verfilmung. Von den Befragten, die laut Umfrage den Roman zum Zeitpunkt des Kinostarts bereits gelesen hatten, gaben 60 % an, die Verfilmung gesehen zu haben.

   Betrachtet werden folgende Ereignisse:

   R: „Eine aus den Befragten zufällig ausgewählte Person hatte laut Umfrage den Roman zum Zeitpunkt des Kinostarts bereits gelesen."

   V: „Eine aus den Befragten zufällig ausgewählte Person sah laut Umfrage die Verfilmung."

   a) Bestimmen Sie die Wahrscheinlichkeit dafür, dass eine aus den Befragten zufällig ausgewählte Person, die laut Umfrage den Roman zum Zeitpunkt des Kinostarts noch nicht gelesen hatte, angab, die Verfilmung gesehen zu haben. 5

   b) Beschreiben Sie das Ereignis $\overline{R} \cup \overline{V}$ im Sachzusammenhang und bestimmen Sie die Wahrscheinlichkeit dieses Ereignisses. 4

2. Ein Jahr später möchte die Tageszeitung ermitteln, ob sich durch die Verfilmung der Anteil p der Jugendlichen, die den Roman gelesen haben, wesentlich erhöht hat. Die Nullhypothese H_0: $p \leq 0{,}15$ soll mithilfe einer Stichprobe von 100 Jugendlichen auf einem Signifikanzniveau von 10 % getestet werden. Bestimmen Sie die zugehörige Entscheidungsregel. 5

Der Kurs Theater und Film eines Gymnasiums führt die Bühnenversion des Romans auf.

3. Für die Premiere wird die Aula der Schule bestuhlt; in der ersten Reihe werden acht Plätze für Ehrengäste reserviert. Bestimmen Sie die Anzahl der Möglichkeiten, die die fünf erschienenen Ehrengäste haben, sich auf die reservierten Plätze zu verteilen, wenn

   α) die Personen nicht unterschieden werden;

   β) die Personen unterschieden werden.

   Nennen Sie im Sachzusammenhang einen möglichen Grund dafür, dass die möglichen Anordnungen der Ehrengäste auf den reservierten Plätzen nicht gleichwahrscheinlich sind – unabhängig davon, ob die Personen unterschieden werden oder nicht. 4

4. Bei jeder Aufführung wird der Vorhang 15-mal geschlossen; dafür ist ein automatischer Mechanismus vorgesehen. Erfahrungsgemäß funktioniert der Mechanismus bei jedem Schließen des Vorhangs mit einer Wahrscheinlichkeit von 90 %. Nur dann, wenn der Mechanismus nicht funktioniert, wird der Vorhang von Hand zugezogen.

   a) Bestimmen Sie die Wahrscheinlichkeiten folgender Ereignisse:

      A: „Bei einer Aufführung wird der Vorhang kein einziges Mal von Hand zugezogen."

      B: „Bei einer Aufführung lässt sich der Vorhang zunächst viermal automatisch schließen, insgesamt wird der Vorhang jedoch genau zweimal von Hand zugezogen." 5

   b) Beschreiben Sie ein Urnenexperiment, mit dem sich das Verhalten des Mechanismus bei 15-maligem Schließen des Vorhangs simulieren lässt. 2

   c) Die Zufallsgröße X beschreibt, wie oft der Mechanismus beim Schließen des Vorhangs im Verlauf einer Aufführung nicht funktioniert. Bestimmen Sie die Wahrscheinlichkeit dafür, dass der Wert von X um mehr als eine Standardabweichung vom Erwartungswert der Zufallsgröße abweicht. 5

30

Tipps und Hinweise

Aufgabe 1 a

- Dem Text zu entnehmen sind die Wahrscheinlichkeiten $P(\overline{R})$, $P(V)$ und die bedingte Wahrscheinlichkeit $P_R(V)$.
- Berechnen Sie $P(R \cap V)$.
- Die Formel für die bedingte Wahrscheinlichkeit (siehe Merkhilfe) lässt sich umformen:

$$P_A(B) = \frac{P(A \cap B)}{P(A)} \quad \Rightarrow \quad P(A \cap B) = P_A(B) \cdot P(A)$$

- Welche Wahrscheinlichkeit ist gesucht?
- Was ist die Bedingung?
- Welche Wahrscheinlichkeiten benötigen Sie zur Berechnung von $P_{\overline{R}}(V)$?
- Wie ergibt sich $P(\overline{R} \cap V)$ aus den Ihnen schon bekannten Wahrscheinlichkeiten?

oder:

- Fertigen Sie eine Vierfeldertafel mit den beiden im Text definierten Ereignissen an.
- Die gesuchte bedingte Wahrscheinlichkeit lässt sich mithilfe der Formel aus der Merkhilfe berechnen.
- Die benötigten Wahrscheinlichkeiten $P(\overline{R} \cap V)$ und $P(\overline{R})$ können der Vierfeldertafel entnommen werden.

oder:

- Fertigen Sie ein Baumdiagramm (1. Ast: Ereignis R, 2. Ast: Ereignis V) an.
- Aus welchen Pfaden setzt sich $P(V) = 0{,}18$ zusammen?

Aufgabe 1 b

- Die Vereinigungsmenge umfasst alle Elemente, die in der einen **oder** in der anderen Menge (oder auch in beiden Mengen) enthalten sind.
- Die Wahrscheinlichkeit einer Vereinigungsmenge lässt sich mithilfe des Additionssatzes berechnen.
- $P(A \cup B) = P(A) + P(B) - P(A \cap B)$
- Die benötigten Wahrscheinlichkeiten ergeben sich aus Teilaufgabe 1 a.

oder:

- Es gilt: $\overline{A} \cup \overline{B} = \overline{A \cap B}$
- $\overline{A \cap B}$ ist das Gegenereignis zu $A \cap B$.

- $P(\overline{A \cap B}) = 1 - P(A \cap B)$
- Die Wahrscheinlichkeit von $R \cap V$ wurde in Teilaufgabe 1 a bereits bestimmt.

Aufgabe 2

- Die Nullhypothese ist gegeben.
- Stimmt man für $p \leq 0{,}15$, wenn möglichst viele oder möglichst wenige Jugendliche den Roman gelesen haben?
- Die Wahrscheinlichkeit, gegen p zu sein, obwohl $p = 0{,}15$, soll höchstens 10 % betragen.
- Lesen Sie in der Tabelle das kleinstmögliche k ab.
- In welchem Bereich spricht man sich gegen p aus? (Ablehnungsbereich)

Aufgabe 3

- Werden die Personen nicht unterschieden, so geht es nur darum, ob ein Platz besetzt wird oder nicht.
- Auf wie viele Arten können von 8 Plätzen 5 besetzt werden?
- Aus den 8 Plätzen werden 5 ausgewählt.
- Wenn die Personen unterschieden werden, so geht es nicht nur darum, ob ein Platz besetzt wird, sondern auch von wem.
- Wie viele Wahlmöglichkeiten hat der 1. Ehrengast?
- Wie viele Wahlmöglichkeiten verbleiben dann für den 2. Ehrengast?
- Fahren Sie entsprechend bis zum 5. Ehrengast fort.
- Kann es eine Verbindung zwischen den Ehrengästen geben?
- Bedenken Sie mögliche Sym- oder auch Antipathien.

Aufgabe 4 a

- Das Schließen des Vorhangs entspricht einer Bernoulli-Kette der Länge 15 mit der Trefferwahrscheinlichkeit von 90 %.
- Wenn der Vorhang kein einziges Mal von Hand zugezogen wird, funktioniert der Mechanismus jedes Mal.
- Wie oft wird der Vorhang noch geschlossen, wenn der Mechanismus bereits viermal funktioniert hat?
- Beim anschließenden elfmaligen Schließen funktioniert der Mechanismus genau zweimal nicht.

Aufgabe 4 b

- Welche Bedingungen gelten für eine Bernoulli-Kette?
- Handelt es sich um ein Ziehen mit oder ohne Zurücklegen?
- Wie oft wird gezogen?
- Welche Farbverteilung der Kugeln muss vorliegen, damit die Trefferwahrscheinlichkeit 90 % beträgt?

Aufgabe 4 c

- X ist eine binomialverteilte Zufallsgröße (siehe Teilaufgaben 4 a und 4 b).
- Wie berechnen sich Erwartungswert und Standardabweichung einer binomialverteilten Zufallsgröße?
- Beachten Sie die Merkhilfe.
- Standardabweichung $= \sqrt{\text{Varianz}}$
- Welche Werte kann X annehmen, wenn X um mehr als eine Standardabweichung vom Erwartungswert abweichen soll?
- Es muss gelten: $X < E(X) - \sigma(X)$ oder $X > E(X) + \sigma(X)$

oder:

- Wie lautet das Gegenereignis zu „X soll um mehr als eine Standardabweichung vom Erwartungswert abweichen"?
- Es muss gelten: $E(X) - \sigma(X) \leq X \leq E(X) + \sigma(X)$ darf nicht eintreten.

Lösungen

1. $P(\overline{R}) = 88\,\% = 0{,}88 \;\Rightarrow\; P(R) = 12\,\% = 0{,}12$

   $P(V) = 18\,\% = 0{,}18 \;\Rightarrow\; P(\overline{V}) = 82\,\% = 0{,}82$

   $P_R(V) = 60\,\% = 0{,}6 \;\Rightarrow\; P(R \cap V) = P_R(V) \cdot P(R) = 0{,}6 \cdot 0{,}12 = 0{,}072$ (Merkhilfe)

   a) Gesucht ist die bedingte Wahrscheinlichkeit:

   $$P_{\overline{R}}(V) = \frac{P(\overline{R} \cap V)}{P(\overline{R})} \quad \text{(siehe Merkhilfe)}$$

   Wegen $P(V) = P(R \cap V) + P(\overline{R} \cap V)$ gilt:

   $P(\overline{R} \cap V) = P(V) - P(R \cap V) = 0{,}18 - 0{,}072 = 0{,}108$

   oder:

	R	$\overline{R}$	
V	0,072	**0,108**	0,18
$\overline{V}$	**0,048**	**0,772**	**0,82**
	0,12	0,88	1

   Die fett gedruckten Werte sind aus der Vierfeldertafel heraus zu berechnen.

   $$P_{\overline{R}}(V) = \frac{P(\overline{R} \cap V)}{P(\overline{R})} = \frac{0{,}108}{0{,}88} \approx 0{,}12273 = 12{,}273\,\%$$

   oder:

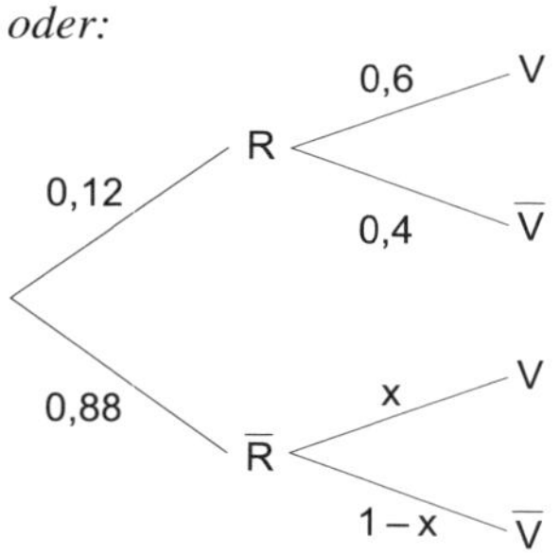

   mit $x = P_{\overline{R}}(V)$

   $$P(V) = P(R \cap V) + P(\overline{R} \cap V)$$
   $$0{,}18 = 0{,}12 \cdot 0{,}6 + 0{,}88 \cdot x$$
   $$0{,}18 - 0{,}072 = 0{,}88 \cdot x$$
   $$x = \frac{0{,}108}{0{,}88}$$
   $$x \approx 0{,}12273 = 12{,}273\,\%$$

b) $\overline{R} \cup \overline{V}$:
Eine aus den Befragten zufällig ausgewählte Person hat den Roman zum Zeitpunkt des Kinostarts noch nicht gelesen oder die Verfilmung nicht gesehen.

$$P(\overline{R} \cup \overline{V}) = P(\overline{R}) + P(\overline{V}) - P(\overline{R} \cap \overline{V}) \qquad \text{(Additionssatz)}$$
$$= 0{,}88 + 0{,}82 - 0{,}772 = 0{,}928 = 92{,}8\ \%$$

oder:

$$P(\overline{R} \cup \overline{V}) = P(\overline{R \cap V}) = 1 - P(R \cap V) = 1 - 0{,}072 = 0{,}928 = 92{,}8\ \%$$

2.

	für p 0 … k	gegen p k + 1 … 100	Romanleser
$p \leq 0{,}15$		$\leq 10\ \%$	

$$P = \sum_{i=k+1}^{100} B(100; 0{,}15; i) \leq 0{,}1 \qquad \textit{oder:}\quad P_{0,15}^{100}(X \geq k+1) \leq 0{,}1$$

$$1 - \sum_{i=0}^{k} B(100; 0{,}15; i) \leq 0{,}1 \qquad 1 - P_{0,15}^{100}(X \leq k) \leq 0{,}1$$

$$\sum_{i=0}^{k} B(100; 0{,}15; i) \geq 0{,}9 \qquad P_{0,15}^{100}(X \leq k) \geq 0{,}9$$

Ablesen in der Tabelle liefert: $k = 20$
Ablehnungsbereich: $\{21 \ldots 100\}$

Haben mindestens 21 Jugendliche den Roman gelesen, so wird die Nullhypothese abgelehnt.

3. α) $\binom{8}{5} = 56$

Es werden 5 der 8 Plätze besetzt.

β) $8 \cdot 7 \cdot 6 \cdot 5 \cdot 4 = 6\,720$
Der 1. Ehrengast hat 8 mögliche Plätze zur Auswahl,
der 2. Ehrengast hat 7 mögliche Plätze zur Auswahl,
⋮
der 5. Ehrengast hat 4 mögliche Plätze zur Auswahl.

Ehrengäste kommen möglicherweise gemeinsam oder kennen sich, sodass sie sich nebeneinandersetzen, oder aber sie möchten gerade nicht neben einem anderen Ehrengast sitzen.

4. a) Ereignis A: Der Vorhangmechanismus funktioniert immer.
$P(A) = 0{,}9^{15} \approx 0{,}20589 = 20{,}589\ \%$

Ereignis B: Bei den weiteren 11 Schließvorgängen des Vorhangs funktioniert der Mechanismus zweimal nicht.

$$P(B) = 0{,}9^4 \cdot B(11; 0{,}1; 2) = 0{,}9^4 \cdot \binom{11}{2} \cdot 0{,}1^2 \cdot 0{,}9^9 = 0{,}13980 = 13{,}980\ \%$$

b) Aus einer Urne mit 9 roten Kugeln und 1 weißen Kugel wird 15-mal mit Zurücklegen eine Kugel gezogen. Die roten Kugeln entsprechen dem funktionierenden Mechanismus.

c) Da es sich bei X um eine binomialverteilte Zufallsgröße handelt, gilt (siehe Merkhilfe):

$E(X) = n \cdot p = 15 \cdot 0{,}1 = 1{,}5$

$\sigma(X) = \sqrt{Var(X)} = \sqrt{n \cdot p \cdot (1-p)} = \sqrt{15 \cdot 0{,}1 \cdot 0{,}9} = \sqrt{1{,}35} \approx 1{,}2$

X weicht von E(X) um mehr als $\sigma(X)$ ab, wenn $X < 1{,}5 - 1{,}2 = 0{,}3$ oder wenn $X > 1{,}5 + 1{,}2 = 2{,}7$.

$$P = P(X = 0) + P(X \geq 3) = B(15; 0{,}1; 0) + \sum_{i=3}^{15} B(15; 0{,}1; i)$$

$$= B(15; 0{,}1; 0) + \left(1 - \sum_{i=0}^{2} B(15; 0{,}1; i)\right) \approx 0{,}20589 + 1 - 0{,}81594 = 0{,}38995$$

Anmerkung: Statt $\sum_{i=3}^{15} B(15; 0{,}1; i)$ und $\sum_{i=0}^{2} B(15; 0{,}1; i)$ können Sie auch

$P_{0,1}^{15}(X \geq 3)$ und $P_{0,1}^{15}(X \leq 2)$ schreiben.

oder:

P(X weicht um mehr als eine Standardabweichung vom Erwartungswert ab)
= 1 – P(X weicht höchstens um eine Standardabweichung vom Erwartungswert ab)
$= 1 - P(0{,}3 \leq X \leq 2{,}7) = 1 - P(1 \leq X \leq 2) = 1 - (P(X = 1) + P(X = 2))$
$= 1 - (B(15; 0{,}1; 1) + B(15; 0{,}1; 2)) \approx 1 - (0{,}34315 + 0{,}26690) = 0{,}38995$

Abitur Mathematik (Bayern): Abiturprüfung 2012
Geometrie I

BE

Abbildung 1 zeigt modellhaft ein Dachzimmer in der Form eines geraden Prismas. Der Boden und zwei der Seitenwände liegen in den Koordinatenebenen. Das Rechteck ABCD liegt in einer Ebene E und stellt den geneigten Teil der Deckenfläche dar.

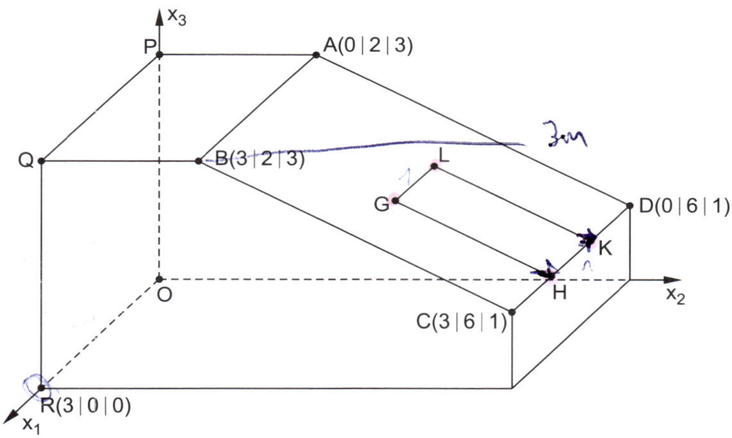

Abb. 1

a) Bestimmen Sie eine Gleichung der Ebene E in Normalenform.
[mögliches Ergebnis: E: $x_2 + 2x_3 - 8 = 0$] 4

b) Berechnen Sie den Abstand des Punktes R von der Ebene E. 2

Im Koordinatensystem entspricht eine Längeneinheit 1 m, d. h., das Zimmer ist an seiner höchsten Stelle 3 m hoch.

Das Rechteck GHKL mit G(2|4|2) hat die Breite $\overline{GL} = 1$. Es liegt in der Ebene E, die Punkte H und K liegen auf der Geraden CD. Das Rechteck stellt im Modell ein Dachflächenfenster dar; die Breite des Fensterrahmens soll vernachlässigt werden.

c) Geben Sie die Koordinaten der Punkte L, H und K an und bestimmen Sie den Flächeninhalt des Fensters.
[zur Kontrolle: $\overline{GH} = \sqrt{5}$] 5

d) Durch das Fenster einfallendes Sonnenlicht wird im Zimmer durch parallele Geraden mit dem Richtungsvektor $\vec{v} = \begin{pmatrix} -2 \\ -8 \\ -1 \end{pmatrix}$ repräsentiert. Eine dieser Geraden verläuft durch den Punkt G und schneidet die Seitenwand OPQR im Punkt S. Berechnen Sie die Koordinaten von S sowie die Größe des Winkels, den diese Gerade mit der Seitenwand OPQR einschließt. 6

e) Das Fenster ist drehbar um eine Achse, die im Modell durch die Mittelpunkte der Strecken [GH] und [LK] verläuft. Die Unterkante des Fensters schwenkt dabei in das Zimmer; das Drehgelenk erlaubt eine zum Boden senkrechte Stellung der Fensterfläche.
Bestimmen Sie die Koordinaten des Mittelpunkts M der Strecke [GH] und bestätigen Sie rechnerisch, dass das Fenster bei seiner Drehung den Boden nicht berühren kann.
[Teilergebnis: M(2 | 5 | 1,5)] 4

Abbildung 2 zeigt ein quaderförmiges Möbelstück, das 40 cm hoch ist. Es steht mit seiner Rückseite flächenbündig an der Wand unter dem Fenster. Seine vordere Oberkante liegt im Modell auf der Geraden

$$k\colon \vec{X} = \begin{pmatrix} 0 \\ 5{,}5 \\ 0{,}4 \end{pmatrix} + \lambda \cdot \begin{pmatrix} 1 \\ 0 \\ 0 \end{pmatrix},\ \lambda \in \mathbb{R}.$$

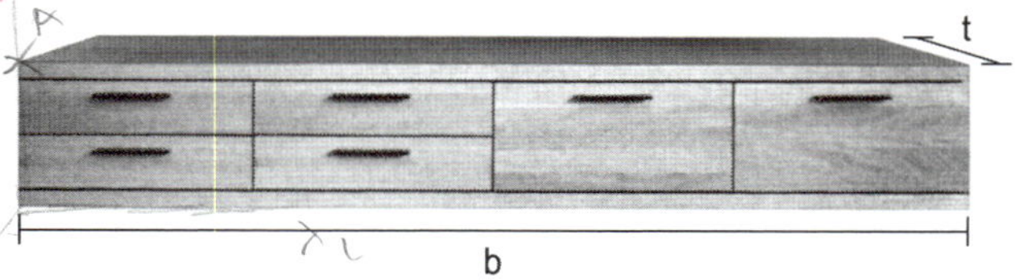

Abb. 2

f) Ermitteln Sie mithilfe von Abbildung 2 die Breite b des Möbelstücks möglichst genau.
Bestimmen Sie mithilfe der Gleichung der Geraden k die Tiefe t des Möbelstücks und erläutern Sie Ihr Vorgehen. 4

g) Überprüfen Sie rechnerisch, ob das Fenster bei seiner Drehung am Möbelstück anstoßen kann. 5

30

Tipps und Hinweise

Aufgabe a

- Welche Vektoren lassen sich als Richtungsvektoren der Ebene E verwenden?
- Sie benötigen einen Normalenvektor der Ebene E.
- Der Normalenvektor steht auf den Richtungsvektoren der Ebene senkrecht.
- Der Normalenvektor lässt sich mithilfe des Vektorprodukts zweier nicht-paralleler Richtungsvektoren bestimmen (siehe Merkhilfe).
- Setzen Sie den Normalenvektor und einen Ebenenpunkt (A, B, C oder D) in die Formel für die Normalenform der Ebene ein (siehe Merkhilfe).

Aufgabe b

- Für die Berechnung des Abstands eines Punktes von einer Ebene gibt es eine Formel.
- Die Formel entsteht aus der Normalenform der Ebene. Diese wird durch die Länge des Normalenvektors dividiert (Hessesche Normalenform).
- In der Normalenform muss jedes x_i durch die entsprechende Koordinate des Punktes, dessen Abstand von der Ebene berechnet werden soll, ersetzt werden. Man dividiert den Absolutbetrag des sich ergebenden Werts durch die Länge des Normalenvektors.
- Verwenden Sie die Formel $d(P; E) = \frac{|n_1p_1 + n_2p_2 + n_3p_3 + n_0|}{|\vec{n}|}$.

Aufgabe c

- Welche besondere Lage hat die Strecke [CD] im Koordinatensystem?
- Auch die Fensterkanten [GL] und [HK] haben diese Lage.
- Die Koordinaten von G und L (und auch die von H und K) unterscheiden sich also nur in der x_1-Koordinate, und zwar um 1, da $\overline{GL} = 1$.
- Zu welchen Zimmerkanten sind [GH] und [LK] parallel?
- Welche besondere Lage hat [AD] im Koordinatensystem?
- G und H (bzw. L und K) besitzen also dieselbe x_1-Koordinate.
- H und K liegen auf der Geraden g_{CD}, die parallel zur x_1-Achse verläuft. H und K besitzen also dieselben x_2- und x_3-Koordinaten wie C bzw. D.

  oder:
- Stellen Sie eine Gleichung der Geraden CD auf. Sie kennen die 1. Koordinate von H (bzw. K). Damit lassen sich der Parameter der Geradengleichung und daraus die weiteren Punktkoordinaten bestimmen.
- Die Flächenformel für das Rechteck lautet: $A = a \cdot b$

- $a = \overline{GL}$ ist Ihnen bekannt. Berechnen Sie $b = \overline{GH} = |\overrightarrow{GH}|$ mithilfe der Formel für den Betrag eines Vektors (siehe Merkhilfe).

W

Aufgabe d

- Stellen Sie für die „Sonnenstrahl"-Gerade durch G mit dem gegebenen Richtungsvektor eine Gleichung auf.
- Welche besondere Lage hat die Seitenwand OPQR im Koordinatensystem?
- Geben Sie eine Gleichung der Ebene OPQR in Normalenform an.
- Berechnen Sie die Koordinaten des Schnittpunkts S von Gerade und Ebene.
- Um den Schnittpunkt einer Geraden mit einer Ebene zu bestimmen, setzt man die Geradengleichung in die Normalenform der Ebene ein.
- Es ergibt sich eine Gleichung für den Parameter der Geraden.
- Berechnen Sie diesen Parameter.
- Einsetzen des Parameterwerts in die Geradengleichung liefert die Koordinaten des Schnittpunkts.
- Berechnen Sie den Winkel zwischen dem Sonnenstrahl und dem Normalenvektor der Ebene OPQR.
- Die Formel zur Berechnung des Winkels zwischen zwei Vektoren finden Sie in der Merkhilfe.
- Da Sie den spitzen Winkel zwischen Normalenvektor und Richtungsvektor suchen, setzen Sie Betragsstriche in der Formel.
- Der gesuchte Winkel ergänzt den berechneten zu 90°.

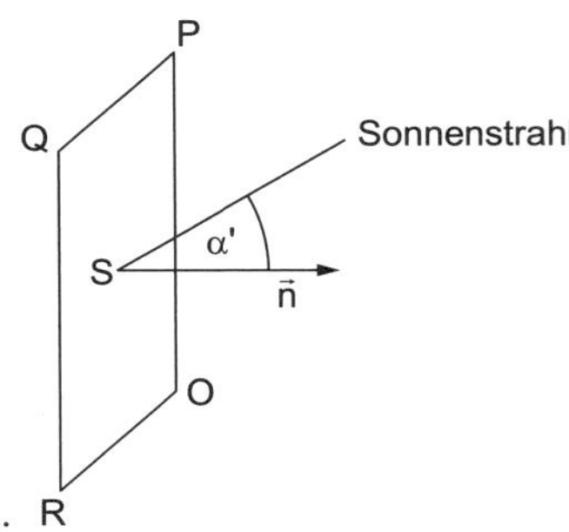

Aufgabe e

- Bestimmen Sie die Koordinaten des Mittelpunkts M mithilfe der Formel aus der Merkhilfe.
- Berechnen Sie die Länge des „Radius" des Fensterdrehkreises.
- Der Radius entspricht der Länge $\overline{MH}$ bzw. der halben Fensterlänge.
- Vergleichen Sie diesen Radius mit der Höhe des Punktes M über dem Boden.
- Die x_3-Koordinate von M gibt die Höhe von M über dem Boden an, da der Boden durch die x_1-x_2-Ebene dargestellt wird.

Aufgabe f

- Das Möbelstück ist so dargestellt, dass die Vorderseite maßstabsgetreu zu sehen ist.
- Die Höhe ist mit 40 cm angegeben.

- Messen Sie die abgebildete Höhe und Breite möglichst genau aus.
- Welcher Länge im Bild entspricht die wirkliche Höhe von 40 cm?
- Welcher wirklichen Breite entspricht die im Bild gemessene Breite?
- Welche besondere Lage hat die Gerade k im Koordinatensystem?
- Welche Koordinaten sind für alle Punkte der Geraden k gleich?
- Die hintere Oberkante des Möbelstücks liegt in der Ebene, die durch die Wand unter dem Fenster gebildet wird und die parallel zur x_1-x_3-Ebene verläuft. Welche Gleichung hat diese Ebene?
- Die Tiefe t entspricht dem Abstand zwischen der hinteren und der vorderen Oberkante in x_2-Richtung.

Aufgabe g

- Die Fensterkante [GH] bewegt sich in einem Kreis um M mit dem Radius $\overline{MH} = \sqrt{1,25}$. Dieser Kreis liegt in einer Ebene parallel zur x_2-x_3-Ebene. Wie lautet eine Gleichung dieser Ebene?
- Berechnen Sie den Schnittpunkt der Kreisebene mit der Geraden k, die die vordere Oberkante darstellt.
- Vergleichen Sie die Entfernung dieses Schnittpunkts von M mit dem Radius.
- Wie müsste der Vergleich ausfallen, wenn das Fenster die vordere Oberkante berühren oder gar am Möbelstück anstoßen würde?

oder:

- Welchen Abstand muss der Punkt M von der vorderen Oberkante k haben, damit das Fenster die Kante weder berührt noch an das Möbelstück anstößt?
- Berechnen Sie den Abstand des Punktes M von der Geraden k.

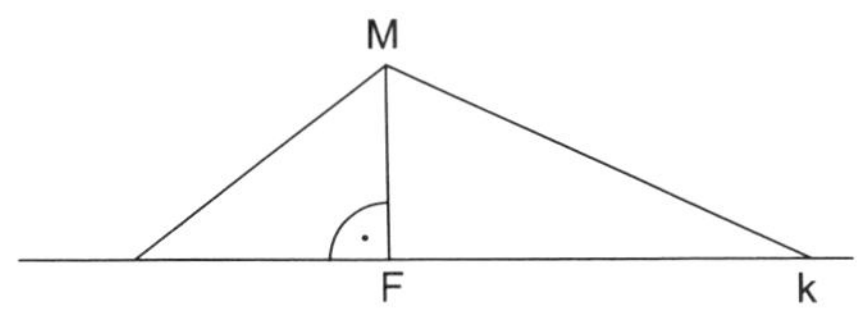

- Beachten Sie, dass der Abstand der Länge des Lots von M auf k entspricht.
- Sie haben die Bedingungen $\overrightarrow{MF} \perp k$ und $F \in k$.
- Ein Vektor steht auf einer Geraden senkrecht, wenn er auf dem Richtungsvektor der Geraden senkrecht steht.
- Zwei Vektoren stehen aufeinander senkrecht, wenn ihr Skalarprodukt null ergibt (siehe Merkhilfe).
- Ein Punkt liegt auf einer Geraden, wenn seine Koordinaten die Geradengleichung erfüllen.

Lösungen

a) Aus den beiden Richtungsvektoren aus E: $\vec{X} = \vec{A} + \lambda \cdot \overrightarrow{AB} + \mu \cdot \overrightarrow{AD}$, $\lambda, \mu \in \mathbb{R}$, lässt sich der Normalenvektor berechnen:

$\vec{n}_E = \overrightarrow{AB} \times \overrightarrow{AD}$

Mit $\overrightarrow{AB} = \vec{B} - \vec{A} = \begin{pmatrix} 3 \\ 2 \\ 3 \end{pmatrix} - \begin{pmatrix} 0 \\ 2 \\ 3 \end{pmatrix} = \begin{pmatrix} 3 \\ 0 \\ 0 \end{pmatrix}$ und $\overrightarrow{AD} = \vec{D} - \vec{A} = \begin{pmatrix} 0 \\ 6 \\ 1 \end{pmatrix} - \begin{pmatrix} 0 \\ 2 \\ 3 \end{pmatrix} = \begin{pmatrix} 0 \\ 4 \\ -2 \end{pmatrix}$ ergibt sich:

$$\vec{n}_E = \begin{pmatrix} 3 \\ 0 \\ 0 \end{pmatrix} \times \begin{pmatrix} 0 \\ 4 \\ -2 \end{pmatrix} = \begin{pmatrix} 0-0 \\ 0+6 \\ 12-0 \end{pmatrix} = \begin{pmatrix} 0 \\ 6 \\ 12 \end{pmatrix} \triangleq \begin{pmatrix} 0 \\ 1 \\ 2 \end{pmatrix}$$

E: $\quad \vec{n}_E \circ [\vec{X} - \vec{A}] = 0 \quad$ (siehe Merkhilfe)

$$\begin{pmatrix} 0 \\ 1 \\ 2 \end{pmatrix} \circ \left[\vec{X} - \begin{pmatrix} 0 \\ 2 \\ 3 \end{pmatrix} \right] = 0$$

$$\begin{pmatrix} 0 \\ 1 \\ 2 \end{pmatrix} \circ \vec{X} - \begin{pmatrix} 0 \\ 1 \\ 2 \end{pmatrix} \circ \begin{pmatrix} 0 \\ 2 \\ 3 \end{pmatrix} = 0$$

$$x_2 + 2x_3 - 8 = 0$$

b) $d(R; E) = \dfrac{|0 \cdot 3 + 1 \cdot 0 + 2 \cdot 0 - 8|}{\sqrt{0^2 + 1^2 + 2^2}} = \dfrac{8}{\sqrt{5}} = \dfrac{8 \cdot \sqrt{5}}{\sqrt{5} \cdot \sqrt{5}} = \dfrac{8}{5}\sqrt{5}$

c) Da $[GL] \parallel [HK]$ und

$$\overrightarrow{CD} = \vec{D} - \vec{C} = \begin{pmatrix} 0 \\ 6 \\ 1 \end{pmatrix} - \begin{pmatrix} 3 \\ 6 \\ 1 \end{pmatrix} = \begin{pmatrix} -3 \\ 0 \\ 0 \end{pmatrix} \triangleq \begin{pmatrix} 1 \\ 0 \\ 0 \end{pmatrix},$$

verlaufen [GL] und [HK] parallel zur x_1-Achse.

Die Koordinaten von G und L unterscheiden sich also nur in der x_1-Koordinate. Da $\overline{GL} = 1$, unterscheiden sie sich nur um 1, womit folgt:

$$\vec{L} = \vec{G} - \begin{pmatrix} 1 \\ 0 \\ 0 \end{pmatrix} = \begin{pmatrix} 2 \\ 4 \\ 2 \end{pmatrix} - \begin{pmatrix} 1 \\ 0 \\ 0 \end{pmatrix} = \begin{pmatrix} 1 \\ 4 \\ 2 \end{pmatrix} \quad \Rightarrow \quad L(1\,|\,4\,|\,2)$$

[GH] und [LK] verlaufen parallel zu [AD] und somit parallel zur x_2-x_3-Ebene. G und H (bzw. L und K) besitzen also dieselbe x_1-Koordinate.

$H(2\,|\,h_2\,|\,h_3)$ und $K(1\,|\,k_2\,|\,k_3)$

H und K liegen auf der Geraden CD und haben somit dieselben x_2- und x_3-Koordinaten wie C bzw. D:

H(2 | 6 | 1) und K(1 | 6 | 1)

oder:

Man kann auch die Gerade CD aufstellen und eine Punktprobe durchführen.

$$g_{CD}\colon \vec{X} = \begin{pmatrix} 0 \\ 6 \\ 1 \end{pmatrix} + \sigma \begin{pmatrix} 1 \\ 0 \\ 0 \end{pmatrix} \qquad \sigma \in \mathbb{R}$$

$$H \in g_{CD} \quad \Rightarrow \quad \begin{pmatrix} 2 \\ h_2 \\ h_3 \end{pmatrix} = \begin{pmatrix} 0 \\ 6 \\ 1 \end{pmatrix} + \sigma \begin{pmatrix} 1 \\ 0 \\ 0 \end{pmatrix} \quad \Rightarrow \quad \sigma = 2 \text{ und } H(2\,|\,6\,|\,1)$$

$$K \in g_{CD} \quad \Rightarrow \quad \begin{pmatrix} 1 \\ k_2 \\ k_3 \end{pmatrix} = \begin{pmatrix} 0 \\ 6 \\ 1 \end{pmatrix} + \sigma \begin{pmatrix} 1 \\ 0 \\ 0 \end{pmatrix} \quad \Rightarrow \quad \sigma = 1 \text{ und } K(1\,|\,6\,|\,1)$$

Für den Flächeninhalt des Fensters ergibt sich:

$$|\overline{GH}| = |\vec{H} - \vec{G}| = \left| \begin{pmatrix} 2 \\ 6 \\ 1 \end{pmatrix} - \begin{pmatrix} 2 \\ 4 \\ 2 \end{pmatrix} \right| = \left| \begin{pmatrix} 0 \\ 2 \\ -1 \end{pmatrix} \right| = \sqrt{0^2 + 2^2 + (-1)^2} = \sqrt{5}$$

$$A_{GHKL} = \overline{GH} \cdot \overline{GL} = \sqrt{5} \cdot 1 = \sqrt{5}$$

Die Fläche des Fensters beträgt $\sqrt{5}$ m².

d) Sonnenstrahl: $\vec{X} = \begin{pmatrix} 2 \\ 4 \\ 2 \end{pmatrix} + \rho \cdot \begin{pmatrix} -2 \\ -8 \\ -1 \end{pmatrix} \qquad \rho \in \mathbb{R}$

Seitenwand OPQR $\hat{=}$ x_1-x_3-Ebene mit der Gleichung $x_2 = 0$

Sonnenstrahl $\cap$ x_1-x_3-Ebene: $4 - 8\rho = 0 \;\Rightarrow\; \rho = \frac{1}{2}$

$$\vec{S} = \begin{pmatrix} 2 \\ 4 \\ 2 \end{pmatrix} + \frac{1}{2} \cdot \begin{pmatrix} -2 \\ -8 \\ -1 \end{pmatrix} = \begin{pmatrix} 1 \\ 0 \\ 1{,}5 \end{pmatrix} \quad \Rightarrow \quad S(1\,|\,0\,|\,1{,}5)$$

Der gesuchte Winkel ergänzt den spitzen Winkel zwischen Normalenvektor der Ebene OPQR und Richtungsvektor des Sonnenstrahls zu 90°.

$$\cos\alpha' = \left| \frac{\begin{pmatrix} 0 \\ 1 \\ 0 \end{pmatrix} \circ \begin{pmatrix} -2 \\ -8 \\ -1 \end{pmatrix}}{\sqrt{0^2 + 1^2 + 0^2} \cdot \sqrt{(-2)^2 + (-8)^2 + (-1)^2}} \right| = \left| \frac{-8}{1 \cdot \sqrt{69}} \right| = \frac{8}{\sqrt{69}} \quad \Rightarrow \alpha' \approx 15{,}6^\circ$$

Der Einfallswinkel beträgt $90^\circ - 15{,}6^\circ = 74{,}4^\circ$.

e) $\vec{M}_{GH} = \frac{1}{2}(\vec{G} + \vec{H}) = \frac{1}{2}\left[\begin{pmatrix} 2 \\ 4 \\ 2 \end{pmatrix} + \begin{pmatrix} 2 \\ 6 \\ 1 \end{pmatrix}\right] = \begin{pmatrix} 2 \\ 5 \\ 1{,}5 \end{pmatrix} \Rightarrow M(2\,|\,5\,|\,1{,}5)$

Länge des Fensterstücks, das ins Zimmer ragt:

$$\overline{MH} = |\overrightarrow{MH}| = |\vec{H} - \vec{M}| = \left|\begin{pmatrix} 2 \\ 6 \\ 1 \end{pmatrix} - \begin{pmatrix} 2 \\ 5 \\ 1{,}5 \end{pmatrix}\right| = \left|\begin{pmatrix} 0 \\ 1 \\ -0{,}5 \end{pmatrix}\right| = \sqrt{0^2 + 1^2 + (-0{,}5)^2}$$

$$= \sqrt{1{,}25} \approx 1{,}12$$

oder:

$\overline{MH} = \frac{1}{2}\overline{GH} = \frac{1}{2}\sqrt{5}$ (siehe Teilaufgabe c)

Der Punkt M liegt 1,5 m über dem Boden (x_3-Koordinate ist 1,5), das Fenster hat einen „Radius“ von ca. 1,12 m, bleibt also ca. 0,38 m über dem Boden.

f) In Abbildung 2 werden Höhe und Breite des Möbelstücks im gleichen Maßstab dargestellt (die Tiefe ist jedoch verzerrt).

Durch Abmessen der Höhe in der Abbildung 2 ergibt sich:

$12 \text{ mm} \mathrel{\hat{=}} 40 \text{ cm} \Rightarrow 3 \text{ mm} \mathrel{\hat{=}} 10 \text{ cm}$

Die Breite misst in der Abbildung 78 mm.

$78 \text{ mm} = 26 \cdot 3 \text{ mm} \mathrel{\hat{=}} 260 \text{ cm}$

Die Breite des Möbelstücks beträgt somit etwa 2,6 m.

Für alle Punkte der Geraden k, die parallel zur x_1-Achse und damit auch parallel zu CD verläuft, gilt $x_2 = 5{,}5$.

Für alle Punkte der Wand unterhalb des Fensters gilt $x_2 = 6$.
Die Tiefe t des Möbelstücks beträgt somit:
$t = 6 - 5{,}5 = 0{,}5$

Die Tiefe beträgt 0,5 m.

g) Die Fensterkante [GH] bewegt sich in der zur x_2-x_3-Ebene parallelen Ebene T.

$T: x_1 = 2$

Die Kante k schneidet die Ebene T im Punkt F.

$T \cap k: \lambda = 2 \Rightarrow F(2\,|\,5{,}5\,|\,0{,}4)$

Ist $\overline{MF} > \overline{MH}$, so lässt sich das Fenster schwenken, ohne das Möbelstück zu berühren.

$$\overline{MF} = |\overrightarrow{MF}| = |\vec{F} - \vec{M}| = \left| \begin{pmatrix} 2 \\ 5{,}5 \\ 0{,}4 \end{pmatrix} - \begin{pmatrix} 2 \\ 5 \\ 1{,}5 \end{pmatrix} \right| = \left| \begin{pmatrix} 0 \\ 0{,}5 \\ -1{,}1 \end{pmatrix} \right| = \sqrt{0^2 + 0{,}5^2 + (-1{,}1)^2}$$

$$= \sqrt{1{,}46} \approx 1{,}21$$

Somit: $\overline{MF} > \overline{MH}$ ($\approx 1{,}12$ siehe Teilaufgabe e)

oder:

Ist der Abstand $d(M; k) > \overline{MH}$, so lässt sich das Fenster schwenken, ohne das Möbelstück zu berühren.
F sei der Fußpunkt des Lots von M auf k. Es muss gelten:

$$\overrightarrow{MF} \perp k \quad \Rightarrow \quad \overrightarrow{MF} \perp \vec{u}_k$$

$$\Rightarrow \qquad \overrightarrow{MF} \circ \vec{u}_k = 0$$

$$\left[\vec{F} - \begin{pmatrix} 2 \\ 5 \\ 1{,}5 \end{pmatrix} \right] \circ \begin{pmatrix} 1 \\ 0 \\ 0 \end{pmatrix} = 0$$

Da $F \in k$, gilt:

$$\left[\begin{pmatrix} \lambda \\ 5{,}5 \\ 0{,}4 \end{pmatrix} - \begin{pmatrix} 2 \\ 5 \\ 1{,}5 \end{pmatrix} \right] \circ \begin{pmatrix} 1 \\ 0 \\ 0 \end{pmatrix} = 0$$

$$\lambda - 2 = 0 \;\Rightarrow\; \lambda = 2 \;\Rightarrow\; F(2\,|\,5{,}5\,|\,0{,}4)$$

$$d(M; k) = |\overrightarrow{MF}| = |\vec{F} - \vec{M}| = \left| \begin{pmatrix} 2 \\ 5{,}5 \\ 0{,}4 \end{pmatrix} - \begin{pmatrix} 2 \\ 5 \\ 1{,}5 \end{pmatrix} \right| = \left| \begin{pmatrix} 0 \\ 0{,}5 \\ -1{,}1 \end{pmatrix} \right| = \sqrt{0^2 + 0{,}5^2 + (-1{,}1)^2}$$

$$= \sqrt{1{,}46} \approx 1{,}21$$

Somit $\overline{MF} > \overline{MH}$.

Abitur Mathematik (Bayern): Abiturprüfung 2012
Geometrie II

BE

In einem kartesischen Koordinatensystem sind die Punkte A(10 | 2 | 0), B(10 | 8 | 0), C(10 | 4 | 3), R(2 | 2 | 0), S(2 | 8 | 0) und T(2 | 4 | 3) gegeben. Der Körper ABCRST ist ein gerades dreiseitiges Prisma mit der Grundfläche ABC, der Deckfläche RST und rechteckigen Seitenflächen.

a) Zeichnen Sie das Prisma in ein kartesisches Koordinatensystem (vgl. Abbildung) ein. Welche besondere Lage im Koordinatensystem hat die Grundfläche ABC? Berechnen Sie das Volumen des Prismas. 6

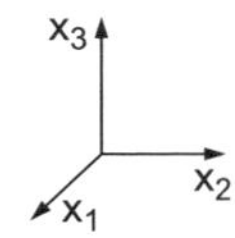

b) Ermitteln Sie eine Gleichung der Ebene E, in der die Seitenfläche BSTC liegt, in Normalenform.
[mögliches Ergebnis: E: $3x_2 + 4x_3 - 24 = 0$] 4

c) Berechnen Sie die Größe des spitzen Winkels, den die Seitenkanten [CA] und [CB] einschließen. 3

d) Die Ebene F enthält die Gerade CT und zerlegt das Prisma in zwei volumengleiche Teilkörper. Wählen Sie einen Punkt P so, dass er gemeinsam mit den Punkten C und T die Ebene F festlegt; begründen Sie Ihre Wahl.
Tragen Sie die Schnittfigur von F mit dem Prisma in Ihre Zeichnung ein. 3

e) Die Punkte A, B und T legen die Ebene H fest; diese zerlegt das Prisma ebenfalls in zwei Teilkörper. Beschreiben Sie die Form eines der beiden Teilkörper. Begründen Sie, dass die beiden Teilkörper nicht volumengleich sind. 3

Das Prisma ist das Modell eines Holzkörpers, der auf einer durch die x_1-x_2-Ebene beschriebenen horizontalen Fläche liegt. Der Punkt M(5 | 6,5 | 3) ist der Mittelpunkt einer Kugel, die die Seitenfläche BSTC im Punkt W berührt.

f) Berechnen Sie den Radius r der Kugel sowie die Koordinaten von W.
[Teilergebnis: $r = 1{,}5$] 6

g) Die Kugel rollt nun den Holzkörper hinab. Im Modell bewegt sich der Kugelmittelpunkt vom Punkt M aus parallel zur Kante [CB] auf einer Geraden g. Geben Sie eine Gleichung von g an und berechnen Sie im Modell die Länge des Wegs, den der Kugelmittelpunkt zurücklegt, bis die Kugel die x_1-x_2-Ebene berührt. 5

30

Tipps und Hinweise

Aufgabe a

- Die Form des Koordinatensystems ist Ihnen vorgegeben.
- Beachten Sie die Verzerrung auf der x_1-Achse (Längeneinheit kürzer als bei x_2- und x_3-Achse).
- Welche Koordinate stimmt bei den Punkten A, B und C überein?
- Wie lautet die Gleichung der Ebene, in der A, B und C liegen?
- Zu welcher Koordinatenebene verläuft die Ebene durch A, B und C parallel?
- Das Volumen des Prismas lässt sich elementargeometrisch oder vektoriell berechnen.
- Die elementargeometrische Formel für das Volumen des Prismas finden Sie in der Merkhilfe.
- Die Längen aller Strecken, die parallel zur x_2-x_3-Ebene bzw. parallel zur x_1-Achse verlaufen, können unmittelbar abgelesen werden.
- Die Länge eines Vektors lässt sich mithilfe der Formel für den Betrag eines Vektors aus der Merkhilfe berechnen.

oder:

- Zur vektoriellen Berechnung des Volumens benutzen Sie das Spatprodukt, verwenden aber nicht wie bei der dreiseitigen Pyramide (siehe Merkhilfe) den Vorfaktor $\frac{1}{6}$, sondern nur $\frac{1}{2}$, da das dreiseitige Prisma ein halber Spat ist bzw. in das dreiseitige Prisma drei volumengleiche dreiseitige Pyramiden passen.

Aufgabe b

- Welche Vektoren lassen sich als Richtungsvektoren der Ebene E verwenden?
- Sie benötigen einen Normalenvektor der Ebene E.
- Der Normalenvektor steht auf den Richtungsvektoren senkrecht.
- Der Normalenvektor lässt sich mithilfe des Vektorprodukts zweier nicht-paralleler Richtungsvektoren bestimmen (siehe Merkhilfe).
- Setzen Sie den Normalenvektor und einen Ebenenpunkt (B, S, T oder C) in die Formel für die Normalenform der Ebene ein (siehe Merkhilfe).

Aufgabe c

- Die Formel zur Berechnung eines Winkels zwischen zwei Vektoren finden Sie in der Merkhilfe.
- Da sich bei Verwendung der angegebenen Vektoren $\overrightarrow{CA}$ und $\overrightarrow{CB}$ ein spitzer Winkel ergibt, ist das Setzen von Betragsstrichen nicht nötig.

Aufgabe d

- Welche Größe des Prismas ist durch $\overline{CT}$ gegeben?
- Was muss mit der Grundfläche ABC geschehen, damit bei gleichbleibender Höhe das Prismenvolumen halbiert wird?
- Mit welchem Punkt der Grundlinie [AB] muss C verbunden werden, um die Fläche des Dreiecks ABC zu halbieren?
- Der Mittelpunkt einer Strecke berechnet sich nach der Formel in der Merkhilfe.
- Vervollständigen Sie Ihre Zeichnung durch die Strecke [CP].
- Wo schneidet die Ebene durch T, C und P die Seitenfläche ABSR bzw. die Deckfläche RST? Zeichnen Sie auch diese Strecken ein.

Aufgabe e

- Zeichnen Sie sich die Ebene H in die Zeichnung von Teilaufgabe a ein.
- Welche Form hat der entstandene Teilkörper ABCT?
- Was kann als Grundfläche, was als Höhe der Pyramide betrachtet werden?
- Welcher Zusammenhang besteht zwischen den Volumina von Prisma und Pyramide? Nutzen Sie Ihre Merkhilfe.
- Das Prismenvolumen haben Sie in Teilaufgabe a berechnet. Wie groß ist das Volumen des Teilkörpers ABCT?
- Wie groß ist somit das Volumen des anderen Teilkörpers ABSRT?
- Sind die beiden Volumina gleich groß?

Aufgabe f

- Die Strecke [MW] stellt einen Radius der Kugel dar.
- Dieser Radius muss auf der Seitenfläche BSTC senkrecht stehen.
- $\overline{MW} = r$ ist der Abstand des Punktes M von der Ebene BSTC.
- Für die Berechnung des Abstands eines Punktes von einer Ebene gibt es eine Formel.
- Die Formel entsteht aus der Normalenform der Ebene. Diese wird durch die Länge des Normalenvektors dividiert (Hessesche Normalenform).
- In der Normalenform muss jedes x_i durch die entsprechende Koordinate des Punktes, dessen Abstand von der Ebene berechnet werden soll, ersetzt werden. Man dividiert den Absolutbetrag des sich ergebenden Werts durch die Länge des Normalenvektors.
- Verwenden Sie die Formel $d(P; E) = \frac{|n_1p_1 + n_2p_2 + n_3p_3 + n_0|}{|\vec{n}|}$.

- Da [MW] auf BSTC senkrecht steht, liegt W sowohl auf dem Lot zu BSTC durch M als auch auf der Ebene BSTC.
- Richtungsvektor des Lots ist der Normalenvektor der Ebene.
- Um den Schnittpunkt einer Geraden mit einer Ebene zu bestimmen, setzt man die Geradengleichung in die Normalenform der Ebene ein.
- Es ergibt sich eine Gleichung für den Parameter der Geraden.
- Berechnen Sie diesen Parameter.
- Einsetzen des Parameterwerts in die Geradengleichung liefert die Koordinaten des Schnittpunkts.

Aufgabe g

- Stellen Sie die Gleichung der Geraden g durch M und parallel zu [CB] auf.
- Wo liegt der Mittelpunkt der Kugel, wenn die Kugel die x_1-x_2-Ebene berührt?
- Wenn die Kugel den Holzkörper so weit hinabgerollt ist, dass die Kugel die x_1-x_2-Ebene berührt, liegt der Kugelmittelpunkt M' sowohl auf der Geraden g als auch auf der Ebene $x_3 = r = 1{,}5$. Berechnen Sie die Koordinaten von M'.
- Um den Schnittpunkt einer Geraden mit einer Ebene zu bestimmen, setzt man die Geradengleichung in die Normalenform der Ebene ein.
- Es ergibt sich eine Gleichung für den Parameter der Geraden.
- Berechnen Sie diesen Parameter.
- Einsetzen des Parameterwerts in die Geradengleichung liefert die Koordinaten des Schnittpunkts.
- Die Länge des Weges, den der Kugelmittelpunkt zurücklegt, entspricht der Länge der Strecke [MM'].
- Berechnen Sie die Länge des Vektors $\overrightarrow{MM'}$ mithilfe der Formel für den Betrag eines Vektors aus der Merkhilfe.

Lösungen

a)

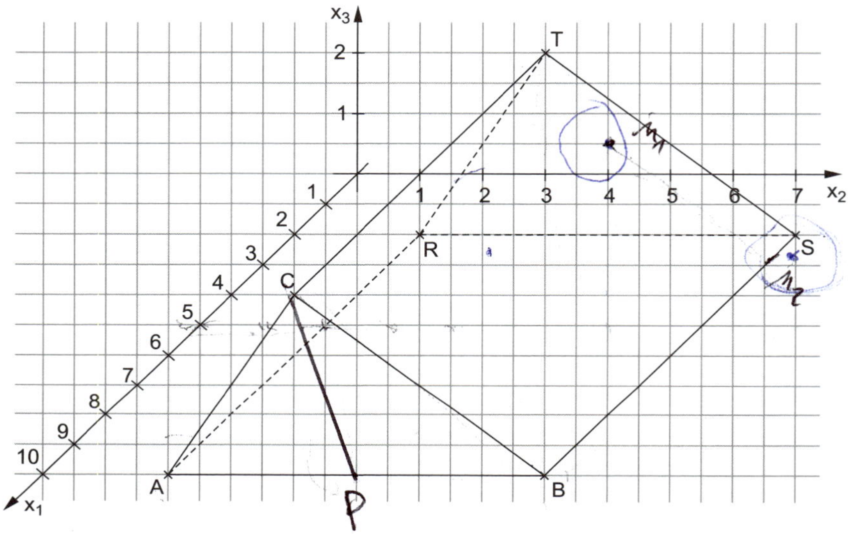

Für die Ebene durch A, B und C gilt $x_1 = 10$, sie ist also parallel zur x_2-x_3-Ebene.

Anmerkung: Auch die Ebene durch R, S und T ist parallel zur x_2-x_3-Ebene. Für sie gilt $x_1 = 2$.

Das Volumen kann entweder elementargeometrisch oder vektoriell berechnet werden.

- elementargeometrisch: (siehe Merkhilfe)
  Da die Grundfläche parallel zur x_2-x_3-Ebene verläuft, lassen sich die Längen $\overline{AB} = 6$ und $h_\Delta = 3$ unmittelbar aus der Zeichnung ablesen. Die Prismenhöhe entspricht dem Abstand (= 8) der beiden Ebenen $x_1 = 10$ und $x_1 = 2$ bzw. der Länge der zur x_1-Achse parallelen Strecke [AR] mit A(**10** | 2 | 0) und R(**2** | 2 | 0).

  Oder etwas umständlicher:

$$\overline{AB} = |\overrightarrow{AB}| = |\vec{B} - \vec{A}| = \left| \begin{pmatrix} 10 \\ 8 \\ 0 \end{pmatrix} - \begin{pmatrix} 10 \\ 2 \\ 0 \end{pmatrix} \right| = \left| \begin{pmatrix} 0 \\ 6 \\ 0 \end{pmatrix} \right| = 6$$

$$h_\Delta = x_{3_C} - x_{3_A} = 3 - 0 = 3$$

$$h_{Prisma} = \overline{AR} = |\overrightarrow{AR}| = |\vec{R} - \vec{A}| = \left| \begin{pmatrix} 2 \\ 2 \\ 0 \end{pmatrix} - \begin{pmatrix} 10 \\ 2 \\ 0 \end{pmatrix} \right| = \left| \begin{pmatrix} -8 \\ 0 \\ 0 \end{pmatrix} \right| = 8$$

Somit:

$$V_{Prisma} = G \cdot h_{Prisma} = \frac{1}{2} \cdot \overline{AB} \cdot h_\Delta \cdot h_{Prisma} = \frac{1}{2} \cdot 6 \cdot 3 \cdot 8 = 72$$

- vektoriell:

$$V_{Prisma} = \frac{1}{2} \cdot |\overrightarrow{AB} \circ (\overrightarrow{AC} \times \overrightarrow{AR})| = \frac{1}{2} \cdot \left| \begin{pmatrix} 0 \\ 6 \\ 0 \end{pmatrix} \circ \left[\begin{pmatrix} 0 \\ 2 \\ 3 \end{pmatrix} \times \begin{pmatrix} -8 \\ 0 \\ 0 \end{pmatrix} \right] \right|$$

$$= \frac{1}{2} \cdot \left| \begin{pmatrix} 0 \\ 6 \\ 0 \end{pmatrix} \circ \left[\begin{pmatrix} 0-0 \\ -24-0 \\ 0+16 \end{pmatrix} \right] \right| = \frac{1}{2} \cdot |0-144+0| = 72$$

b) Aus den beiden Richtungsvektoren aus E: $\vec{X} = \vec{B} + \lambda \cdot \overrightarrow{BS} + \mu \cdot \overrightarrow{BC}$, $\lambda, \mu \in \mathbb{R}$, lässt sich der Normalenvektor berechnen:

$$\vec{n}_E = \overrightarrow{BS} \times \overrightarrow{BC} = \begin{pmatrix} 2-10 \\ 8-8 \\ 0-0 \end{pmatrix} \times \begin{pmatrix} 10-10 \\ 4-8 \\ 3-0 \end{pmatrix} = \begin{pmatrix} -8 \\ 0 \\ 0 \end{pmatrix} \times \begin{pmatrix} 0 \\ -4 \\ 3 \end{pmatrix} = \begin{pmatrix} 0-0 \\ 0+24 \\ 32-0 \end{pmatrix} = \begin{pmatrix} 0 \\ 24 \\ 32 \end{pmatrix} \triangleq \begin{pmatrix} 0 \\ 3 \\ 4 \end{pmatrix}$$

E: $\quad \vec{n}_E \circ [\vec{X} - \vec{B}] = 0$ (siehe Merkhilfe)

$$\begin{pmatrix} 0 \\ 3 \\ 4 \end{pmatrix} \circ \left[\vec{X} - \begin{pmatrix} 10 \\ 8 \\ 0 \end{pmatrix} \right] = 0$$

$$3x_2 + 4x_3 - (0+24+0) = 0$$

$$3x_2 + 4x_3 - 24 = 0$$

c) $\cos\alpha = \dfrac{\overrightarrow{CA} \circ \overrightarrow{CB}}{|\overrightarrow{CA}| \cdot |\overrightarrow{CB}|}$ (siehe Merkhilfe)

$$\cos\alpha = \frac{\begin{pmatrix} 0 \\ -2 \\ -3 \end{pmatrix} \circ \begin{pmatrix} 0 \\ 4 \\ -3 \end{pmatrix}}{\sqrt{0^2+(-2)^2+(-3)^2} \cdot \sqrt{0^2+4^2+(-3)^2}} = \frac{0-8+9}{\sqrt{13} \cdot 5} = \frac{1}{5\sqrt{13}}$$

$$\alpha = 86{,}8°$$

Anmerkung: Es können auch Betragsstriche gesetzt werden, sie sind hier aber nicht nötig.

d) Die Kante [CT] entspricht der Höhe des Prismas. Damit die beiden Teilkörper volumengleich sind, muss die Grundfläche ABC in zwei gleich große Dreiecke zerlegt werden. Da der Punkt C beiden Teilgrundflächen angehören muss, muss P der Mittelpunkt der Strecke [AB] sein.

$$\vec{P} = \frac{1}{2}(\vec{A} + \vec{B}) = \frac{1}{2} \cdot \left[\begin{pmatrix} 10 \\ 2 \\ 0 \end{pmatrix} + \begin{pmatrix} 10 \\ 8 \\ 0 \end{pmatrix} \right] = \begin{pmatrix} 10 \\ 5 \\ 0 \end{pmatrix} \Rightarrow P(10|5|0)$$

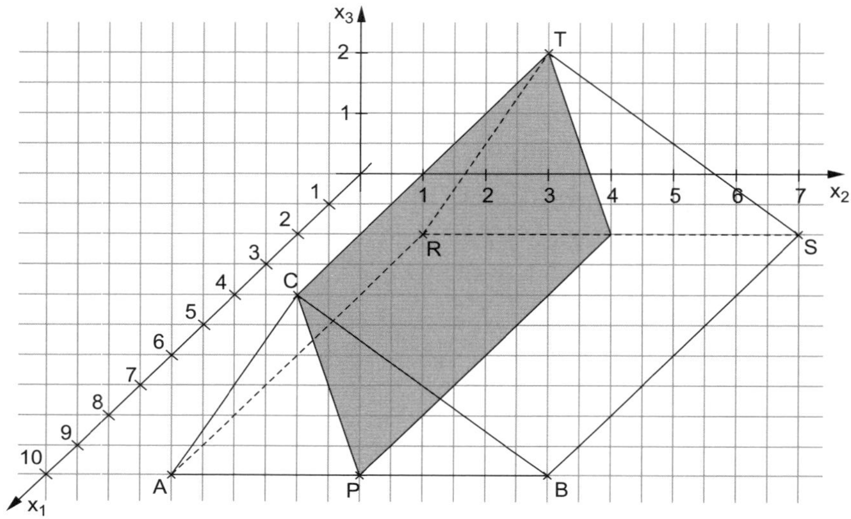

e)

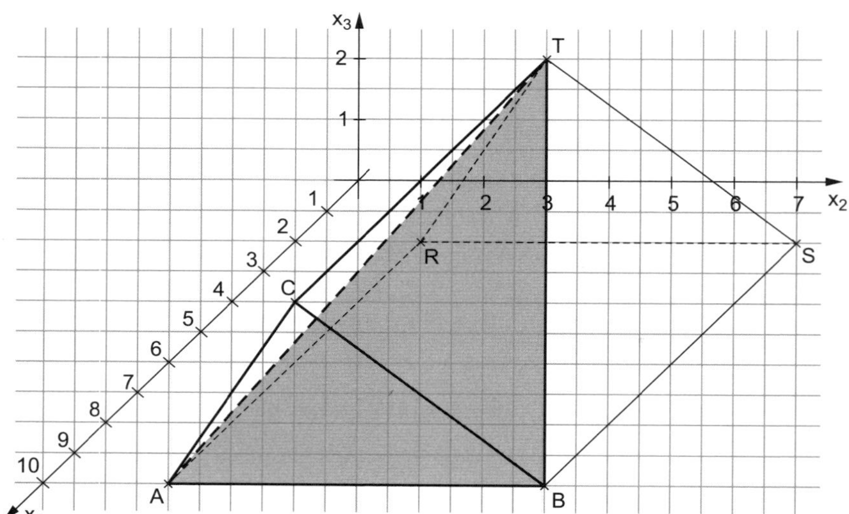

Der Teilkörper ABCT ist eine Pyramide mit der Grundfläche ABC und der Höhe [CT] = Prismenhöhe.

Das dreiseitige Prisma ABCRST hat das halbe Spatvolumen (siehe Teilaufgabe a), die dreiseitige Pyramide ABCT hat den sechsten Teil des Spatvolumens (siehe Merkhilfe), somit nimmt die Pyramide den dritten Teil des Prismenvolumens ein.

Für das Volumen von ABCT gilt somit:

$$V_{ABCT} = \frac{1}{3} \cdot V_{Prisma} = \frac{1}{3} \cdot 72 = 24$$

Der andere Teilkörper ABSRT hat somit das Volumen:

$$V_{ABSRT} = 72 - 24 = 48 \quad \textit{oder:} \quad V_{ABSRT} = \frac{2}{3} \cdot V_{Prisma} = \frac{2}{3} \cdot 72 = 48$$

Die beiden Teilkörper sind also nicht volumengleich.

f) Betrachtet man den Holzkörper von vorn in Richtung der x_1-Achse, so erscheint die Seitenfläche BSTC als Strecke und die Kugel als Kreis.

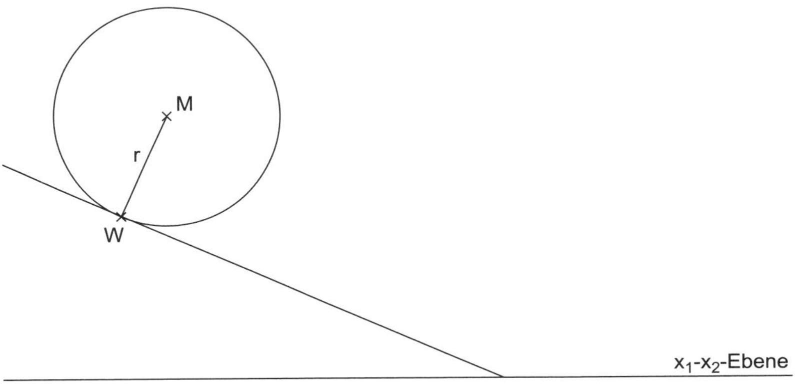

Der Radius r entspricht dem Abstand des Mittelpunkts M von der Seitenfläche BSTC:

$$r = d(M; BSTC) = \frac{|0 \cdot 5 + 3 \cdot 6{,}5 + 4 \cdot 3 - 24|}{\sqrt{0^2 + 3^3 + 4^2}} = \frac{7{,}5}{5} = 1{,}5$$

Der Berührpunkt W ist der Schnittpunkt des Lots ℓ durch M auf die Seitenfläche mit der Seitenfläche. Der Normalenvektor der Ebene E, in der die Seitenfläche liegt, ist gleich dem Richtungsvektor der Geraden durch M, die senkrecht auf E steht.

$$\ell\colon \vec{X} = \begin{pmatrix} 5 \\ 6{,}5 \\ 3 \end{pmatrix} + \sigma \cdot \begin{pmatrix} 0 \\ 3 \\ 4 \end{pmatrix} \quad \sigma \in \mathbb{R}$$

$$\begin{aligned} \ell \cap E\colon \; 3(6{,}5 + 3\sigma) + 4(3 + 4\sigma) - 24 &= 0 \\ 19{,}5 + 9\sigma + 12 + 16\sigma - 24 &= 0 \\ 7{,}5 + 25\sigma &= 0 \\ \sigma &= -0{,}3 \end{aligned}$$

$$\overrightarrow{W} = \begin{pmatrix} 5 \\ 6,5 \\ 3 \end{pmatrix} - 0,3 \cdot \begin{pmatrix} 0 \\ 3 \\ 4 \end{pmatrix} = \begin{pmatrix} 5 \\ 5,6 \\ 1,8 \end{pmatrix} \quad \Rightarrow \quad W(5\,|\,5,6\,|\,1,8)$$

g) Die Gerade g verläuft durch M und ist parallel zu [CB].

$$g:\ \overrightarrow{X} = \overrightarrow{M} + \rho \cdot \overrightarrow{CB} = \begin{pmatrix} 5 \\ 6,5 \\ 3 \end{pmatrix} + \rho \cdot \begin{pmatrix} 0 \\ 4 \\ -3 \end{pmatrix} \quad \rho \in \mathbb{R}$$

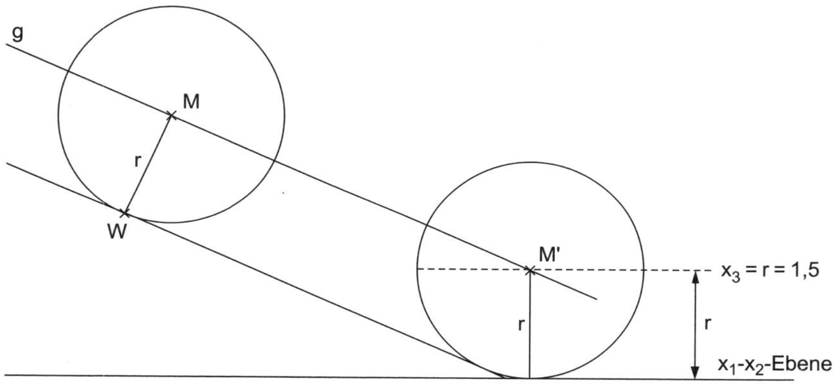

Die Kugel berührt die x_1-x_2-Ebene, wenn sich der Kugelmittelpunkt um $r = 1,5$ oberhalb der x_1-x_2-Ebene befindet. In der Gleichung von g muss also $x_3 = 1,5$ gelten.

$$1,5 = 3 - 3\rho \quad \Rightarrow \quad \rho = 0,5 \quad \Rightarrow \quad \overrightarrow{M'} = \begin{pmatrix} 5 \\ 6,5 \\ 3 \end{pmatrix} + 0,5 \cdot \begin{pmatrix} 0 \\ 4 \\ -3 \end{pmatrix} = \begin{pmatrix} 5 \\ 8,5 \\ 1,5 \end{pmatrix} \quad \Rightarrow \quad M'(5\,|\,8,5\,|\,1,5)$$

Die Länge des Weges, den der Kugelmittelpunkt zurücklegt, entspricht $\overline{MM'}$.

$$\overline{MM'} = |\overrightarrow{MM'}| = |\overrightarrow{M'} - \overrightarrow{M}| = \left| \begin{pmatrix} 5 \\ 8,5 \\ 1,5 \end{pmatrix} - \begin{pmatrix} 5 \\ 6,5 \\ 3 \end{pmatrix} \right| = \left| \begin{pmatrix} 0 \\ 2 \\ -1,5 \end{pmatrix} \right| = \sqrt{0^2 + 2^2 + (-1,5)^2} = 2,5$$

Abitur Mathematik (Bayern): Abiturprüfung 2013
Analysis I

Teil 1

BE

1. Gegeben ist die Funktion g: $x \mapsto \sqrt{3x+9}$ mit maximaler Definitionsmenge $\mathbb{D}$.

   a) Bestimmen Sie $\mathbb{D}$ und geben Sie die Nullstelle von g an. 3

   b) Ermitteln Sie die Gleichung der Tangente an den Graphen von g im Punkt P(0 | 3). 4

2. Geben Sie jeweils den Term einer in $\mathbb{R}$ definierten Funktion an, die die angegebene Wertemenge $\mathbb{W}$ hat.

   a) $\mathbb{W} = [2; +\infty[$ 2

   b) $\mathbb{W} = [-2; 2]$ 2

3. Geben Sie für $x \in \mathbb{R}^+$ die Lösungen der folgenden Gleichung an:

   $(\ln x - 1) \cdot (e^x - 2) \cdot \left(\frac{1}{x} - 3\right) = 0$ 3

4. Abbildung 1 zeigt den Graphen G_f einer in $\mathbb{R}$ definierten Funktion f. Skizzieren Sie in Abbildung 1 den Graphen der in $\mathbb{R}$ definierten Integralfunktion

   $$F: x \mapsto \int_1^x f(t)\,dt.$$

   Berücksichtigen Sie dabei mit jeweils angemessener Genauigkeit insbesondere die Nullstellen und Extremstellen von F sowie F(0).

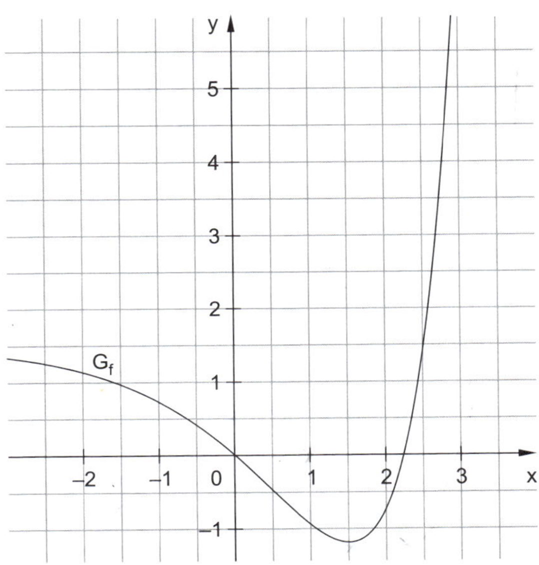

Abb. 1

6

20

Teil 2

BE

Gegeben ist die in $\mathbb{R}$ definierte Funktion $f\colon x \mapsto 2x \cdot e^{-0,5x^2}$. Abbildung 2 zeigt den Graphen G_f von f.

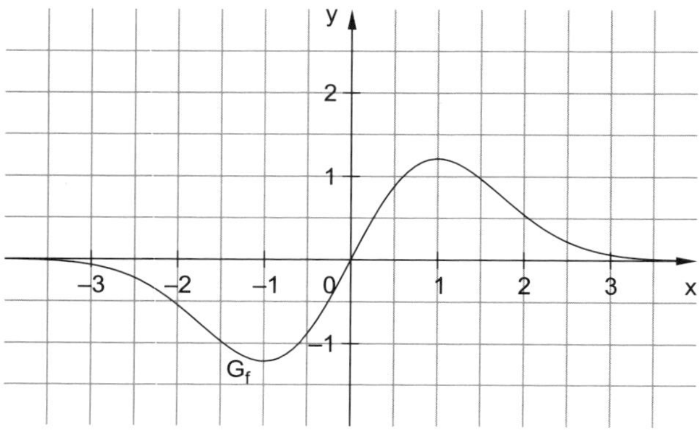

Abb. 2

1. a) Weisen Sie rechnerisch nach, dass G_f punktsymmetrisch bezüglich des Koordinatenursprungs ist, und machen Sie anhand des Funktionsterms von f plausibel, dass $\lim\limits_{x \to +\infty} f(x) = 0$ gilt. 2

   b) Bestimmen Sie rechnerisch Lage und Art der Extrempunkte von G_f.
   [zur Kontrolle: $f'(x) = 2e^{-0,5x^2} \cdot (1 - x^2)$; y-Koordinate des Hochpunkts: $\frac{2}{\sqrt{e}}$] 6

   c) Berechnen Sie die mittlere Änderungsrate m_S von f im Intervall [−0,5; 0,5] sowie die lokale Änderungsrate m_T von f an der Stelle $x = 0$.
   Berechnen Sie, um wie viel Prozent m_S von m_T abweicht. 4

   d) Der Graph von f, die x-Achse und die Gerade $x = u$ mit $u \in \mathbb{R}^+$ schließen für $0 \leq x \leq u$ ein Flächenstück mit dem Inhalt A(u) ein.
   Zeigen Sie, dass $A(u) = 2 - 2e^{-0,5u^2}$ gilt.
   Geben Sie $\lim\limits_{u \to +\infty} A(u)$ an und deuten Sie das Ergebnis geometrisch. 6

   e) Die Ursprungsgerade h mit der Gleichung $y = \frac{2}{e^2} \cdot x$ schließt mit G_f für $x \geq 0$ ein Flächenstück mit dem Inhalt B vollständig ein.
   Berechnen Sie die x-Koordinaten der drei Schnittpunkte der Geraden h mit G_f und zeichnen Sie die Gerade in Abbildung 2 ein. Berechnen Sie B.
   [Teilergebnis: x-Koordinate eines Schnittpunkts: 2] 6

Im Folgenden wird die Schar der in $\mathbb{R}$ definierten Funktionen g_c: $x \mapsto f(x) + c$ mit $c \in \mathbb{R}$ betrachtet.

2. a) Geben Sie in Abhängigkeit von c ohne weitere Rechnung die Koordinaten des Hochpunkts des Graphen von g_c sowie das Verhalten von g_c für $x \to +\infty$ an. 2

b) Die Anzahl der Nullstellen von g_c hängt von c ab.
Geben Sie jeweils einen möglichen Wert von c an, sodass gilt:

α) g_c hat keine Nullstelle.

β) g_c hat genau eine Nullstelle.

γ) g_c hat genau zwei Nullstellen. 3

c) Begründen Sie für $c > 0$ anhand einer geeigneten Skizze, dass
$\int_0^3 g_c(x)\,dx = \int_0^3 f(x)\,dx + 3c$ gilt. 2

3. Die Anzahl der Kinder, die eine Frau im Laufe ihres Lebens durchschnittlich zur Welt bringt, wird durch eine sogenannte Geburtenziffer angegeben, die jedes Jahr statistisch ermittelt wird.

Die Funktion $g_{1,4}$: $x \mapsto 2x \cdot e^{-0,5x^2} + 1,4$ beschreibt für $x \geq 0$ modellhaft die zeitliche Entwicklung der Geburtenziffer in einem europäischen Land. Dabei ist x die seit dem Jahr 1955 vergangene Zeit in Jahrzehnten (d. h. $x = 1$ entspricht dem Jahr 1965) und $g_{1,4}(x)$ die Geburtenziffer. Damit die Bevölkerungszahl in diesem Land langfristig näherungsweise konstant bleibt, ist dort eine Geburtenziffer von etwa 2,1 erforderlich.

a) Zeichnen Sie den Graphen von $g_{1,4}$ in Abbildung 2 ein und ermitteln Sie graphisch mit angemessener Genauigkeit, in welchem Zeitraum die Geburtenziffer mindestens 2,1 beträgt. 4

b) Welche künftige Entwicklung der Bevölkerungszahl ist auf der Grundlage des Modells zu erwarten? Begründen Sie Ihre Antwort. 2

c) Im betrachteten Zeitraum gibt es ein Jahr, in dem die Geburtenziffer am stärksten abnimmt. Geben Sie mithilfe von Abbildung 2 einen Näherungswert für dieses Jahr an. Beschreiben Sie, wie man auf der Grundlage des Modells rechnerisch nachweisen könnte, dass die Abnahme der Geburtenziffer von diesem Jahr an kontinuierlich schwächer wird. 3

40

Tipps und Hinweise

Teil 1

Aufgabe 1 a

- Welche Werte dürfen unter einer Wurzel nicht auftreten?
- Lösen Sie die Ungleichung nach x auf.
- Der Definitionsbereich lässt sich als Intervall angeben.
- Wann hat eine Wurzel den Wert null?
- Lösen Sie die Gleichung nach x auf.

Aufgabe 1 b

- Jede Tangente hat als Gerade die allgemeine Gleichung $y = mx + t$.
- Die Steigung m der Tangente ergibt sich mithilfe der 1. Ableitung (siehe Merkhilfe).
- $\sqrt{a} = a^{\frac{1}{2}}$ (siehe Merkhilfe)
- Die Ableitung von x^r finden Sie ebenfalls auf der Merkhilfe.
- Beachten Sie die Kettenregel (nachdifferenzieren).
- Einsetzen von Steigung und Punktkoordinaten in die allgemeine Geradengleichung liefert den Achsenabschnitt t.

Aufgabe 2

- Achten Sie darauf, dass mit dem jeweiligen Intervall die Wertemenge (Menge aller angenommenen y-Werte), nicht die Definitionsmenge (Menge aller möglichen x-Werte) angegeben ist.

Aufgabe 2 a

- Welche Funktionen kennen Sie, die die Wertemenge $[0; +\infty[= \mathbb{R}_0^+$ besitzen?
- Die Graphen dieser Funktionen verlaufen oberhalb der x-Achse und dürfen diese nur berühren, nicht schneiden.
- Auf der Merkhilfe finden Sie sowohl unter „Ableitungen der Grundfunktionen“ als auch unter „unbestimmte Integrale“ zahlreiche Funktionen aufgelistet.
- Welche dieser Funktionen besitzen die Wertemenge $[0; +\infty[= \mathbb{R}_0^+$?
- Wie erhalten Sie aus einer Funktion mit der Wertemenge $\mathbb{W} = [0; +\infty[= \mathbb{R}_0^+$ eine Funktion mit der Wertemenge $\mathbb{W} = [2; +\infty[$?
- Der Graph der Funktion $f(x) + a$ entsteht aus dem Graphen der Funktion $f(x)$ durch Verschiebung um a in y-Richtung.

Aufgabe 2 b

- Welche Funktionen kennen Sie, die die Wertemenge [–1; +1] besitzen?
- Die Graphen dieser Funktionen verlaufen zwischen den beiden waagrechten Geraden $y = -1$ und $y = +1$.
- Auf der Merkhilfe finden Sie sowohl unter „Ableitungen der Grundfunktionen" als auch unter „unbestimmte Integrale" zahlreiche Funktionen aufgelistet.
- Welche dieser Funktionen besitzen die Wertemenge [–1; +1]?
- Wie erhalten Sie aus einer Funktion mit der Wertemenge $\mathbb{W} = [-1; +1]$ eine Funktion mit der Wertemenge $\mathbb{W} = [-2; +2]$?
- Der Graph der Funktion $a \cdot f(x)$ entsteht aus dem Graphen der Funktion f(x) durch Dehnung/Stauchung in y-Richtung.

Aufgabe 3

- Welche Art Rechenausdruck soll den Wert null annehmen?
- Wann wird ein Produkt zu null?
- Die Lösungen der Gleichung erhalten Sie, wenn Sie jeden einzelnen Faktor null setzen.
- Lösen Sie jede der drei Gleichungen nach x auf.

Aufgabe 4

- Für jede Integralfunktion F(x) gilt: $F'(x) = f(x)$
- Welcher Zusammenhang besteht somit zwischen den Extremstellen von F(x) und den Nullstellen von f(x)?
- Aus dem Vorzeichen von f(x) lässt sich das Monotonieverhalten von F(x) ablesen.
- Ist f(x) positiv, so steigt der Graph von F(x).
  Ist f(x) negativ, so fällt der Graph von F(x).
- Lesen Sie aus dem Graphen von f(x) ab, wo die Extremstellen von F(x) liegen und welcher Art sie sind.
- Jede Integralfunktion besitzt eine Nullstelle.
- Der Wert eines Integrals ist null, wenn obere und untere Integrationsgrenze gleich sind.
- Die Werte der Integralfunktion lassen sich durch Abschätzen der eingeschlossenen Flächen näherungsweise bestimmen.
- Achten Sie bei der Flächenabschätzung auf die angegebenen Einheiten.

- In der Skizze entspricht die Längeneinheit 2 Kästchen. Die Flächeneinheit umfasst somit 4 Kästchen.
- Bestimmen Sie durch Abzählen der Kästchen den Funktionswert an den beiden Extremstellen von F(x).
- Der Wert eines bestimmten Integrals ist eine Flächenbilanz. Dabei zählen (bei Integration in die positive x-Richtung) die Flächen oberhalb der x-Achse positiv, die Flächen unterhalb der x-Achse negativ.
- Der Wert eines Integrals ist null, wenn im Integrationsintervall die oberhalb der x-Achse eingeschlossenen Flächen genauso groß sind wie die unterhalb der x-Achse eingeschlossenen Flächen (Flächenbilanz = 0).
- Suchen Sie sowohl rechts als auch links der unteren Integrationsgrenze 1 nach Werten, sodass im Intervall [1; ?] bzw. im Intervall [?; 1] die Flächenbilanz null ergibt.
- Sie kennen nun die drei Nullstellen sowie die Extremwerte der Funktion F(x).
- Zeichnen Sie diese in die Abbildung 1 ein und vervollständigen Sie den Graphen.

Teil 2

Aufgabe 1 a

- Bestimmen Sie f(–x) und vergleichen Sie mit dem gegebenen Funktionsterm.
- Ist der Graph einer Funktion punktsymmetrisch zum Ursprung, so gilt: $f(-x) = -f(x)$
- Der Funktionsterm kann in einen Bruch verwandelt werden.
- Beachten Sie die Rechenregeln für Potenzen auf Ihrer Merkhilfe.
- Ihre Merkhilfe liefert Ihnen den Grenzwert $\lim\limits_{x \to +\infty} \frac{x^r}{e^x} = 0$.

Aufgabe 1 b

- Bedingung für einen Extrempunkt an der Stelle x_0 ist $f'(x_0) = 0$ (siehe Merkhilfe).
- Beachten Sie Produkt- und Kettenregel (nachdifferenzieren). Sie finden beide auf Ihrer Merkhilfe.
- Klammern Sie so weit wie möglich aus.
- Ein Produkt ist null, wenn einer der Faktoren null ist.
- Jede Potenz von e ist stets positiv.
- Da nach den Extrempunkten gefragt ist, müssen Sie auch die zugehörigen y-Werte bestimmen.
- Die Art eines Extrempunkts können Sie entweder mithilfe des Monotonieverhaltens oder mithilfe der 2. Ableitung bestimmen.

- Wechselt das Vorzeichen von $f'(x)$ vom Positiven (f steigt) zum Negativen (f fällt), so liegt ein Hochpunkt vor.
- Wechselt das Vorzeichen von $f'(x)$ vom Negativen (f fällt) zum Positiven (f steigt), so liegt ein Tiefpunkt vor.
- Aus $f'(x_0)=0$ und $f''(x_0)<0$ folgt: an der Stelle x_0 befindet sich ein Hochpunkt.
- Aus $f'(x_0)=0$ und $f''(x_0)>0$ folgt: an der Stelle x_0 befindet sich ein Tiefpunkt.

Aufgabe 1 c

- Ihre Merkhilfe liefert Ihnen die Formel für die mittlere Änderungsrate.
- Die lokale Änderungsrate entspricht der Tangentensteigung $f'(x_0)$.
- Der Prozentsatz ergibt sich als Quotient aus der Differenz der beiden Werte und dem Wert von m_T.
- Verschiebt man bei der Dezimalzahl das Komma um zwei Stellen nach rechts, so erhält man den Prozentsatz.

Aufgabe 1 d

- Markieren Sie sich für ein beliebiges $u>0$ die mit $A(u)$ bezeichnete Fläche in der Abbildung.
- Derartige Flächen werden mithilfe eines Integrals berechnet. Wie lautet dieses Integral hier?
- Sie sollen zeigen, dass dieses Integral gleich $2-2e^{-0,5u^2}$ ist.
- Beachten Sie den Hauptsatz der Differential- und Integralrechnung (siehe Merkhilfe).
- Beim Ableiten die Kettenregel (nachdifferenzieren) nicht vergessen.
- Der Limes einer Differenz ist gleich der Differenz der Limeswerte.
- Die Potenz mit negativem Exponenten lässt sich in einen Bruch verwandeln (siehe Rechnen mit Potenzen auf der Merkhilfe).
- Ein Bruch mit konstantem Zähler, dessen Nenner beliebig groß wird, hat den Wert null.
- Was lässt sich anschaulich über die Fläche $A(u)$ aussagen, wenn $u \to +\infty$ geht?
- Was lässt sich aufgrund des Ergebnisses des Grenzwerts über die Größe dieser sich bis ins Unendliche erstreckenden Fläche aussagen?

Aufgabe 1 e

- Die Schnittstellen ergeben sich durch Gleichsetzen von Geraden- und Funktionsgleichung.
- Bringen Sie alles auf eine Seite und formen Sie durch Ausklammern in ein Produkt um.
- Wann hat ein Produkt den Wert null?
- Die Exponentialgleichung lässt sich durch Logarithmieren vereinfachen.
- Beachten Sie $\ln e^a = a$.
- Zeichnen Sie die Gerade ein und markieren Sie sich die Fläche B.
- Teilaufgabe 1 d liefert Ihnen eine Formel für die Berechnung einer Fläche, die vom Funktionsgraphen, der positiven x-Achse und einer beliebigen Senkrechten $x = u$ eingeschlossen wird.
- Berechnen Sie die Fläche B als Differenz zweier Flächen. Eine der beiden Flächen ist ein rechtwinkliges Dreieck.

Aufgabe 2 a

- Wie ändert sich der Graph einer Funktion, wenn zu jedem Funktionswert f(x) die Konstante c addiert wird?
- Sie haben in Teilaufgabe 1 b die Extrempunkte von f(x) bestimmt.
- Wie bei allen Punkten der Funktion wird auch bei den Extrempunkten zum Funktionswert die Konstante c addiert.
- Sie haben in Teilaufgabe 1 a das Verhalten von f(x) für $x \to +\infty$ bestimmt.
- Für f(x) ergab sich dabei die waagrechte Asymptote $y = 0$.
- Auch diese waagrechte Asymptote wird um die Konstante c verschoben.

Aufgabe 2 b

- Wie die Abbildung zeigt, besitzt f(x) genau eine Nullstelle.
- Verschieben Sie den Funktionsgraphen in Gedanken entlang der y-Achse nach oben bzw. unten.
- Wie weit müssen Sie den Funktionsgraphen nach oben schieben, damit kein Schnitt mit der x-Achse mehr erfolgt?
- Sie können die entsprechende Überlegung auch für ein Verschieben des Funktionsgraphen nach unten machen.
- Gibt es eine Verschiebung in y-Richtung, nach der – wie in der Abbildung – nur eine Nullstelle vorhanden ist?

- Wie weit dürfen Sie den Funktionsgraphen nach oben verschieben, damit die x-Achse vom Funktionsgraphen zweimal geschnitten wird?
- Sie können die entsprechende Überlegung auch für ein Verschieben des Funktionsgraphen nach unten machen.

Aufgabe 2 c

- Wählen Sie ein beliebiges $c > 0$ (z. B. $c = 2$) und zeichnen Sie den Graphen von g_c (z. B. g_2) in die Abbildung ein (Anmerkung: Sie kommen bei $c = 2$ z. T. etwas über das vorgegebene Karo hinaus).
- Zeichnen Sie auch die waagrechte Asymptote ein, die sich gemäß Teilaufgabe 2 a für g_c ergibt.
- Vergleichen Sie die beiden Flächen, die im Intervall [0; 3] von den Graphen von f bzw. g_c und der jeweiligen waagrechten Asymptote eingeschlossen werden.
- Die durch $\int_0^3 g_c(x)\,dx$ dargestellte Fläche umfasst auch noch eine Teilfläche unterhalb der waagrechten Asymptote $y = c$.
- Welche Form hat diese Teilfläche?
- Wie berechnet sich die Fläche eines Rechtecks?

Aufgabe 3 a

- In Teilaufgabe 2 haben Sie allgemeine Aussagen über g_c gemacht. Hier gilt nun $c = 1{,}4$.
- Es soll gelten: $g_{1,4} \geq 2{,}1$
- Sie sollen das Intervall bestimmen, in dem die Funktionswerte von $g_{1,4}$ auf oder oberhalb der Geraden $y = 2{,}1$ liegen.
- Ermitteln Sie die x-Werte, für die $g_{1,4} = 2{,}1$ gilt.
- Sie können diese x-Werte auch mithilfe des Graphen von f ermitteln. Da dieser Graph vorgegeben ist, ist er ggf. genauer als der von Ihnen eingezeichnete Graph von $g_{1,4}$.
- Welche Bedingung muss für f(x) gelten?
- Bedenken Sie, dass die von Ihnen abgelesenen x-Werte nun im entsprechenden Maßstab (1 Einheit $\hat{=}$ 10 Jahren) mit dem vorgegebenen Anfangswert ($x = 0$ bezeichnet das Jahr 1955) zu betrachten sind.

Aufgabe 3 b

- Was lässt sich aufgrund des Funktionsgraphen von $g_{1,4}$ über die Geburtenziffer in den Jahren nach 1973 aussagen?
- Was bedeutet $g_{1,4} < 2{,}1$ für die Bevölkerungszahl?
- Beachten Sie den letzten Satz der Angabe vor der Aufgabenstellung 3 a.
- Wohin streben die Funktionswerte von $g_{1,4}$ in der Zukunft?
- Auch in der Zukunft gilt somit $g_{1,4} < 2{,}1$ mit der entsprechenden Auswirkung auf die Bevölkerungszahl.

Aufgabe 3 c

- In welchem Zeitraum nimmt die Geburtenziffer ab?
- Wo finden Sie die stärkste Abnahme der Geburtenziffer? Wo ist das Fallen am steilsten?
- Lesen Sie diesen x-Wert aus der Abbildung ab. Wie schon bei Teilaufgabe 3a können Sie auch hier den vorgegebenen Graphen von f verwenden, der ggf. genauer ist als der von Ihnen eingezeichnete Graph von $g_{1,4}$.
- Beachten Sie auch hier wieder den Maßstab und den Anfangswert.
- Das Fallen eines Funktionsgraphen (die „Abnahme") lässt sich mithilfe der 1. Ableitung darstellen (siehe Merkhilfe).
- Welche Bedingung muss für einen Extremwert erfüllt sein? (siehe Merkhilfe)
- Welche Bedingung ergibt sich somit für eine „stärkste Abnahme"?
- „Abnahme wird schwächer" bedeutet, dass in gleichen Intervallen die Abnahme immer weniger wird, die Abnahme also steigt.
- Unter welcher Bedingung steigt die Abnahme? (siehe Merkhilfe)

Lösungen

Teil 1

1. $g(x) = \sqrt{3x+9}$

   a) Unter einer Wurzel dürfen keine negativen Werte stehen, daher:

   $$\begin{aligned} 3x+9 &\geq 0 \\ 3x &\geq -9 \\ x &\geq -3 \end{aligned}$$

   $\Rightarrow \quad \mathbb{D} = [-3; +\infty[$

   $$\begin{aligned} \sqrt{3x+9} &= 0 \\ 3x+9 &= 0 \\ x &= -3 \end{aligned}$$

   $\Rightarrow \quad$ Nst: $x = -3$

   b) Tangente: $y = m \cdot x + t \quad$ mit $m = g'(x_0) \quad$ (siehe Merkhilfe)

   $$g'(x) = \frac{1}{2\sqrt{3x+9}} \cdot 3 = \frac{3}{2\sqrt{3x+9}}$$

   $$g'(0) = \frac{3}{2\sqrt{3 \cdot 0+9}} = \frac{3}{2\sqrt{9}} = \frac{3}{2 \cdot 3} = \frac{1}{2}$$

   Somit:

   $$y = \frac{1}{2}x + t$$

   Einsetzen des Punktes P: $3 = \frac{1}{2} \cdot 0 + t \quad \Rightarrow \quad t = 3$

   Tangente: $y = \frac{1}{2}x + 3$

2. a) $f(x) = x^2 + 2$

   b) $f(x) = 2 \cdot \sin x$

   oder:

   $g(x) = 2 \cdot \cos x$

3. $(\ln x - 1) \cdot (e^x - 2) \cdot \left(\frac{1}{x} - 3\right) = 0$

$$\ln x - 1 = 0 \qquad e^x - 2 = 0 \qquad \frac{1}{x} - 3 = 0$$
$$\ln x = 1 \qquad e^x = 2 \qquad \frac{1}{x} = 3$$
$$x = e \qquad x = \ln 2 \qquad x = \frac{1}{3}$$

Die Gleichung besitzt die drei Lösungen e, ln 2 und $\frac{1}{3}$.

4. Wegen $f(0) = 0$ muss $F(x)$ bei $x = 0$ einen Extremwert haben. Da der Graph von $f(x)$ bei $x = 0$ vom Positiven ins Negative wechselt, muss es sich um ein Maximum handeln.

   Wegen $f(2{,}25) = 0$ muss $F(x)$ bei $x = 2{,}25$ einen Extremwert haben. Da der Graph von $f(x)$ bei $x = 2{,}25$ vom Negativen ins Positive wechselt, muss es sich um ein Minimum handeln.

   Wegen $F(1) = \int_1^1 f(t)\,dt = 0$ muss $F(x)$ für $x = 1$ eine Nullstelle haben.

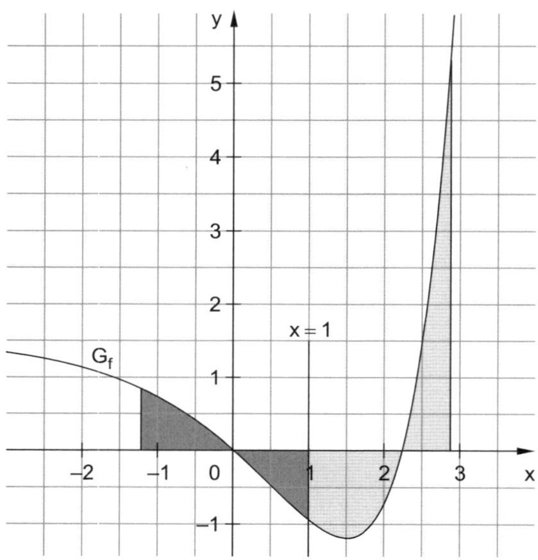

Durch das Abzählen von Kästchen (je vier Kästchen ergeben die Fläche 1) erhält man außerdem:

$F(0) \approx 0{,}5$	Positiv, da sich die Fläche zwar unterhalb der x-Achse befindet, aber in die „falsche" (= negative) Richtung integriert wird. $\Rightarrow$ Max $(0 \mid \approx 0{,}5)$
$F(2{,}25) \approx -1{,}2$	Negativ, da sich die Fläche unterhalb der x-Achse befindet. $\Rightarrow$ Min $(\approx 2{,}25 \mid \approx -1{,}2)$
$F(\approx 2{,}8) = 0$	Die im Intervall [1; 2,25] eingeschlossene Fläche unterhalb der x-Achse ist ungefähr genauso groß wie die im Intervall [2,25; 2,8] eingeschlossene Fläche oberhalb der x-Achse. (Flächenbilanz = 0)
$F(\approx -1{,}2) = 0$	Die im Intervall [−1,2; 0] eingeschlossene Fläche oberhalb der x-Achse ist ungefähr genauso groß wie die im Intervall [0; 1] eingeschlossene Fläche unterhalb der x-Achse. (Flächenbilanz = 0)

Daraus ergibt sich für den Graphen von F(x) in etwa der Verlauf:

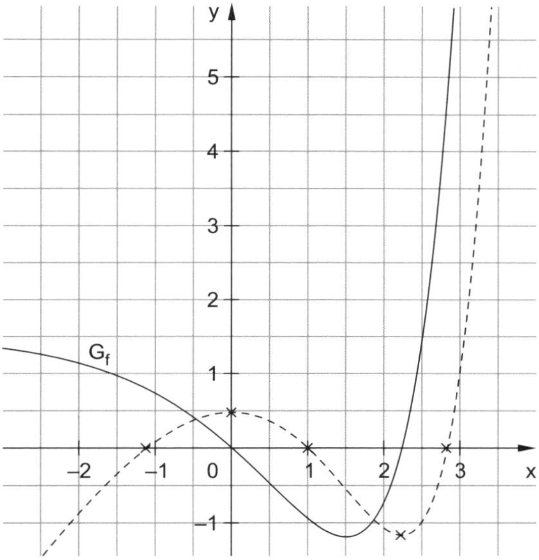

1. $f(x) = 2x \cdot e^{-0,5x^2}$ mit $\mathbb{D} = \mathbb{R}$

   a) $f(-x) = 2(-x) \cdot e^{-0,5(-x)^2} = -2x \cdot e^{-0,5x^2} = -f(x)$

   $\Rightarrow$ G_f ist punktsymmetrisch zum Ursprung

   $$\lim_{x \to +\infty} 2x \cdot e^{-0,5x^2} = \lim_{x \to +\infty} \frac{2x}{e^{0,5x^2}} = \lim_{x \to +\infty} 2 \cdot \frac{x}{e^{0,5x^2}} = 2 \cdot 0 = 0 \quad \text{(s. Merkhilfe)}$$

   Die x-Achse ist somit – wie in der Abbildung erkennbar – waagrechte Asymptote.

   b) $f'(x) = 2 \cdot e^{-0,5x^2} + 2x \cdot e^{-0,5x^2} \cdot (-x) = 2 \cdot e^{-0,5x^2}(1 - x^2)$

   $f'(x) = 0 \quad \Rightarrow \quad 1 - x^2 = 0 \qquad (\text{da } e^{-0,5x^2} > 0)$

   $\qquad\qquad\qquad\quad x = \pm 1$

   $$f(1) = 2 \cdot 1 \cdot e^{-0,5 \cdot 1^2} = 2e^{-0,5} = \frac{2}{e^{0,5}} = \frac{2}{\sqrt{e}}$$

   $$f(-1) = 2 \cdot (-1) \cdot e^{-0,5 \cdot (-1)^2} = -2e^{-0,5} = -\frac{2}{e^{0,5}} = -\frac{2}{\sqrt{e}}$$

   Bestimmung der Art der Extrempunkte über Monotoniebetrachtung

   $f'(x) > 0 \quad \Rightarrow \quad 1 - x^2 > 0 \quad \Rightarrow \quad -1 < x < 1$

   $f'(x) < 0 \quad \Rightarrow \quad 1 - x^2 < 0 \quad \Rightarrow \quad -\infty < x < -1 \;$ oder $\; 1 < x < +\infty$

	$-\infty < x < -1$	$-1 < x < 1$	$1 < x < +\infty$
f'(x)	< 0	> 0	< 0
f(x)	fällt	steigt	fällt

   Bestimmung der Art der Extrempunkte über 2. Ableitung

   $$\begin{aligned} f''(x) &= 2 \cdot e^{-0,5x^2} \cdot (-x)(1 - x^2) + 2 \cdot e^{-0,5x^2} \cdot (-2x) \\ &= 2 \cdot e^{-0,5x^2} \cdot (-x + x^3 - 2x) \\ &= 2 \cdot e^{-0,5x^2} \cdot (x^3 - 3x) \end{aligned}$$

   $$f''(1) = 2 \cdot e^{-0,5 \cdot 1^2} \cdot (1^3 - 3 \cdot 1) = -4e^{-0,5} < 0$$

   $$f''(-1) = 2 \cdot e^{-0,5 \cdot (-1)^2} \cdot ((-1)^3 - 3 \cdot (-1)) = 4e^{-0,5} > 0$$

   Ergebnis

   $\left(-1 \,\middle|\, -\frac{2}{\sqrt{e}}\right)$ Tiefpunkt

   $\left(1 \,\middle|\, \frac{2}{\sqrt{e}}\right)$ Hochpunkt

c) $m_S = \dfrac{f(0,5) - f(-0,5)}{0,5 - (-0,5)}$ (siehe Merkhilfe)

$= \dfrac{2 \cdot 0,5 \cdot e^{-0,5(0,5)^2} - 2 \cdot (-0,5) \cdot e^{-0,5(-0,5)^2}}{1}$

$= 1 \cdot e^{-0,5 \cdot 0,25} + 1 \cdot e^{-0,5 \cdot 0,25}$

$= 2e^{-0,125} \approx 1,765$

$m_T = f'(0)$ (siehe Merkhilfe)

$= 2 \cdot e^{-0,5 \cdot 0^2} (1 - 0^2) = 2$

$\dfrac{m_T - m_S}{m_T} = \dfrac{2 - 1,765}{2} = 0,1175 = 11,75\ \%$

d)

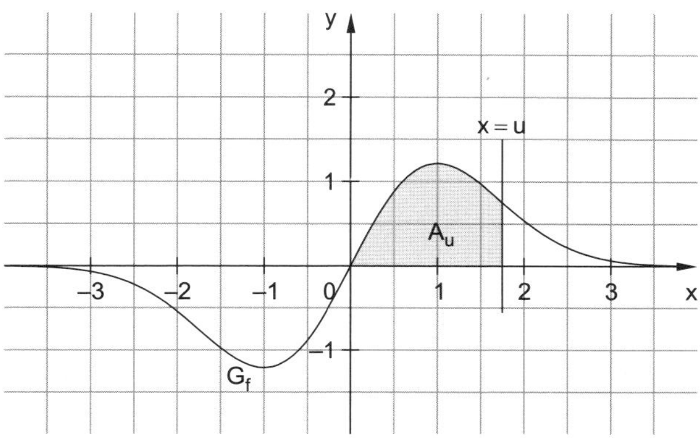

$A(u) = \int\limits_0^u 2x \cdot e^{-0,5x^2} dx = 2 - 2 \cdot e^{-0,5u^2}$ (vgl. Angabe)

Diese Gleichung stimmt, wenn gilt:

$(2 - 2 \cdot e^{-0,5u^2})' = 2u \cdot e^{-0,5u^2}$ (siehe Merkhilfe)

$(2 - 2 \cdot e^{-0,5u^2})' = 0 - 2 \cdot e^{-0,5u^2} \cdot (-u) = 2u \cdot e^{-0,5u^2}$ ✓

$\lim\limits_{u \to +\infty} 2 - 2 \cdot e^{-0,5u^2} = \lim\limits_{u \to +\infty} 2 - \lim\limits_{u \to +\infty} 2 \cdot e^{-0,5u^2} = 2 - \lim\limits_{u \to +\infty} \dfrac{2}{e^{0,5u^2}}$

$= 2 - \text{"}\dfrac{2}{e^{+\infty}}\text{"} = 2 - \text{"}\dfrac{2}{+\infty}\text{"} = 2 - 0 = 2$

Die vom Graphen der Funktion f und der positiven x-Achse eingeschlossene, sich ins Unendliche erstreckende Fläche hat den endlichen Inhalt 2 (FE).

e) $$h(x) = f(x)$$

$$\frac{2}{e^2} \cdot x = 2x \cdot e^{-0{,}5x^2}$$

$$\frac{2}{e^2} \cdot x - 2x \cdot e^{-0{,}5x^2} = 0$$

$$2x\left(\frac{1}{e^2} - e^{-0{,}5x^2}\right) = 0$$

$$\Rightarrow \quad 2x = 0 \qquad \text{und} \qquad \frac{1}{e^2} - e^{-0{,}5x^2} = 0$$

$$x = 0 \qquad\qquad e^{-0{,}5x^2} = \frac{1}{e^2}$$

$$\ln e^{-0{,}5x^2} = \ln \frac{1}{e^2}$$

$$\ln e^{-0{,}5x^2} = \ln e^{-2}$$

$$-0{,}5x^2 = -2$$

$$x^2 = 4 \qquad \Rightarrow \quad x = \pm 2$$

Gerade h und Funktionsgraph schneiden sich für $x = -2$, $x = 0$ und $x = 2$.

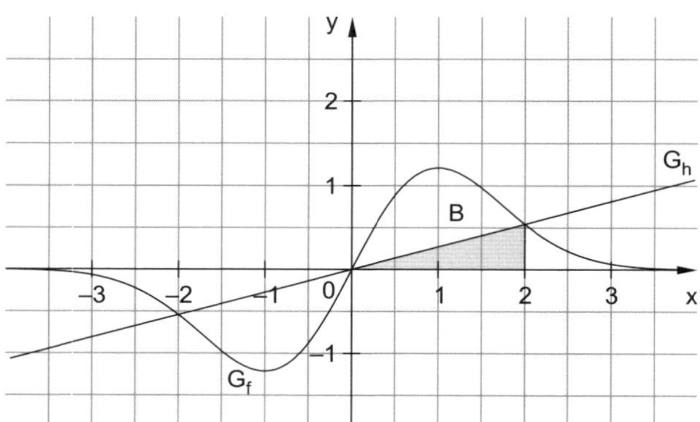

Die Fläche, die vom Graphen von f(x), der positiven x-Achse und der Geraden $x = 2$ eingeschlossen wird, setzt sich zusammen aus der Fläche B und dem rechtwinkligen Dreieck mit den Katheten 2 und f(2).

Mit der Formel aus Teilaufgabe 1 d erhält man somit:

$$B = \int_0^2 2x \cdot e^{-0{,}5x^2} dx - \frac{1}{2} \cdot 2 \cdot f(2) = 2 - 2 \cdot e^{-0{,}5 \cdot 2^2} - \frac{1}{2} \cdot 2 \cdot (2 \cdot 2 \cdot e^{-0{,}5 \cdot 2^2})$$

$$= 2 - 2 \cdot e^{-2} - 4 \cdot e^{-2} = 2 - 6 \cdot e^{-2} \approx 1{,}188$$

2. $g_c(x) = f(x) + c$

Der Graph der Funktion g_c entsteht aus dem Graphen der Funktion f durch Verschiebung um c in y-Richtung.

a) Hochpunkt von f: $\left(1 \,\middle|\, \frac{2}{\sqrt{e}}\right)$ $\Rightarrow$ Hochpunkt von g_c: $\left(1 \,\middle|\, \frac{2}{\sqrt{e}} + c\right)$

Verhalten von f: $\lim\limits_{x \to +\infty} f(x) = 0$ $\Rightarrow$ Verhalten von g_c: $\lim\limits_{x \to +\infty} g_c(x) = c$

b) α) g_c hat keine Nullstelle, wenn der Graph

- entweder so weit nach oben geschoben wird, dass der Tiefpunkt oberhalb der x-Achse liegt: $c > \frac{2}{\sqrt{e}} \approx 1{,}213$

  Mögliche Werte sind z. B.: $c = 1{,}5$ oder $c = 2$ oder $c = 4$ oder …

- oder so weit nach unten geschoben wird, dass der Hochpunkt unterhalb der x-Achse liegt: $c < -\frac{2}{\sqrt{e}} \approx -1{,}213$

  Mögliche Werte sind z. B.: $c = -1{,}5$ oder $c = -2$ oder $c = -4$ oder …

β) g_c hat genau eine Nullstelle, wenn der Graph

- weder nach oben noch nach unten verschoben wird: $c = 0$
- oder so weit nach oben geschoben wird, dass der Tiefpunkt die x-Achse berührt: $c = \frac{2}{\sqrt{e}} \approx 1{,}213$
- oder so weit nach unten geschoben wird, dass der Hochpunkt die x-Achse berührt: $c = -\frac{2}{\sqrt{e}} \approx -1{,}213$

γ) g_c hat genau zwei Nullstellen, wenn der Graph

- entweder nur so weit nach oben geschoben wird, dass der Tiefpunkt noch unterhalb der x-Achse liegt, also gilt: $0 < c < \frac{2}{\sqrt{e}} \approx 1{,}213$

  Mögliche Werte sind z. B.: $c = 1$ oder $c = 0{,}5$ oder …

- oder nur so weit nach unten geschoben wird, dass der Hochpunkt noch oberhalb der x-Achse liegt, also gilt: $-\frac{2}{\sqrt{e}} \approx -1{,}213 < c < 0$

  Mögliche Werte sind z. B.: $c = -1$ oder $c = -0{,}5$ oder …

c)

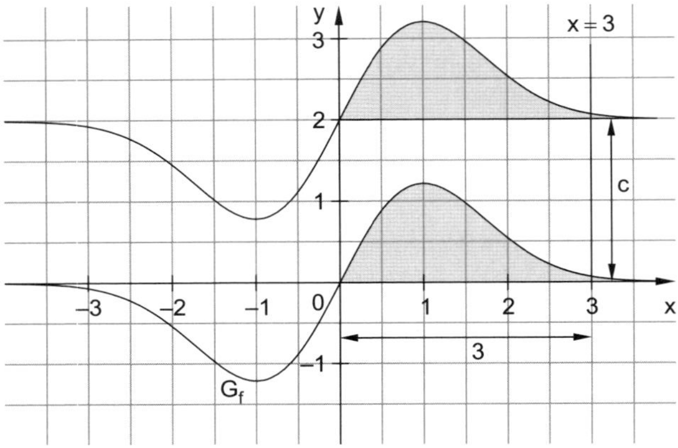

Da $c > 0$ gefordert ist, wird der Graph von f um c nach oben verschoben. Die Fläche $\int_0^3 g_c(x)\,dx$ setzt sich also aus der Fläche $\int_0^3 f(x)\,dx$ und dem Rechteck mit den Seitenlängen 3 und c (also der Fläche $3 \cdot c$) zusammen. Somit gilt:

$$\int_0^3 g_c(x)\,dx = \int_0^3 f(x)\,dx + 3c$$

3. $g_{1,4} = 2x \cdot e^{-0,5x^2} + 1,4$

a)

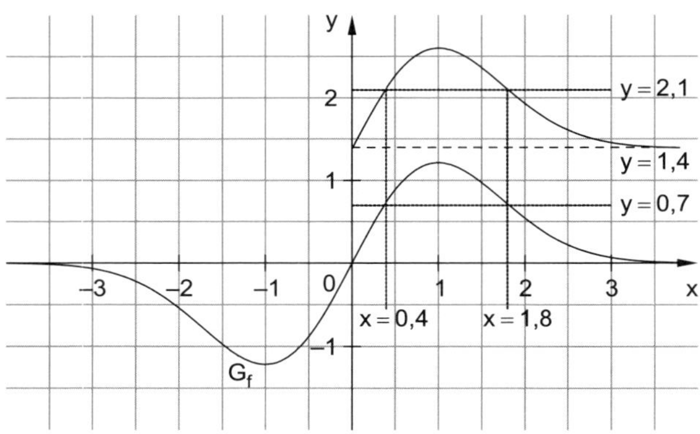

Gesucht ist das Intervall, in dem $g_{1,4} \geq 2,1$ gilt.

$x_1 = 0,4 \triangleq 4$ Jahre nach 1955

$x_2 = 1,8 \triangleq 18$ Jahre nach 1955

Im Zeitraum von 1959 bis 1973 beträgt die Geburtenziffer mindestens 2,1.

Hinweis: Sie können den gesuchten Zeitraum entweder am Graphen von $g_{1,4}$ oder auch am (ggf. genaueren) Graphen von f ablesen.
Hier muss $f(x) = 2{,}1 - 1{,}4 = 0{,}7$ gelten.

b) Gemäß Teilaufgabe 3 a gilt nach dem Jahr 1973: $g_{1,4} < 2{,}1$

Die Geburtenziffer unterschreitet also nach dem Jahr 1973 den „kritischen Wert" 2,1. Gemäß Teilaufgabe 2 a gilt ferner: $\lim\limits_{x \to +\infty} g_{1,4}(x) = 1{,}4$

Somit sinkt nach 1973 die Geburtenziffer unter 2,1 und strebt dem Wert 1,4 zu. Also sinkt die Bevölkerungszahl in diesem Land schon seit 1974. Auch in der Zukunft ist eine Abnahme der Bevölkerungszahl in diesem Land zu erwarten.

c) Die größte Abnahme befindet sich dort, wo der Graph am stärksten (steilsten) fällt.

In der Abbildung lässt sich näherungsweise $x = 1{,}7$ ablesen, also ist im Jahre 1972 (17 Jahre nach 1955) die Abnahme am größten.

Im Jahr 1965 hat die Geburtenziffer ihren Hochpunkt und nimmt dann ab. Diese Abnahme (das Fallen des Graphen) wird durch die 1. Ableitung dargestellt (siehe Merkhilfe). Es gilt also:
$g'_{1,4}(x) < 0 \quad \text{für} \quad x > 1$

Ein Extremwert der Abnahme ergibt sich nur dann, wenn die Ableitung der Abnahme den Wert null annimmt.

Für die stärkste Abnahme muss also gelten:
$[g'_{1,4}(x)]' = g''_{1,4}(x) = 0$

Die Abnahme wird schwächer (steigt), wenn die Ableitung der Abnahme positiv ist, wenn also gilt:
$[g'_{1,4}(x)]' = g''_{1,4}(x) > 0$

Man müsste also nachweisen, dass für $x > 1{,}7$ gilt: $g''_{1,4}(x) > 0$

Abitur Mathematik (Bayern): Abiturprüfung 2013
Analysis II

Teil 1

BE

1. Geben Sie für die Funktion f mit $f(x) = \ln(2013 - x)$ den maximalen Definitionsbereich $\mathbb{D}$, das Verhalten von f an den Grenzen von $\mathbb{D}$ sowie die Schnittpunkte des Graphen von f mit den Koordinatenachsen an. 5

2. Der Graph der in $\mathbb{R}$ definierten Funktion $f: x \mapsto x \cdot \sin x$ verläuft durch den Koordinatenursprung. Berechnen Sie $f''(0)$ und geben Sie das Krümmungsverhalten des Graphen von f in unmittelbarer Nähe des Koordinatenursprungs an. 4

3. Gegeben sind die in $\mathbb{R}$ definierten Funktionen $g: x \mapsto e^{-x}$ und $h: x \mapsto x^3$.

   a) Veranschaulichen Sie durch eine Skizze, dass die Graphen von g und h genau einen Schnittpunkt haben. 2

   b) Bestimmen Sie einen Näherungswert x_1 für die x-Koordinate dieses Schnittpunkts, indem Sie für die in $\mathbb{R}$ definierte Funktion $d: x \mapsto g(x) - h(x)$ den ersten Schritt des Newton-Verfahrens mit dem Startwert $x_0 = 1$ durchführen. 4

4. Abbildung 1 zeigt den Graphen G_f der Funktion f mit Definitionsbereich $[-2; 2]$. Der Graph besteht aus zwei Halbkreisen, die die Mittelpunkte $(-1\,|\,0)$ bzw. $(1\,|\,0)$ sowie jeweils den Radius 1 besitzen. Betrachtet wird die in $[-2; 2]$ definierte Integralfunktion

   $$F: x \mapsto \int_0^x f(t)\,dt.$$

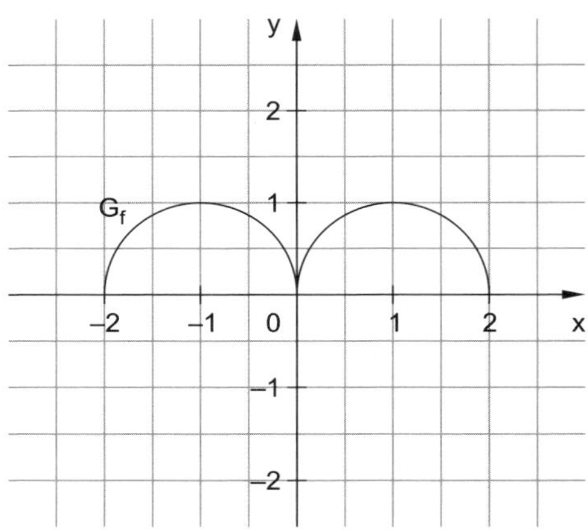

Abb. 1

   a) Geben Sie $F(0)$, $F(2)$ und $F(-2)$ an. 3

   b) Skizzieren Sie den Graphen von F in Abbildung 1. 2

20

Teil 2

BE

Gegeben ist die Funktion

$$f\colon x \mapsto \frac{1}{2}x - \frac{1}{2} + \frac{8}{x+1}$$

mit Definitionsbereich $\mathbb{R} \setminus \{-1\}$. Abbildung 2 zeigt den Graphen G_f von f.

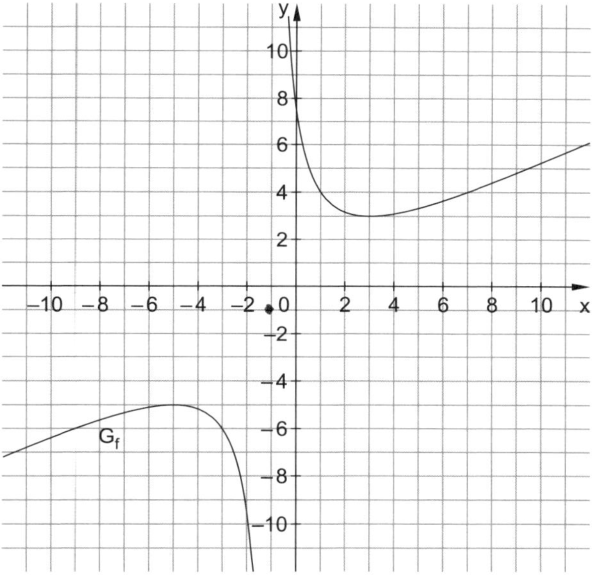

Abb. 2

1. a) Geben Sie die Gleichungen der Asymptoten von G_f an und zeigen Sie rechnerisch, dass G_f seine schräge Asymptote nicht schneidet. Zeichnen Sie die Asymptoten in Abbildung 2 ein. 6

   b) Bestimmen Sie rechnerisch Lage und Art der Extrempunkte von G_f. 8

2. Abbildung 2 legt die Vermutung nahe, dass G_f bezüglich des Schnittpunkts $P(-1\,|\,-1)$ seiner Asymptoten symmetrisch ist. Zum Nachweis dieser Symmetrie von G_f kann die Funktion g betrachtet werden, deren Graph aus G_f durch Verschiebung um 1 in positive x-Richtung und um 1 in positive y-Richtung hervorgeht.

a) Bestimmen Sie einen Funktionsterm von g. Weisen Sie anschließend die Punktsymmetrie von G_f nach, indem Sie zeigen, dass der Graph von g punktsymmetrisch bezüglich des Koordinatenursprungs ist.
$\left[\text{Teilergebnis: } g(x) = \frac{1}{2}x + \frac{8}{x}\right]$ 6

b) Zeigen Sie, dass $\int_0^4 f(x)\,dx = 2 + 8 \cdot \ln 5$ gilt.

Bestimmen Sie nun ohne weitere Integration den Wert des Integrals

$$\int_{-6}^{-2} f(x)\,dx;$$

veranschaulichen Sie Ihr Vorgehen durch geeignete Eintragungen in Abbildung 2. 8

3. Eine vertikal stehende Getränkedose hat die Form eines geraden Zylinders. Die Lage des gemeinsamen Schwerpunkts S von Dose und enthaltener Flüssigkeit hängt von der Füllhöhe der Flüssigkeit über dem Dosenboden ab. Ist die Dose vollständig gefüllt, so beträgt die Füllhöhe 15 cm.

Die bisher betrachtete Funktion f gibt für $0 \le x \le 15$ die Höhe von S über dem Dosenboden in Zentimetern an; dabei ist x die Füllhöhe in Zentimetern (vgl. Abbildung 3).

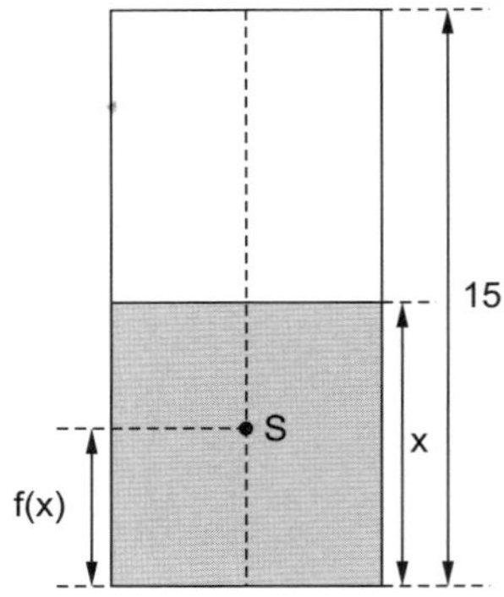

Abb. 3

a) Berechnen Sie f(0) und f(15). Interpretieren Sie die beiden Ergebnisse im Sachzusammenhang. 3

b) Die zunächst leere Dose wird langsam mit Flüssigkeit gefüllt, bis die maximale Füllhöhe von 15 cm erreicht ist. Beschreiben Sie mithilfe von Abbildung 2 die Bewegung des Schwerpunkts S während des Füllvorgangs. Welche Bedeutung im Sachzusammenhang hat die Tatsache, dass x-Koordinate und y-Koordinate des Tiefpunkts von G_f übereinstimmen? 3

c) Für welche Füllhöhen x liegt der Schwerpunkt S höchstens 5 cm hoch? Beantworten Sie diese Frage zunächst näherungsweise mithilfe von Abbildung 2 und anschließend durch Rechnung. 6

40

Tipps und Hinweise

Teil 1

Aufgabe 1

- Welche Werte darf das Argument des Logarithmus (also das was „hinter" dem ln steht) nur annehmen?
- Lösen Sie die Ungleichung nach x auf.
- Der Definitionsbereich lässt sich als Intervall angeben.
- Wie verhält sich das Argument, wenn die x-Werte an die Grenze des Definitionsbereichs streben?
- Beachten Sie: $\lim\limits_{x \to +\infty} \ln x = +\infty$ und $\lim\limits_{x \to 0^+} \ln x = -\infty$
- Es ist nach Schnittpunkten mit der x-Achse und der y-Achse gefragt.
- Für alle Punkte auf der y-Achse gilt $x = 0$.
- Für alle Punkte auf der x-Achse gilt $y = 0$.

Aufgabe 2

- Beachten Sie bei der Berechnung der 1. und 2. Ableitung die Produktregel (siehe Merkhilfe).
- Die Ableitungen von $\sin x$ und $\cos x$ können Sie der Merkhilfe entnehmen.
- Welches Vorzeichen hat $f''(0)$?
- Dieses Vorzeichen ist entscheidend für die Art der Krümmung (siehe Merkhilfe).

Aufgabe 3 a

- Welchen Verlauf hat der Graph der Funktion $f(x) = e^x$?
- Wie entsteht der Graph der Funktion $g(x) = e^{-x}$ aus dem Graphen von e^x?
- Beim Übergang von f(x) zu f(–x) wird der Graph an der y-Achse gespiegelt.
- Der Graph von e^{-x} verläuft im II. und I. Quadranten, der Graph von x^3 im III. und I. Quadranten. Der Schnittpunkt muss also im I. Quadranten liegen.

Aufgabe 3 b

- Stellen Sie den Term der Funktion d(x) auf.
- Sie finden die Formel des Newtonschen Iterationsverfahrens auf der Merkhilfe.
- Sie benötigen gemäß Formel auch d'(x).
- Beachten Sie bei der Ableitung die Kettenregel (nachdifferenzieren) auf Ihrer Merkhilfe.

- Sie sollen nur den ersten Schritt des Newtonschen Iterationsverfahrens ausführen.
- Gesucht ist der Näherungswert x_1, somit ist $n=0$.
- Der Startwert $x_0=1$ ist vorgegeben, die Werte von $d(x_0)=d(1)$ und $d'(x_0)=d'(1)$ müssen Sie noch berechnen.

Aufgabe 4 a

- Wenn Sie in der Integralfunktion $x=0$ setzen, so erhalten Sie ein Integral, dessen obere und untere Grenze gleich sind.
- Veranschaulichen Sie sich F(2) in der Abbildung.
- F(2) stellt die Flächenbilanz des rechten Halbkreises dar.
- Wie berechnet sich die Fläche eines Halbkreises? Der Radius ist gegeben.
- Veranschaulichen Sie sich F(–2) in der Abbildung.
- F(–2) stellt die Flächenbilanz des linken Halbkreises dar.
- Beachten Sie die Integrationsrichtung.

Aufgabe 4 b

- Tragen Sie die Funktionswerte F(0), F(2) und F(–2) in die Abbildung ein.
- F(x) hat den Definitionsbereich [–2; 2] (siehe Angabe). Der Graph darf somit über die eingezeichneten Randpunkte nicht hinausragen.
- Beachten Sie, dass sich das Integrationsintervall [0; 2] zwar in vier gleich große Teilintervalle aufteilen lässt, die zugehörigen Flächen aber nicht die gleiche Größe haben.
- Der Graph von F(x) kann keine Gerade sein.

Teil 2

Aufgabe 1 a

- Welcher Art ist die Funktion f(x)?
- Welche Arten von Asymptoten können bei einer gebrochen-rationalen Funktion vorkommen?
- Senkrechte Asymptoten sind stets durch Definitionslücken vorgegeben.
- Der Definitionsbereich ist gegeben.
- Viele gebrochen-rationale Funktionen sind in Form eines Bruches gegeben. Warum ist dies hier nicht der Fall?
- Der Nebensatz in der Aufgabenstellung verrät, dass eine schräge Asymptote vorhanden sein muss.

- Die Gleichung der schrägen Asymptote lässt sich unmittelbar aus der Funktionsgleichung ablesen.
- Versuchen Sie einen Schnittpunkt von G_f und schräger Asymptote zu errechnen.
- Eine Schnittstelle erhält man durch Gleichsetzen der Gleichungen von Funktion und schräger Asymptote.
- Diese Gleichung ist nicht lösbar. Was folgt daraus?
- Vergessen Sie nicht, die beiden Asymptoten in die Abbildung einzutragen.

Aufgabe 1 b

- Bedingung für einen Extrempunkt an der Stelle x_0 ist $f'(x_0)=0$ (siehe Merkhilfe).
- Beachten Sie beim Ableiten die Quotientenregel (siehe Merkhilfe).
- Da nach den Extrempunkten gefragt ist, müssen Sie auch die zugehörigen y-Werte bestimmen.
- Die Art eines Extrempunkts können Sie entweder mithilfe des Monotonieverhaltens oder mithilfe der 2. Ableitung bestimmen.
- Wenn Sie bei einer quadratischen Ungleichung auf beiden Seiten die Wurzel ziehen, hat die negative Lösung der Wurzel ihre Auswirkung auf das Ungleichzeichen.
- Wechselt das Vorzeichen von f'(x) vom Positiven (f steigt) zum Negativen (f fällt), so liegt ein Hochpunkt vor.
- Wechselt das Vorzeichen von f'(x) vom Negativen (f fällt) zum Positiven (f steigt), so liegt ein Tiefpunkt vor.
- Aus $f'(x_0)=0$ und $f''(x_0)<0$ folgt: an der Stelle x_0 befindet sich ein Hochpunkt.
- Aus $f'(x_0)=0$ und $f''(x_0)>0$ folgt: an der Stelle x_0 befindet sich ein Tiefpunkt.

oder:

- Falls Sie das Ergebnis der Ableitung zu einem Bruch zusammenfassen, dann gilt: Ein Bruch hat den Wert null, wenn der Zähler null wird.
- Eine quadratische Ungleichung lösen Sie am besten, indem Sie den Term, der positiv bzw. negativ sein soll, als Gleichung einer Parabel auffassen.
- Im Intervall zwischen den Nullstellen dieser Parabel sind die Parabelwerte
  - negativ, falls die Parabel nach oben geöffnet ist.
  - positiv, falls die Parabel nach unten geöffnet ist.

Aufgabe 2 a

- Der Graph von $h(x+a)$ ist im Vergleich zum Graphen von $h(x)$ um $-a$ in x-Richtung verschoben.
  Der Graph von $h(x)+a$ ist im Vergleich zum Graphen von $h(x)$ um $+a$ in y-Richtung verschoben.

- Der Graph von f(x) soll um +1 in x-Richtung und um +1 in y-Richtung verschoben werden.
- Die Gleichung von g(x) entsteht, wenn Sie in der Gleichung von f(x) das x durch (x – 1) ersetzen und den Summanden +1 anfügen.
- Vereinfachen Sie die entstehende Funktionsgleichung von g(x).
- Bestimmen Sie g(–x) und vergleichen Sie mit dem Funktionsterm g(x).
- Ist der Graph von g(x) punktsymmetrisch zum Ursprung, gilt: $g(-x) = -g(x)$
- Wie muss der Graph von g(x) verschoben werden, um den Graphen von f(x) zu erhalten?
- Der Symmetriepunkt $(0|0)$ von g(x) wird ebenso verschoben.
- Wie lauten somit die Koordinaten des Symmetriepunkts von f(x)?

Aufgabe 2 b

- Zeichnen Sie die durch $\int_0^4 f(x)\,dx$ dargestellte Fläche in die Abbildung ein.
- Bestimmen Sie zunächst eine Stammfunktion von f(x).
- Beachten Sie dabei die Integrationsregel für x^r auf Ihrer Merkhilfe.
- Sie benötigen außerdem die Formel $\int \frac{1}{x}\,dx = \ln|x| + C$, in der Sie gemäß $\int f(ax+b)\,dx = \frac{1}{a}F(ax+b) + C$ für $a = 1$ und für $b = 1$ verwenden.
- Berechnen Sie den Wert des bestimmten Integrals, indem Sie die Integrationsgrenzen einsetzen.
- Beachten Sie: $\ln 1 = 0$
- Auch $\int_{-6}^{-2} f(x)\,dx$ lässt sich darstellen. Veranschaulichen Sie das Integral in der Abbildung.
- Der Graph von f(x) liegt im gesamten Intervall [–6; –2] unterhalb der x-Achse. Was lässt sich somit über das Vorzeichen von $\int_{-6}^{-2} f(x)\,dx$ aussagen?
- Vergleichen Sie diese unterhalb der x-Achse gelegene Fläche mit der Fläche, die durch $\int_0^4 f(x)\,dx$ gegeben ist.
- Die beiden Flächen unterscheiden sich durch ein Rechteck.
- Wie lässt sich die Fläche dieses Rechtecks berechnen?

Aufgabe 3

- Veranschaulichen Sie sich den Text neben der Abbildung 3 mithilfe der Funktion f.
- f(x) entspricht der Höhe von S über dem Dosenboden, x entspricht der Füllhöhe.

Aufgabe 3 a

- f(0) gibt die Höhe von S an, wenn die Füllhöhe 0 beträgt, die Dose also leer ist.
- f(15) gibt die Höhe von S an, wenn die Füllhöhe 15 beträgt, die Dose also voll ist.
- Vergleichen Sie die beiden Ergebnisse.

Aufgabe 3 b

- Der Graph in Abbildung 2 zeigt nur das Intervall von [0; 12]. Sie haben jedoch f(15) berechnet und wissen, dass der Graph für $x > 3$ steigt.
- Beschreiben Sie den Funktionsverlauf im Intervall [0; 15].
- Für $x = 0$ befindet sich der Schwerpunkt 7,5 cm über dem Dosenboden (siehe Teilaufgabe 3 a).
- Für $x > 0$ fällt die Funktion zunächst. Die Höhe des Schwerpunkts wird also zunächst kleiner. Bis zu welcher Füllhöhe gilt dies?
- Für $x > 3$ steigt die Funktion. Die Höhe des Schwerpunkts wird also größer.
- Welche Höhe erreicht der Schwerpunkt für die Füllhöhe 15 cm? (siehe Teilaufgabe 3 a)
- Gemäß Teilaufgabe 1 b hat der Tiefpunkt die Koordinaten $(3 \mid 3)$.
- Bei einer Füllhöhe von 3 cm befindet sich der Schwerpunkt also 3 cm über dem Dosenboden. Wo liegt er somit?

Aufgabe 3 c

- Der Schwerpunkt liegt höchstens 5 cm hoch, wenn der Funktionsgraph die Parallele zur x-Achse $y = 5$ nicht übersteigt.
- Zeichnen Sie $y = 5$ in Abbildung 2 ein.
- Für welche x (= für welche Füllhöhen) verläuft der Funktionsgraph nicht oberhalb dieser Geraden?
- Die Bedingung lautet $f(x) \leq 5$.
- Es ergibt sich eine quadratische Ungleichung.
- Diese quadratische Ungleichung lösen Sie am besten, indem Sie den Term, der kleiner gleich null sein soll, als Gleichung einer nach oben geöffneten Parabel auffassen.
- Im Intervall zwischen den Nullstellen dieser Parabel sind die Parabelwerte negativ.

Lösungen

Teil 1

1. $f(x) = \ln(2013 - x)$

   Das Argument des Logarithmus muss positiv sein, daher:

   $2013 - x > 0$

   $2013 > x$

   $\Rightarrow \quad \mathbb{D} =]-\infty; 2013[$

   Verhalten an den Grenzen:

   $\lim\limits_{x \to -\infty} \ln(2013 - x) = "\ln(+\infty)" = +\infty$

   $\lim\limits_{x \to 2013^-} \ln(2013 - x) = "\ln(0^+)" = -\infty$

   Schnittpunkt mit der y-Achse: $x = 0$

   $f(0) = \ln 2013 \quad \Rightarrow \quad S_y(0 \mid \ln 2013)$

   Schnittpunkt mit der x-Achse: $y = 0$

   $f(x) = 0$

   $\ln(2013 - x) = 0$

   $2013 - x = e^0$

   $2013 - x = 1$

   $x = 2012$

   $\Rightarrow \quad S_x(2012 \mid 0)$

2. $f(x) = x \cdot \sin x$

   $f'(x) = 1 \cdot \sin x + x \cdot \cos x$

   $f''(x) = \cos x + 1 \cdot \cos x + x \cdot (-\sin x) = 2 \cdot \cos x - x \cdot \sin x$

   $f''(0) = 2 \cdot \cos 0 - 0 \cdot \sin 0 = 2 > 0$

   Der Graph von f(x) ist somit in der unmittelbaren Umgebung des Ursprungs linksgekrümmt.

3. a) Der Graph der Funktion $g(x) = e^{-x}$ entsteht aus dem Graphen der Funktion $f(x) = e^{x}$ durch Spiegelung an der y-Achse.

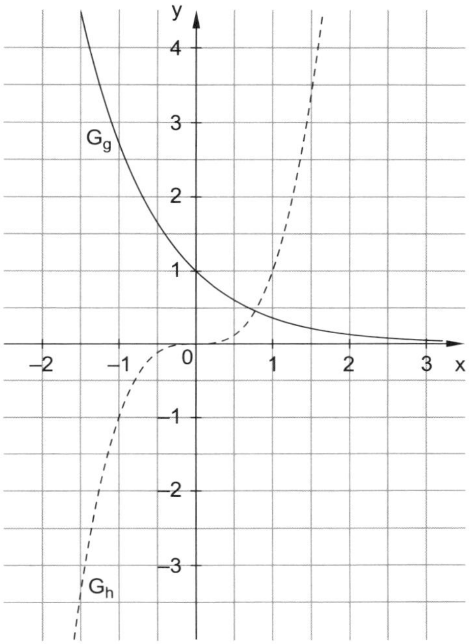

b) $d(x) = g(x) - h(x) = e^{-x} - x^3$

$d'(x) = e^{-x} \cdot (-1) - 3x^2$

Mit der Formel auf der Merkhilfe sowie $x_{n+1} = x_1$ und $x_n = x_0 = 1$ ergibt sich:

$$x_1 = 1 - \frac{d(1)}{d'(1)} = 1 - \frac{e^{-1} - 1^3}{-e^{-1} - 3 \cdot 1^2} = 1 - \frac{e^{-1} - 1}{-e^{-1} - 3} \approx 0{,}8123$$

Anmerkung: Dies ist ein Näherungswert für die x-Koordinate des Schnittpunkts, da aus $g(x) = h(x)$ folgt: $g(x) - h(x) = d(x) = 0$

4. a) $F(x) = \int\limits_0^x f(t)\,dt$

$$F(0) = \int\limits_0^0 f(t)\,dt = 0$$

da untere und obere Integrationsgrenze gleich sind

$$F(2) = \int\limits_0^2 f(t)\,dt = \frac{1}{2} \cdot 1^2 \cdot \pi = \frac{\pi}{2}$$

da das Integral die Fläche des Halbkreises mit Radius 1 oberhalb der x-Achse angibt

$$F(-2) = \int_0^{-2} f(t)\,dt = -\frac{1}{2} \cdot 1^2 \cdot \pi = -\frac{\pi}{2}$$

da das Integral zwar die Fläche des Halbkreises mit Radius 1 oberhalb der x-Achse angibt, jedoch in negative x-Richtung integriert wird

b) Achten Sie darauf, dass der Graph von F(x) **nicht** durch eine **Gerade** dargestellt wird, da die Flächen über den vier gleich langen Teilintervallen [0; 0,5] bzw. [0,5; 1] bzw. [1; 1,5] bzw. [1,5; 2] zwei unterschiedliche Größen besitzen.
Da der Graph von f(x) achsensymmetrisch zur y-Achse ist, muss der Graph von F(x) punktsymmetrisch zum Ursprung sein.

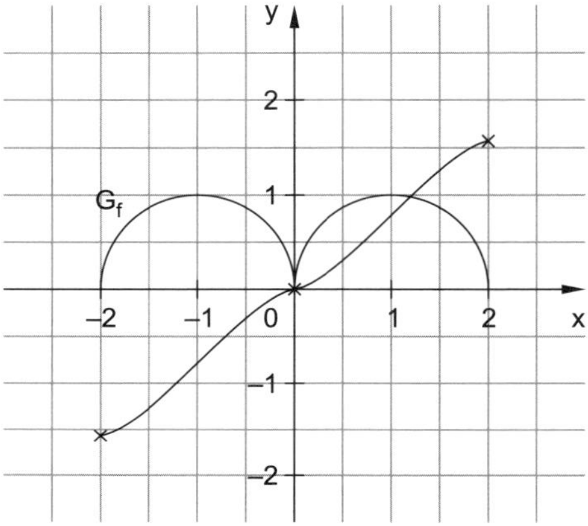

Teil 2

1. $f(x) = \frac{1}{2}x - \frac{1}{2} + \frac{8}{x+1}$ mit $\mathbb{D} = \mathbb{R} \setminus \{-1\}$

a) Senkrechte Asymptote: $x = -1$

Schräge Asymptote: $y = \frac{1}{2}x - \frac{1}{2}$

Gäbe es einen Schnittpunkt, so ließe sich die Gleichung, die entsteht, wenn man die Gleichungen von Funktion und schräger Asymptote gleichsetzt, lösen. Doch hier führt diese Gleichung zu einem Widerspruch, denn:

$$\frac{1}{2}x - \frac{1}{2} + \frac{8}{x+1} = \frac{1}{2}x - \frac{1}{2}$$

$$\frac{8}{x+1} = 0$$

$$8 = 0 \quad ↯$$

Somit schneiden sich Funktion und schräge Asymptote nicht.

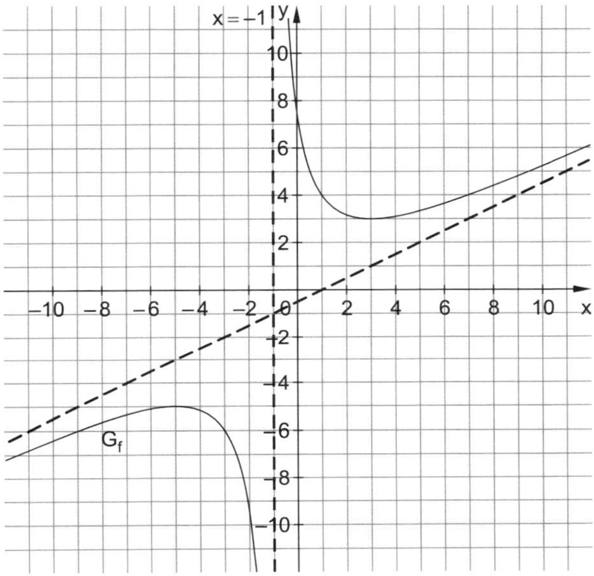

b) $f'(x) = \frac{1}{2} - 0 + \frac{0 \cdot (x+1) - 8 \cdot 1}{(x+1)^2} = \frac{1}{2} - \frac{8}{(x+1)^2}$

Nullsetzen der 1. Ableitung:

$$f'(x) = 0 \;\Rightarrow\; \frac{1}{2} - \frac{8}{(x+1)^2} = 0$$

$$\frac{1}{2} = \frac{8}{(x+1)^2}$$

$$(x+1)^2 = 16$$

$$x + 1 = \pm 4$$

$$\Rightarrow \; x_1 = 3 \quad \text{und} \quad x_2 = -5$$

$$f(3) = \frac{1}{2} \cdot 3 - \frac{1}{2} + \frac{8}{3+1} = 3$$

$$f(-5) = \frac{1}{2} \cdot (-5) - \frac{1}{2} + \frac{8}{-5+1} = -5$$

Die Art der Extrempunkte kann mit einer Monotoniebetrachtung oder mithilfe der 2. Ableitung bestimmt werden.

Bestimmung der Art der Extrempunkte über Monotonieverhalten

$$f'(x)>0 \quad \Rightarrow \quad \frac{1}{2}-\frac{8}{(x+1)^2} > 0$$

$$\frac{1}{2} > \frac{8}{(x+1)^2}$$

$$(x+1)^2 > 16$$

$$\Rightarrow \quad x+1 > +4 \quad \text{und} \quad x+1 < -4$$

$$x > +3 \qquad\qquad x < -5$$

$$\Rightarrow \quad x \in \left]-\infty; -5\right[\cup \left]3; +\infty\right[$$

$$f'(x)<0 \quad \Rightarrow \quad \frac{1}{2}-\frac{8}{(x+1)^2} < 0$$

$$\frac{1}{2} < \frac{8}{(x+1)^2}$$

$$(x+1)^2 < 16$$

$$\Rightarrow \quad x+1 < +4 \quad \text{und} \quad x+1 > -4$$

$$x < +3 \qquad\qquad x > -5$$

$$\Rightarrow \quad x \in \left]-5; 3\right[\setminus \{-1\}$$

	$x \in \left]-\infty; -5\right[$	$x \in \left]-5; 3\right[\setminus \{-1\}$	$x \in \left]3; +\infty\right[$
f'(x)	>0	<0	>0
f(x)	steigt	fällt	steigt

Bestimmung der Art der Extrempunkte über 2. Ableitung

$$f''(x)=0-\frac{0\cdot(x+1)^2-8\cdot 2(x+1)}{[(x+1)^2]^2}=\frac{16(x+1)}{(x+1)^4}=\frac{16}{(x+1)^3}$$

$$f''(3)=\frac{16}{(3+1)^3}=\frac{16}{(+4)^3}=\frac{16}{64}=\frac{1}{4} > 0$$

$$f''(-5)=\frac{16}{(-5+1)^3}=\frac{16}{(-4)^3}=\frac{16}{-64}=-\frac{1}{4} < 0$$

Ergebnis

Hochpunkt $(-5\,|\,-5)$
Tiefpunkt $(3\,|\,3)$

Bemerkung: Man kann den Term der 1. Ableitung auch so umformen, dass alles auf einem Bruchstrich steht. Dann sehen die entsprechenden Rechnungen wie folgt aus:

$$f'(x) = \frac{1}{2} - \frac{8}{(x+1)^2} = \frac{(x+1)^2 - 16}{2(x+1)^2} = \frac{x^2 + 2x + 1 - 16}{2(x+1)^2} = \frac{x^2 + 2x - 15}{2(x+1)^2}$$

$$f'(x) = 0 \;\Rightarrow\; x^2 + 2x - 15 = 0$$

$$\Rightarrow\; x_{1/2} = \frac{-2 \pm \sqrt{2^2 - 4 \cdot 1 \cdot (-15)}}{2 \cdot 1} = \frac{-2 \pm \sqrt{64}}{2} = \frac{-2 \pm 8}{2}$$

$$\Rightarrow\; x_1 = 3 \quad \text{und} \quad x_2 = -5$$

$f'(x) > 0 \;\Rightarrow\; x^2 + 2x - 15 > 0,$ denn der Nenner $2(x+1)^2$ ist für $x \neq -1$ stets positiv
Da $y = x^2 + 2x - 15$ die Gleichung einer nach oben geöffneten Normalparabel mit den Nullstellen 3 und –5 angibt, gilt $x^2 + 2x - 15 > 0$ in den Intervallen $]-\infty; -5[$ und $]3; +\infty[$.

$f'(x) < 0 \;\Rightarrow\; x^2 + 2x - 15 < 0,$ denn der Nenner $2(x+1)^2$ ist für $x \neq -1$ stets positiv
Da $y = x^2 + 2x - 15$ die Gleichung einer nach oben geöffneten Normalparabel mit den Nullstellen 3 und –5 angibt, gilt $x^2 + 2x - 15 < 0$ im Intervall $]-5; 3[\setminus \{-1\}$.

Damit ergibt sich dieselbe Monotonietabelle wie oben.

$$f''(x) = \frac{(2x+2) \cdot 2(x+1)^2 - (x^2 + 2x - 15) \cdot 2 \cdot 2(x+1)}{[2(x+1)^2]^2}$$

$$= \frac{2(x+1)[(2x+2) \cdot (x+1) - (x^2 + 2x - 15) \cdot 2]}{4(x+1)^4}$$

$$= \frac{(2x^2 + 2x + 2x + 2) - (2x^2 + 4x - 30)}{2(x+1)^3}$$

$$= \frac{2x^2 + 4x + 2 - 2x^2 - 4x + 30}{2(x+1)^3} = \frac{16}{(x+1)^3}$$

Auch hier geht es mit f"(3) und f"(–5) wie vorher weiter.

2. a) $g(x) = f(x-1) + 1$

Verschiebung um +1 in y-Richtung

Verschiebung um +1 in x-Richtung

$$g(x) = \frac{1}{2}(x-1) - \frac{1}{2} + \frac{8}{(x-1)+1} + 1 = \frac{1}{2}x - \frac{1}{2} - \frac{1}{2} + \frac{8}{x} + 1 = \frac{1}{2}x + \frac{8}{x}$$

$$g(-x)=\frac{1}{2}(-x)+\frac{8}{-x}=-\frac{1}{2}x-\frac{8}{x}=-\left(\frac{1}{2}x+\frac{8}{x}\right)=-g(x)$$

Die Funktion g(x) ist also punktsymmetrisch zum Ursprung.
Zur Veranschaulichung (Zeichnung ist nicht verlangt!):

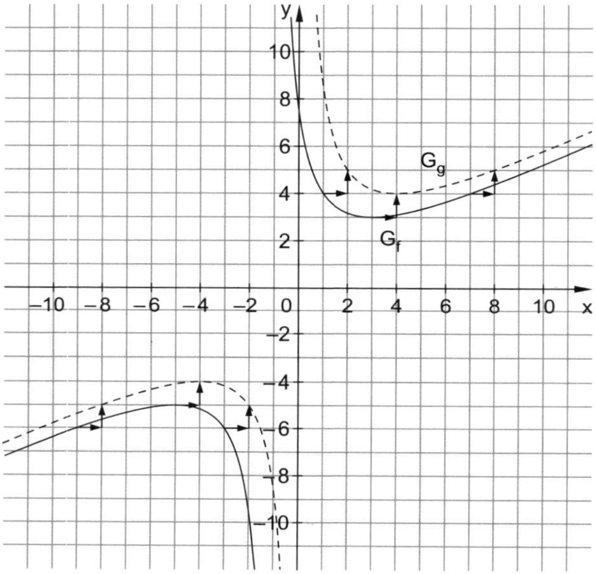

Wegen

$f(x)=g(x+1)-1$

Verschiebung um –1 in y-Richtung

Verschiebung um –1 in x-Richtung

ist also f(x) punktsymmetrisch zum Punkt P(–1 | –1).

b) $$\int_0^4 f(x)\,dx=\int_0^4\left(\frac{1}{2}x-\frac{1}{2}+\frac{8}{x+1}\right)dx$$

$$=\left[\frac{1}{4}x^2-\frac{1}{2}x+8\cdot\ln|x+1|\right]_0^4$$

$$=\frac{1}{4}\cdot4^2-\frac{1}{2}\cdot4+8\cdot\ln(4+1)-\frac{1}{4}\cdot0^2+\frac{1}{2}\cdot0-8\cdot\ln(0+1)$$

$$=4-2+8\ln5-8\ln1=2+8\ln5$$

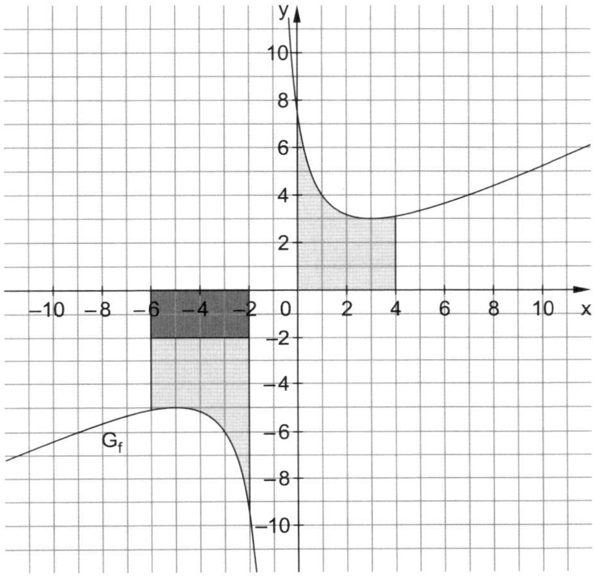

Das gesuchte Integral lässt sich als unterhalb der x-Achse gelegene Fläche veranschaulichen. Diese Fläche setzt sich zusammen aus einer Fläche, die dem gegebenen Integral entspricht (hellgrau) und einem Rechteck mit der Länge 4 und der Breite 2 (dunkelgrau):

$$\int_{-6}^{-2} f(x)\,dx = -\left[\int_{0}^{4} f(x)\,dx + 4\cdot 2\right] = -[2+8\ln 5+8] = -10-8\ln 5$$

unterhalb der x-Achse (Vorzeichen −) hellgrau ($\int_0^4 f(x)\,dx$) dunkelgrau ($4\cdot 2$)

3. Höhe des Schwerpunkts über dem Dosenboden $= \frac{1}{2}$ Füllhöhe $- \frac{1}{2} + \frac{8}{\text{Füllhöhe}+1}$

a) f(0) = Höhe des Schwerpunkts über dem Dosenboden bei Füllhöhe 0 cm

$$= \frac{1}{2}\cdot 0 - \frac{1}{2} + \frac{8}{0+1} = -\frac{1}{2} + 8 = 7{,}5$$

f(15) = Höhe des Schwerpunkts über dem Dosenboden bei Füllhöhe 15 cm

$$= \frac{1}{2}\cdot 15 - \frac{1}{2} + \frac{8}{15+1} = 7{,}5 - \frac{1}{2} + \frac{1}{2} = 7{,}5$$

Der Schwerpunkt S liegt bei leerer (Füllhöhe = 0 cm) und bei vollständig gefüllter (Füllhöhe = 15 cm) Dose genau in der Mitte auf einer Höhe von 7,5 cm über dem Dosenboden.

b) Der Kurvenverlauf im Füllhöhen-Intervall [0; 15] beschreibt den Höhenverlauf des Schwerpunkts S.

S befindet sich bei leerer Dose auf einer Höhe von 7,5 cm über dem Dosenboden. Während die Flüssigkeit auf eine Höhe von 3 cm steigt, sinkt S bis auf eine Höhe von 3 cm ab. Wenn weiterhin – bis zur Füllhöhe von 15 cm – Flüssigkeit eingefüllt wird, so steigt der Schwerpunkt S wieder bis auf eine Höhe von 7,5 cm an.

Tiefpunkt $(3\,|\,3)$

Beträgt die Füllhöhe 3 cm, so befindet sich S in seiner geringsten Höhe (3 cm). S liegt also auf der Flüssigkeitsoberfläche.

c)

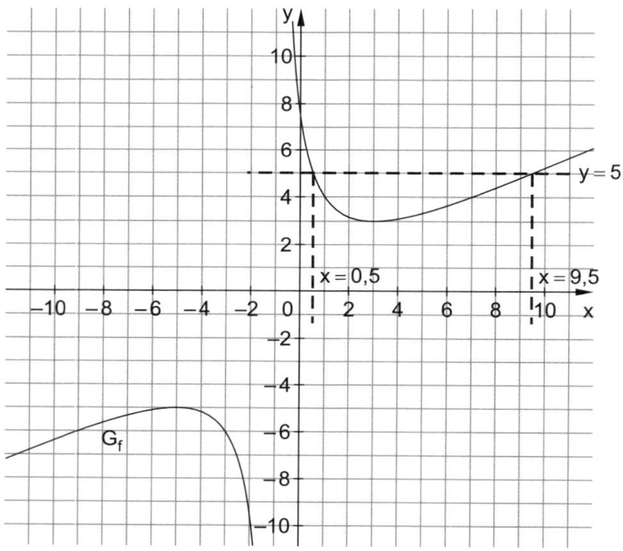

Aus der Abbildung lässt sich das Intervall [0,5; 9,5] ablesen.

Rechnerisch:

$$\frac{1}{2}x - \frac{1}{2} + \frac{8}{x+1} \leq 5$$

$$\frac{1}{2}x + \frac{8}{x+1} \leq 5{,}5$$

$$x + \frac{16}{x+1} \leq 11$$

$$x(x+1) + 16 \leq 11(x+1)$$

$$x^2 + x + 16 \leq 11x + 11$$

$$x^2 - 10x + 5 \leq 0$$

Da $x^2 - 10x + 5$ durch eine nach oben geöffnete Parabel dargestellt werden kann, verläuft die Parabel im Intervall zwischen den Nullstellen unterhalb der x-Achse.

$$x^2 - 10x + 5 = 0$$

$$\Rightarrow \quad x_{1/2} = \frac{10 \pm \sqrt{100 - 4 \cdot 1 \cdot 5}}{2 \cdot 1} = \frac{10 \pm \sqrt{80}}{2} = \frac{10 \pm 4\sqrt{5}}{2} = 5 \pm 2\sqrt{5}$$

$$\Rightarrow \quad x_1 = 5 + 2\sqrt{5} \quad \text{und} \quad x_2 = 5 - 2\sqrt{5}$$

Also gilt: $x^2 - 10x + 5 \le 0$ für $x \in [5 - 2\sqrt{5}; 5 + 2\sqrt{5}]$

Bei Füllhöhen im Bereich $[5 - 2\sqrt{5}; 5 + 2\sqrt{5}]$ liegt der Schwerpunkt höchstens 5 cm über dem Dosenboden.

BE

1. Folgende Tabelle gibt die Verteilung der Blutgruppen und der Rhesusfaktoren innerhalb der Bevölkerung Deutschlands wieder:

	0	A	B	AB
Rh^+	35 %	37 %	9 %	4 %
Rh^-	6 %	6 %	2 %	1 %

In einem Krankenhaus spenden an einem Vormittag 25 Personen Blut. Im Folgenden soll angenommen werden, dass diese 25 Personen eine zufällige Auswahl aus der Bevölkerung darstellen.

a) Bestimmen Sie die Wahrscheinlichkeit dafür, dass genau zehn der Spender die Blutgruppe A haben. 3

b) Ermitteln Sie die Wahrscheinlichkeit dafür, dass mehr als die Hälfte der Spender die Blutgruppe 0 und den Rhesusfaktor Rh^+ besitzt. 3

Folgende Tabelle gibt für die verschiedenen Empfänger von Spenderblut an, welches Spenderblut für sie jeweils geeignet ist:

		Spender							
		0 Rh^-	0 Rh^+	A Rh^-	A Rh^+	B Rh^-	B Rh^+	AB Rh^-	AB Rh^+
Empfänger	AB Rh^+	✓	✓	✓	✓	✓	✓	✓	✓
	AB Rh^-	✓		✓		✓		✓	
	B Rh^+	✓	✓			✓	✓		
	B Rh^-	✓				✓			
	A Rh^+	✓	✓	✓	✓				
	A Rh^-	✓		✓					
	0 Rh^+	✓	✓						
	0 Rh^-	✓							

c) Für einen Patienten mit der Blutgruppe B und dem Rhesusfaktor Rh^- wird Spenderblut benötigt. Bestimmen Sie, wie viele zufällig ausgewählte Personen mindestens Blut spenden müssten, damit man mit einer Wahrscheinlichkeit von mehr als 95 % mindestens eine für diesen Patienten geeignete Blutspende erhält. 5

2. Bei 0,074 % der neugeborenen Kinder liegt eine bestimmte Stoffwechselstörung vor. Wird diese Störung frühzeitig erkannt, lässt sich durch eine geeignete Behandlung eine spätere Erkrankung vermeiden. Zur Früherkennung kann zunächst ein einfacher Test durchgeführt werden. Zeigt das Ergebnis des Tests die Stoffwechselstörung an, so bezeichnet man es als positiv.

Liegt bei einem neugeborenen Kind die Stoffwechselstörung vor, so ist das Testergebnis mit einer Wahrscheinlichkeit von 99,5 % positiv. Liegt bei einem neugeborenen Kind die Stoffwechselstörung nicht vor, so beträgt die Wahrscheinlichkeit dafür, dass das Testergebnis irrtümlich positiv ist, 0,78 %.

Bei einem zufällig ausgewählten neugeborenen Kind wird der Test durchgeführt. Betrachtet werden folgende Ereignisse:
S: „Die Stoffwechselstörung liegt vor."
T: „Das Testergebnis ist positiv."

a) Beschreiben Sie das Ereignis $\overline{S \cup T}$ im Sachzusammenhang. 2

b) Berechnen Sie die Wahrscheinlichkeiten P(T) und $P_T(S)$. Interpretieren Sie das Ergebnis für $P_T(S)$ im Sachzusammenhang.
[zur Kontrolle: $P(T) \approx 0{,}85\,\%$, $P_T(S) < 0{,}1$] 8

c) Im Rahmen eines Screenings wird eine sehr große Anzahl zufällig ausgewählter neugeborener Kinder getestet. Ermitteln Sie die pro Million getesteter Kinder im Mittel zu erwartende Anzahl derjenigen Kinder, bei denen die Stoffwechselstörung vorliegt und das Testergebnis negativ ist. 3

3. Um Geld für die Ausstattung des Spielbereichs in der Kinderstation des Krankenhauses einzunehmen, wird ein Gewinnspiel angeboten. Nachdem der Spieler zwei Euro bezahlt hat, werden aus einem Behälter, in dem sich drei rote, drei grüne und drei blaue Kugeln befinden, drei Kugeln ohne Zurücklegen zufällig entnommen. Haben die drei entnommenen Kugeln die gleiche Farbe, so gewinnt der Spieler und bekommt einen bestimmten Geldbetrag ausgezahlt; ansonsten verliert er und erhält keine Auszahlung. Anschließend werden die gezogenen Kugeln in den Behälter zurückgelegt.

a) Zeigen Sie, dass bei einem Spiel die Wahrscheinlichkeit für einen Gewinn $\frac{1}{28}$ beträgt. 2

b) Berechnen Sie, welcher Geldbetrag im Fall eines Gewinns ausgezahlt werden muss, damit im Mittel eine Einnahme von 1,25 Euro pro Spiel für die Ausstattung des Spielbereichs erwartet werden kann. 4

30

Tipps und Hinweise

Aufgabe 1 a

- Blutgruppe A tritt sowohl mit positivem als auch mit negativem Rhesusfaktor auf.
- Bestimmen Sie die Wahrscheinlichkeit für Blutgruppe A.
- Überlegen Sie, ob es sich um Ziehen mit oder ohne Zurücklegen handelt.
- „… diese 25 Personen stellen eine zufällige Auswahl aus der Bevölkerung dar" hilft Ihnen bei dieser Überlegung.
- Beachten Sie die Formel auf Ihrer Merkhilfe.
- Welche Werte nehmen hier n, p und k an?
- Sie können das Ergebnis nicht in der Stochastik-Tabelle ablesen, da $p = 0{,}43$ nicht tabellarisiert ist.

Aufgabe 1 b

- Entnehmen Sie die Wahrscheinlichkeit für die Blutgruppe 0 Rh^+ der Angabe.
- Überlegen Sie, was „mehr als die Hälfte" bei 25 Personen bedeutet.
- Gesucht ist die Wahrscheinlichkeit, dass mindestens 13 Personen die Blutgruppe 0 Rh^+ besitzen.
- Das Tafelwerk lässt sich nur benutzen, wenn Sie mit dem Gegenereignis arbeiten.
- Achten Sie darauf, die kumulative Tabelle zu verwenden.

Aufgabe 1 c

- Wer kann für einen Patienten mit der Blutgruppe B Rh^- Blut spenden?
- Wie groß ist die Wahrscheinlichkeit für geeignetes Spenderblut?
- Beachten Sie die Tabelle am Anfang der Angabe.
- Formulieren Sie „mindestens ein geeigneter Spender" über das Gegenereignis.
- Die Anzahl n der Spender ist gesucht.
- Der Lösungsansatz lautet: $1 - 0{,}92^n > 0{,}95$
- Beim Auflösen der Ungleichung hilft Logarithmieren.
- Bedenken Sie, dass $\ln a < 0$ für $0 < a < 1$ gilt.
- n muss eine natürliche Zahl sein.

Aufgabe 2 a

- Veranschaulichen Sie sich die Menge $\overline{S \cup T}$ in einem Mengendiagramm.
- Wie lässt sich $\overline{S \cup T}$ auch ausdrücken?
- Vergleichen Sie $\overline{S \cup T}$ mit der Schnittmenge der beiden Gegenereignisse $\overline{S}$ und $\overline{T}$.
- Fassen Sie $\overline{S} \cap \overline{T}$ in Worte.

Aufgabe 2 b

- Listen Sie die gegebenen Wahrscheinlichkeiten auf.
- Unter den gegebenen Wahrscheinlichkeiten finden Sie zwei bedingte Wahrscheinlichkeiten.
- Das Testergebnis kann bei Vorliegen einer Stoffwechselstörung, aber auch ohne Vorliegen einer Stoffwechselstörung positiv ausfallen.
- Die Wahrscheinlichkeit P(T) setzt sich aus den beiden Wahrscheinlichkeiten $P(S \cap T)$ und $P(\overline{S} \cap T)$ zusammen.
- Beachten Sie die Formel für die bedingte Wahrscheinlichkeit auf Ihrer Merkhilfe.
- Umgeformt gilt: $P(A \cap B) = P(A) \cdot P_A(B)$
- Zur Berechnung von $P_T(S)$ beachten Sie die Formel auf Ihrer Merkhilfe und verwenden Sie das Ergebnis von P(T).
- Geben Sie $P_T(S)$ in Wortform an.

Aufgabe 2 c

- Berechnen Sie die Wahrscheinlichkeit, dass eine Stoffwechselstörung vorliegt **und** das Testergebnis negativ ist.
- $P(S \cap \overline{T})$ gibt an, mit welcher Wahrscheinlichkeit bei **einem** Neugeborenen eine Stoffwechselstörung vorliegt und das Testergebnis negativ ist.
- Gesucht ist die „im Mittel zu erwartende Anzahl", also der Erwartungswert.
- Die Formel für den Erwartungswert $E(X) = n \cdot p$ finden Sie auf Ihrer Merkhilfe.

Aufgabe 3 a

- Der Angabe ist zu entnehmen, dass es sich um Ziehen ohne Zurücklegen handelt.
- Die Merkhilfe bietet eine Formel für Ziehen ohne Zurücklegen.
- Aus den insgesamt $N = 9$ Kugeln werden $n = 3$ Kugeln entnommen.
- Die insgesamt 9 Kugeln bestehen aus 3 roten und 3 grünen und 3 blauen Kugeln.
- Für einen Gewinn dürfen nur die 3 roten oder nur die 3 grünen oder nur die 3 blauen Kugeln gezogen werden.

- Die Aufgabe kann als Laplace-Wahrscheinlichkeit auch mithilfe des Zählprinzips gelöst werden.
- Jede Laplace-Wahrscheinlichkeit berechnet sich als Bruch, dessen Nenner die Anzahl aller möglichen Ergebnisse und dessen Zähler die Anzahl aller günstigen Ergebnisse angibt.
- Beachten Sie, dass ohne Zurücklegen gezogen wird, jede Kugel also höchstens einmal gezogen werden kann.

Aufgabe 3 b

- Wie groß ist der Einsatz pro Spiel?
- Welcher Betrag kann im Mittel pro Spiel ausgezahlt werden, damit im Mittel eine Einnahme von 1,25 € pro Spiel erzielt wird?
- Wie viele Spiele müssen gespielt werden, damit ein Gewinn dabei ist? Beachten Sie das Ergebnis von Teilaufgabe a.
- Wie groß ist dann der Gewinn bei diesem Spiel?
- Das Ergebnis von Teilaufgabe a gibt an, wie groß die Wahrscheinlichkeit ist, bei **einem** Spiel zu gewinnen. Dabei soll der Gewinn pro Spiel im Mittel 0,75 € betragen.
- Gemäß der Formel für den Erwartungswert (siehe Merkhilfe) muss gelten: Gewinnbetrag · Gewinnwahrscheinlichkeit = mittlerer Gewinn

Lösungen

1. a) Aus der Angabe ergibt sich:

$P(A) = P(A \cap Rh^+) + P(A \cap Rh^-) = 37\,\% + 6\,\% = 43\,\%$

Der Textstelle „diese 25 Personen stellen eine zufällige Auswahl aus der Bevölkerung dar“ entnimmt man, dass es sich um ein Ziehen mit Zurücklegen handelt (Bernoulli-Kette).

Einsetzen in die Formel aus der Merkhilfe ergibt:

$$P(k=10) = \binom{25}{10} \cdot 0{,}43^{10} \cdot (1-0{,}43)^{25-10} = B(25; 0{,}43; 10)$$

Da die Trefferwahrscheinlichkeit $p = 0{,}43$ nicht tabellarisiert ist, verwenden Sie Ihren Taschenrechner.

$$P(k=10) = \binom{25}{10} \cdot 0{,}43^{10} \cdot 0{,}57^{15} \approx 0{,}15388 = 15{,}388\,\%$$

b) Aus der Angabe lässt sich ablesen:

$P(0 \cap Rh^+) = 35\,\%$

Bei 25 Personen bedeutet „mehr als die Hälfte“ mindestens 13 Personen.

Die Trefferwahrscheinlichkeit $p = 0{,}35$ ist in der Stochastik-Tabelle aufgeführt.

$$P(X \geq 13) = \sum_{i=13}^{25} B(25; 0{,}35; i) = 1 - \sum_{i=0}^{12} B(25; 0{,}35; i)$$

$$= 1 - 0{,}93956 = 0{,}06044 \approx 6\,\%$$

oder in anderer Schreibweise:

$$P(X \geq 13) = P_{0{,}35}^{25}(X \geq 13) = 1 - P_{0{,}35}^{25}(X \leq 12)$$

$$= 1 - 0{,}93956 = 0{,}06044 \approx 6\,\%$$

c) Einem Patienten mit der Blutgruppe B Rh^- kann nur Blut von Spendern mit den Blutgruppen 0 Rh^- oder B Rh^- verabreicht werden.

Aufgrund der Angabe am Anfang der Aufgabe beträgt die Wahrscheinlichkeit für einen geeigneten Spender somit:

$P(0 \cap Rh^-) + P(B \cap Rh^-) = 6\,\% + 2\,\% = 8\,\%$

$$\begin{aligned}
P(\text{„mindestens ein geeigneter Spender“}) &> 95\,\% \\
1 - P(\text{„kein geeigneter Spender“}) &> 0{,}95 \\
1 - \binom{n}{0} \cdot 0{,}08^0 \cdot 0{,}92^n &> 0{,}95 \\
1 - 0{,}92^n &> 0{,}95 \\
-0{,}92^n &> -0{,}05 \\
0{,}92^n &< 0{,}05 \\
\ln 0{,}92^n &< \ln 0{,}05 \\
n \cdot \ln 0{,}92 &< \ln 0{,}05 \\
n &> \frac{\ln 0{,}05}{\ln 0{,}92} \qquad \ln 0{,}92 < 0 \Rightarrow \text{das Ungleichheitszeichen dreht sich um} \\
n &> 35{,}9
\end{aligned}$$

Es müssen mindestens 36 Personen Blut spenden, um mit einer Wahrscheinlichkeit von mehr als 95 % einen geeigneten Spender zu finden.

2. a) Veranschaulicht man $\overline{S \cup T}$ („bei einem Neugeborenen liegt eine Stoffwechselstörung vor oder der Test ist positiv, tritt nicht ein“) im Mengendiagramm, so erkennt man:

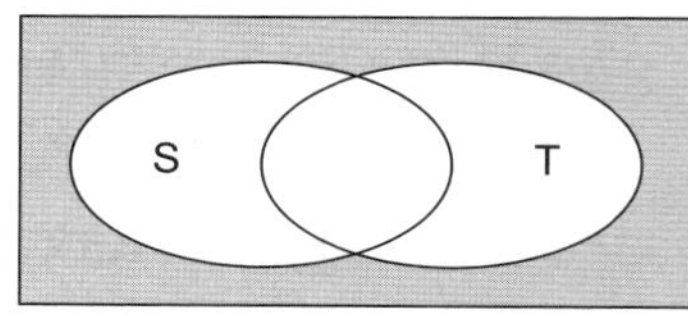

$\overline{S \cup T} = \overline{S} \cap \overline{T}$

In Worten somit:
Bei einem Neugeborenen liegt eine Stoffwechselstörung nicht vor und das Testergebnis ist nicht positiv.

oder:

Bei einem Neugeborenen liegt keine Stoffwechselstörung vor und das Testergebnis ist negativ.

oder:

Bei einem Neugeborenen liegt weder eine Stoffwechselstörung vor, noch ist das Testergebnis positiv.

b) Aus dem Text lassen sich folgende Wahrscheinlichkeiten entnehmen:

$P(S) = 0{,}074\,\% \quad \Rightarrow \quad P(\overline{S}) = 99{,}926\,\%$

$P_S(T) = 99{,}5\,\% \quad \Rightarrow \quad P_S(\overline{T}) = 0{,}5\,\%$

$P_{\overline{S}}(T) = 0{,}78\,\% \quad \Rightarrow \quad P_{\overline{S}}(\overline{T}) = 99{,}22\,\%$

Zur Veranschaulichung eignet sich ein Baumdiagramm (ist aber nicht verlangt!):

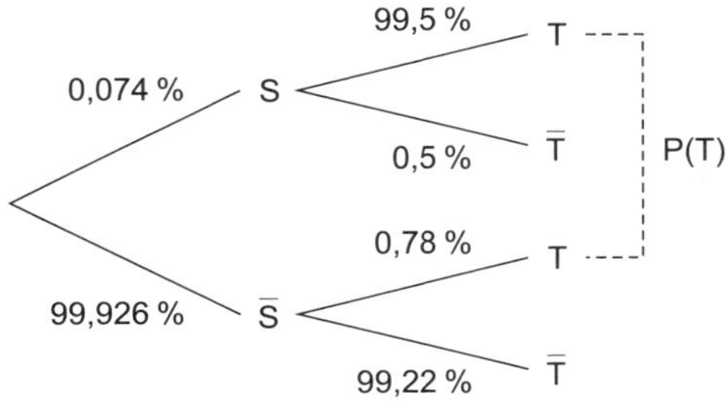

$$P(T) = P(S \cap T) + P(\overline{S} \cap T) = P(S) \cdot P_S(T) + P(\overline{S}) \cdot P_{\overline{S}}(T)$$
$$= 0{,}00074 \cdot 0{,}995 + 0{,}99926 \cdot 0{,}0078 \approx 0{,}00853 = 0{,}85\ \%$$

$$P_T(S) = \frac{P(T \cap S)}{P(T)} = \frac{P(S \cap T)}{P(T)} = \frac{0{,}00074 \cdot 0{,}995}{0{,}00074 \cdot 0{,}995 + 0{,}99926 \cdot 0{,}0078}$$
$$\approx 0{,}0863 = 8{,}63\ \%$$

Wenn der Test positiv ausfällt, beträgt die Wahrscheinlichkeit für eine Stoffwechselstörung lediglich 8,63 %.

oder:

Selbst bei einem positiven Test liegt nur in 8,63 % aller Fälle eine Stoffwechselstörung vor.

c) $P(S \cap \overline{T}) = 0{,}00074 \cdot 0{,}005 = 0{,}0000037 = 3{,}7 \cdot 10^{-6}$

Die bei 1 Million Neugeborenen im Mittel zu erwartende Anzahl von Neugeborenen, bei denen eine Stoffwechselstörung vorliegt und das Testergebnis negativ ist, beträgt also:
$0{,}0000037 \cdot 1\,000\,000$ Neugeborene $= 3{,}7 \cdot 10^{-6} \cdot 10^{6} = 3{,}7$ Neugeborene

3. a) Entsprechend der Formel für ein Ziehen ohne Zurücklegen aus der Merkhilfe ergibt sich:

$$P(\text{Gewinn}) = P(3\text{ rot}) + P(3\text{ grün}) + P(3\text{ blau})$$
$$= \frac{\binom{3}{3} \cdot \binom{3}{0} \cdot \binom{3}{0}}{\binom{9}{3}} + \frac{\binom{3}{0} \cdot \binom{3}{3} \cdot \binom{3}{0}}{\binom{9}{3}} + \frac{\binom{3}{0} \cdot \binom{3}{0} \cdot \binom{3}{3}}{\binom{9}{3}}$$
$$= 3 \cdot \frac{1}{84} = \frac{1}{28}$$

oder als Laplace-Wahrscheinlichkeit mithilfe des Zählprinzips:

$$\text{P(Gewinn)} = \text{P(immer gleiche Farbe)} = \frac{9 \cdot 2 \cdot 1}{9 \cdot 8 \cdot 7} = \frac{1}{28}$$

Im Nenner ergibt sich die Anzahl aller möglichen Ergebnisse durch $9 \cdot 8 \cdot 7$, da nach jedem Zug eine Kugel weniger im Behälter ist.
Im Zähler ergibt sich die Anzahl der günstigen Ergebnisse durch $9 \cdot 2 \cdot 1$, da beim ersten Zug eine beliebige Kugel gezogen werden kann, dann eine der zwei verbliebenen Kugeln derselben Farbe und dann die letzte Kugel dieser Farbe gezogen werden muss.

b) Damit im Mittel eine Einnahme von 1,25 € pro Spiel bleibt, darf pro Spiel bei 2 € Einsatz nur eine Auszahlung von im Mittel 0,75 € erfolgen.
Da die Auszahlung nach Teilaufgabe a nur bei jedem 28. Spiel erfolgt, ergibt sich als Betrag:
$28 \cdot 0{,}75\ € = 21\ €$

oder:

Da die Gewinnchance nach Teilaufgabe a bei jedem Spiel $\frac{1}{28}$ beträgt, muss für den Betrag x gelten:

$$x \cdot \frac{1}{28} = 0{,}75\ € \quad \Rightarrow \quad x = 28 \cdot 0{,}75\ € = 21\ €$$

Abitur Mathematik (Bayern): Abiturprüfung 2013
Stochastik II

BE

1. In einer Großstadt steht die Wahl des Oberbürgermeisters bevor. 12 % der Wahlberechtigten sind Jungwähler, d. h. Personen im Alter von 18 bis 24 Jahren. Vor Beginn des Wahlkampfs wird eine repräsentative Umfrage unter den Wahlberechtigten durchgeführt. Der Umfrage zufolge haben sich 44 % der befragten Wahlberechtigten bereits für einen Kandidaten entschieden. Jeder Siebte derjenigen Befragten, die sich noch nicht für einen Kandidaten entschieden haben, ist Jungwähler.

   Betrachtet werden folgende Ereignisse:

   J: „Eine aus den Befragten zufällig ausgewählte Person ist Jungwähler."

   K: „Eine aus den Befragten zufällig ausgewählte Person hat sich bereits für einen Kandidaten entschieden."

   a) Erstellen Sie zu dem beschriebenen Sachzusammenhang eine vollständig ausgefüllte Vierfeldertafel. 4

   b) Zeigen Sie, dass $P_J(\overline{K}) > P_{\overline{J}}(\overline{K})$ gilt.

      Begründen Sie, dass es trotz der Gültigkeit dieser Ungleichung nicht sinnvoll ist, sich im Wahlkampf vorwiegend auf die Jungwähler zu konzentrieren. 4

   c) Der Kandidat der Partei A spricht an einem Tag während seines Wahlkampfs 48 zufällig ausgewählte Wahlberechtigte an.
      Bestimmen Sie die Wahrscheinlichkeit dafür, dass sich darunter genau sechs Jungwähler befinden. 3

2. Der Umfrage zufolge hätte der Kandidat der Partei A etwa 50 % aller Stimmen erhalten, wenn die Wahl zum Zeitpunkt der Befragung stattgefunden hätte. Ein Erfolg im ersten Wahlgang, für den mehr als 50 % aller Stimmen erforderlich sind, ist demnach fraglich. Deshalb rät die von der Partei A eingesetzte Wahlkampfberaterin in der Endphase des Wahlkampfs zu einer zusätzlichen Kampagne. Der Schatzmeister der Partei A möchte die hohen Kosten, die mit einer zusätzlichen Kampagne verbunden wären, jedoch möglichst vermeiden.

   a) Um zu einer Entscheidung über die Durchführung einer zusätzlichen Kampagne zu gelangen, soll die Nullhypothese „Der Kandidat der Partei A würde gegenwärtig höchstens 50 % aller Stimmen erhalten." mithilfe einer Stichprobe von 200 Wahlberechtigten auf einem Signifikanzniveau von 5 % getestet werden. Bestimmen Sie die zugehörige Entscheidungsregel. 5

b) Begründen Sie, dass die Wahl der Nullhypothese für den beschriebenen Test in Einklang mit dem Anliegen der Wahlkampfberaterin steht, einen Erfolg bereits im ersten Wahlgang zu erreichen. 3

3. Nach der Wahl darf die Partei A in einem Ausschuss drei Sitze besetzen. Von den acht Stadträtinnen und vier Stadträten der Partei A, die Interesse an einem Sitz in diesem Ausschuss äußern, werden drei Personen per Losentscheid als Ausschussmitglieder bestimmt.

Die Zufallsgröße X beschreibt die Anzahl der weiblichen Ausschussmitglieder der Partei A. Abbildung 1 zeigt die Wahrscheinlichkeitsverteilung der Zufallsgröße X mit $P(X=0)=\frac{1}{55}$ und $P(X=3)=\frac{14}{55}$.

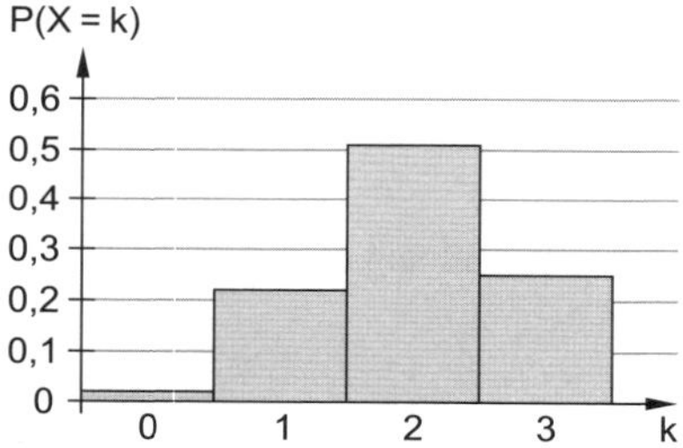

Abb. 1

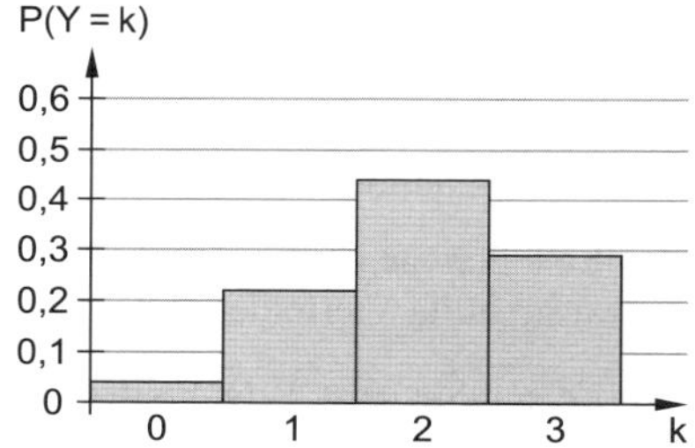

Abb. 2

a) Berechnen Sie die Wahrscheinlichkeiten $P(X=1)$ und $P(X=2)$.

$\left[\text{Ergebnis: } P(X=1)=\frac{12}{55},\ P(X=2)=\frac{28}{55}\right]$ 4

b) Bestimmen Sie Erwartungswert und Varianz der Zufallsgröße X.

$\left[\text{Ergebnis: } E(X)=2,\ \text{Var}(X)=\frac{6}{11}\right]$ 3

c) Abbildung 2 zeigt die Wahrscheinlichkeitsverteilung einer binomialverteilten Zufallsgröße Y mit den Parametern $n=3$ und $p=\frac{2}{3}$. Zeigen Sie rechnerisch, dass Y den gleichen Erwartungswert wie die Zufallsgröße X, aber eine größere Varianz als X besitzt.
Erläutern Sie, woran man durch Vergleich der Abbildungen 1 und 2 erkennen kann, dass $\text{Var}(Y) > \text{Var}(X)$ gilt. 4

30

Tipps und Hinweise

Aufgabe 1 a

- Listen Sie die gegebenen Wahrscheinlichkeiten auf.
- Unter den gegebenen Wahrscheinlichkeiten finden Sie eine bedingte Wahrscheinlichkeit.
- Für eine Vierfeldertafel benötigen Sie die Wahrscheinlichkeit (mindestens) einer Schnittmenge.
- Die Merkhilfe bietet eine Formel für die bedingte Wahrscheinlichkeit. Lösen Sie diese nach der Wahrscheinlichkeit der Schnittmenge auf und setzen Sie ein.
- Sie haben für die Vierfeldertafel nun die Wahrscheinlichkeiten P(J), P(K) und $P(\overline{K} \cap J)$ zur Verfügung.
- Vervollständigen Sie die Vierfeldertafel durch entsprechende Addition und Subtraktion.

Aufgabe 1 b

- Verwenden Sie die auf der Merkhilfe angegebene Formel für eine bedingte Wahrscheinlichkeit.
- Die benötigten Werte können Sie der Vierfeldertafel entnehmen.
- Vergleichen Sie die Größe der beiden berechneten Wahrscheinlichkeiten.
- $P_J(\overline{K})$ gibt an, mit welcher Wahrscheinlichkeit ein Jungwähler sich noch nicht für einen Kandidaten entschieden hat.
- $P_{\overline{J}}(\overline{K})$ gibt an, mit welcher Wahrscheinlichkeit ein „Altwähler" sich noch nicht für einen Kandidaten entschieden hat.
- Der Größenvergleich der beiden Wahrscheinlichkeiten zeigt, dass es prozentual unter den Jungwählern mehr Unentschlossene gibt als unter den „Altwählern".
- Wichtig für den Wahlkampf ist aber, dass nur „jeder Siebte derer, die sich noch nicht für einen Kandidaten entschieden haben, Jungwähler ist" (siehe Angabe). Somit sind sechs von sieben noch Unentschlossenen „Altwähler".

Aufgabe 1 c

- Überlegen Sie, ob es sich um Ziehen mit oder ohne Zurücklegen handelt.
- „… 48 zufällig ausgewählte Wahlberechtigte" hilft Ihnen bei dieser Überlegung.
- Beachten Sie die Formel auf Ihrer Merkhilfe.
- Welche Werte nehmen hier n, p und k an?

- Sie können das Ergebnis nicht in der Stochastik-Tabelle ablesen, da $n = 48$ nicht tabellarisiert ist.

Aufgabe 2 a

- Die Nullhypothese ist gegeben.
- Stimmt man für $p_0 \leq 0{,}5$, wenn möglichst viele oder wenn möglichst wenige der 200 Wahlberechtigten für den Kandidaten der Partei A stimmen?
- Die Wahrscheinlichkeit, gegen p_0 zu sein, obwohl $p_0 = 0{,}5$, soll höchstens 5 % betragen.
- Das Tafelwerk lässt sich nur benutzen, wenn Sie mit dem Gegenereignis arbeiten.
- Achten Sie darauf, die kumulative Tabelle zu verwenden.
- Lesen Sie in der Tabelle das kleinstmögliche k ab.
- In welchem Bereich spricht man sich gegen p_0 aus? (Ablehnungsbereich)

Aufgabe 2 b

- Das Signifikanzniveau gibt den Wert an, den die Wahrscheinlichkeit, die Nullhypothese irrtümlich abzulehnen, nicht übersteigen darf.
- „Nullhypothese irrtümlich ablehnen" bedeutet: man ist gegen p_0, obwohl p_0 richtig ist.
- „Nullhypothese irrtümlich ablehnen" bedeutet hier: Man glaubt, der Kandidat der Partei A habe im ersten Wahlgang bereits Erfolg (er erhält mehr als 50 % der Stimmen), obwohl auf ihn tatsächlich höchstens 50 % der Stimmen entfallen.
- Die Wahrscheinlichkeit dafür soll maximal 5 % (Signifikanzniveau) betragen.
- Die Wahlkampfberaterin ist darauf bedacht, dass die Wahrscheinlichkeit, dass sie keine zusätzliche Kampagne gemacht hat, obwohl der Kandidat dann im ersten Wahlgang höchstens 50 % der Stimmen erzielt, möglichst klein (= maximal 5 %) ist.

Aufgabe 3 a

- Aus den 8 weiblichen und 4 männlichen Stadträten sollen 3 Ausschussmitglieder ausgelost werden.
- Handelt es sich um ein Ziehen mit oder ohne Zurücklegen?
- Auf der Merkhilfe finden Sie die entsprechende Formel.
- Die Wahrscheinlichkeiten, dass sich unter den 3 Ausschussmitgliedern genau keine bzw. genau 3 Frauen befinden, sind angegeben. Sie können dennoch zur Kontrolle eine Wahrscheinlichkeit (oder auch beide Wahrscheinlichkeiten) berechnen.

- Bestimmen Sie nach derselben Formel die Wahrscheinlichkeiten, dass unter den 3 Ausschussmitgliedern genau eine bzw. genau zwei Frauen sind.
- Vergleichen Sie Ihre Ergebnisse mit den angegebenen Werten.

Aufgabe 3 b

- Sowohl für den Erwartungswert als auch für die Varianz einer Zufallsgröße X finden Sie die entsprechende Formel auf Ihrer Merkhilfe.
- Setzen Sie die Ergebnisse aus Teilaufgabe 3 a ein und vergleichen Sie wiederum mit den gegebenen Werten.

Aufgabe 3 c

- Die Zufallsgröße Y ist laut Angabe binomialverteilt.
- Die Formeln für Erwartungswert und Varianz einer binomialverteilten Zufallsgröße entnehmen Sie Ihrer Merkhilfe.
- Die Varianz einer Zufallsgröße ist umso größer, je mehr die Zufallsgröße um den Erwartungswert „streut".
- Zu dieser „Streuung" tragen sowohl die Entfernungen vom Erwartungswert bei (in der Formel: $(x_i - \mu)^2$) als auch die jeweiligen Wahrscheinlichkeiten (in der Formel: p_i).
- Da hier beide Zufallsgrößen in ihren Werten (0; 1; 2; 3) und ihrem Erwartungswert (2) übereinstimmen, sind auch die Entfernungen vom Erwartungswert jeweils gleich.
- Zu vergleichen sind somit die Wahrscheinlichkeiten der Werte rechts und links des Erwartungswerts.

Lösungen

1. a) Gegeben sind die Wahrscheinlichkeiten:

$P(J) = 12\,\%$

$P(K) = 44\,\%$

$P_{\overline{K}}(J) = \frac{1}{7}$

Wegen

$P(\overline{K} \cap J) = P(\overline{K}) \cdot P_{\overline{K}}(J)$

folgt:

$P(\overline{K} \cap J) = (1 - 0{,}44) \cdot \frac{1}{7} = 0{,}08 = 8\,\%$

Damit lässt sich die Vierfeldertafel aufstellen:

	J	$\overline{J}$	
K	**4 %**	**40 %**	44 %
$\overline{K}$	8 %	**48 %**	**56 %**
	12 %	**88 %**	100 %

Die in der Vierfeldertafel berechneten Werte sind fett gedruckt.

b) $P_J(\overline{K}) = \frac{P(J \cap \overline{K})}{P(J)} = \frac{0{,}08}{0{,}12} \approx 0{,}6667 = 66{,}67\,\%$

$P_{\overline{J}}(\overline{K}) = \frac{P(\overline{J} \cap \overline{K})}{P(\overline{J})} = \frac{0{,}48}{0{,}88} \approx 0{,}5455 = 54{,}55\,\%$

Somit gilt $P_J(\overline{K}) > P_{\overline{J}}(\overline{K})$.

Unter den Jungwählern gibt es somit prozentual mehr Personen, die sich noch nicht für einen Kandidaten entschieden haben, als unter den älteren Wählern. Allerdings ist unter denen, die sich noch nicht für einen Kandidaten entschieden haben, doch nur jeder 7. ein Jungwähler (siehe Angabe). Daher ist es nicht sinnvoll, sich im Wahlkampf vorwiegend auf die Jungwähler, die nur 12 % aller Wähler ausmachen, zu konzentrieren.

c) Da es sich um zufällig ausgewählte Wahlberechtigte handelt, darf man davon ausgehen, dass es sich um ein Ziehen mit Zurücklegen handelt (Bernoulli-Kette).

Einsetzen in die Formel aus der Merkhilfe ergibt:

$$P(k=6)=\binom{48}{6}\cdot 0{,}12^6\cdot(1-0{,}12)^{48-6}=B(48;0{,}12;6)$$

Da die Länge n = 48 nicht tabellarisiert ist, verwenden Sie Ihren Taschenrechner.

$$P(k=6)=\binom{48}{6}\cdot 0{,}12^6\cdot 0{,}88^{42}\approx 0{,}171=17{,}1\,\%$$

2. a) $p_0 \leq 50\,\%$

	für p_0 bei 0 … k zusätzliche Kampagne findet statt	gegen p_0 bei k + 1 … 200 zusätzliche Kampagne findet nicht statt	Stimmen
$p_0 \leq 50\,\%$		$\leq 5\,\%$	

$$P(X\geq k+1)\leq 0{,}05$$

$$\sum_{i=k+1}^{200} B(200;0{,}5;i)\leq 0{,}05$$

$$1-\sum_{i=0}^{k} B(200;0{,}5;i)\leq 0{,}05$$

$$\sum_{i=0}^{k} B(200;0{,}5;i)\geq 0{,}95$$

Nachschlagen in der Stochastik-Tabelle ergibt k = 112 als kleinstmöglichen Wert für k.

oder in anderer Schreibweise:

$$P_{0,5}^{200}(X\geq k+1)\leq 0{,}05$$

$$1-P_{0,5}^{200}(X\leq k)\leq 0{,}05$$

$$P_{0,5}^{200}(X\leq k)\geq 0{,}95$$

Auch hier ergibt das Nachschlagen in der Stochastik-Tabelle k = 112 als kleinstmöglichen Wert für k.

Erhält der Kandidat der Partei A mehr als 112 (oder: mindestens 113) Stimmen, so wird die Nullhypothese abgelehnt und es findet keine zusätzliche Kampagne statt.

b) Die Nullhypothese „der Kandidat der Partei A erhält höchstens 50 % der Stimmen“ wurde so gewählt, dass sie mit maximal 5 % Wahrscheinlichkeit **irrtümlich abgelehnt** wird.
Die Wahrscheinlichkeit, dass **keine** zusätzliche **Kampagne** durchgeführt wird (weil man die Nullhypothese ablehnt), **obwohl** der Kandidat der Partei A nur **höchstens 50 %** der Stimmen erhält, ist also auf maximal 5 % begrenzt. Dies entspricht dem Anliegen der Wahlkampfberaterin, denn sie will das Risiko, irrtümlich keine zusätzliche Kampagne durchzuführen, möglichst gering halten.

3. a) Die Auslosung der 3 Ausschussmitglieder unter den insgesamt $8+4=12$ Interessenten entspricht einem Ziehen ohne Zurücklegen. Mit der entsprechenden Formel aus der Merkhilfe ergibt sich:

$$P(X=0)=\frac{\binom{8}{0}\cdot\binom{4}{3}}{\binom{12}{3}}=\frac{4}{220}=\frac{1}{55}$$ Dieser Wert ist vorgegeben!

$$P(X=1)=\frac{\binom{8}{1}\cdot\binom{4}{2}}{\binom{12}{3}}=\frac{48}{220}=\frac{12}{55}$$ siehe Angabe des Ergebnisses

$$P(X=2)=\frac{\binom{8}{2}\cdot\binom{4}{1}}{\binom{12}{3}}=\frac{112}{220}=\frac{28}{55}$$ siehe Angabe des Ergebnisses

$$P(X=3)=\frac{\binom{8}{3}\cdot\binom{4}{0}}{\binom{12}{3}}=\frac{56}{220}=\frac{14}{55}$$ Dieser Wert ist vorgegeben!

b) Die Merkhilfe bietet für Erwartungswert und Varianz die entsprechenden Formeln:

$$E(X)=0\cdot\frac{1}{55}+1\cdot\frac{12}{55}+2\cdot\frac{28}{55}+3\cdot\frac{14}{55}=\frac{110}{55}=2$$

$$\begin{aligned}Var(X)&=(0-2)^2\cdot\frac{1}{55}+(1-2)^2\cdot\frac{12}{55}+(2-2)^2\cdot\frac{28}{55}+(3-2)^2\cdot\frac{14}{55}\\&=4\cdot\frac{1}{55}+1\cdot\frac{12}{55}+0\cdot\frac{28}{55}+1\cdot\frac{14}{55}=\frac{30}{55}=\frac{6}{11}\end{aligned}$$

c) Die Formeln für Erwartungswert und Varianz einer binomialverteilten Zufallsgröße befinden sich ebenfalls auf der Merkhilfe.

$$E(Y) = n \cdot p = 3 \cdot \frac{2}{3} = 2$$

$$Var(Y) = n \cdot p \cdot (1-p) = 3 \cdot \frac{2}{3} \cdot \frac{1}{3} = \frac{2}{3}$$

Somit gilt:
$Var(Y) \approx 0{,}667 > Var(X) \approx 0{,}545$

Für beide Zufallsgrößen gilt die Formel:

$$\begin{aligned} Var(\text{Zufallsgröße}) &= (0-2)^2 \cdot p_1 + (1-2)^2 \cdot p_2 + (2-2)^2 \cdot p_3 + (3-2)^2 \cdot p_4 \\ &= 4 \cdot p_1 + 1 \cdot p_2 + 0 \cdot p_3 + 1 \cdot p_4 \end{aligned}$$

Ausschlaggebend für die Größe der Varianz sind also die Wahrscheinlichkeiten der Werte 0, 1 und 3 (jeweils rechts und links des Erwartungswerts). Die beiden Abbildungen zeigen, dass für die Größen der Wahrscheinlichkeiten gilt:

p_1: $P(Y=0) > P(X=0)$

p_2: $P(Y=1) \approx P(X=1)$

p_4: $P(Y=3) > P(X=3)$

Bei der Zufallsgröße Y sind also die „Randwerte" 0 und 3 wahrscheinlicher als bei Zufallsgröße X, somit muss auch die Varianz von Y größer sein als die Varianz von X.

BE

Ein auf einer horizontalen Fläche stehendes Kunstwerk besitzt einen Grundkörper aus massivem Beton, der die Form eines Spats hat. Alle Seitenflächen eines Spats sind Parallelogramme.

In einem Modell lässt sich der Grundkörper durch einen Spat ABCDPQRS mit $A(28\,|\,0\,|\,0)$, $B(28\,|\,10\,|\,0)$, $D(20\,|\,0\,|\,6)$ und $P(0\,|\,0\,|\,0)$ beschreiben (vgl. Abbildung). Die rechteckige Grundfläche ABQP liegt in der x_1-x_2-Ebene. Im Koordinatensystem entspricht eine Längeneinheit 0,1 m, d. h., der Grundkörper ist 0,6 m hoch.

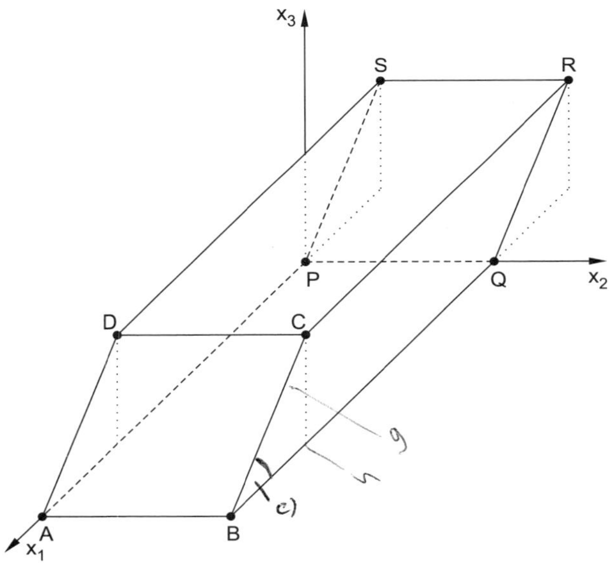

a) Geben Sie die Koordinaten des Punkts C an und zeigen Sie, dass die Seitenfläche ABCD ein Quadrat ist. 5

b) Ermitteln Sie eine Gleichung der Ebene E, in der die Seitenfläche ABCD liegt, in Normalenform.
[mögliches Ergebnis: E: $3x_1 + 4x_3 - 84 = 0$] 3

c) Berechnen Sie die Größe des Winkels, unter dem die Seitenfläche ABCD gegen die x_1-x_2-Ebene geneigt ist. 3

d) Die Seitenfläche PQRS liegt in einer Ebene F. Bestimmen Sie, ohne zu rechnen, eine Gleichung von F in Normalenform; erläutern Sie Ihr Vorgehen. 2

e) Machen Sie plausibel, dass das Volumen des Spats mithilfe der Formel $V = G \cdot h$ berechnet werden kann, wobei G der Flächeninhalt des Rechtecks ABQP und h die zugehörige Höhe des Spats ist. 3

f) Ein Kubikmeter des verwendeten Betons besitzt eine Masse von 2,1 t. Berechnen Sie die Masse des Grundkörpers. 3

Der Grundkörper ist mit einer dünnen geradlinigen Bohrung versehen, die im Modell vom Punkt $H(11\,|\,3\,|\,6)$ der Deckfläche DCRS aus in Richtung des Schnittpunkts der Diagonalen der Grundfläche verläuft. In der Bohrung ist eine gerade Stahlstange mit einer Länge von 1,4 m so befestigt, dass die Stange zu drei Vierteln ihrer Länge aus der Deckfläche herausragt.

g) Bestimmen Sie im Modell eine Gleichung der Geraden h, entlang derer die Bohrung verläuft, sowie die Koordinaten des Punkts, in dem die Stange in der Bohrung endet.

$\left[\text{zur Kontrolle: möglicher Richtungsvektor von h: } \begin{pmatrix} 3 \\ 2 \\ -6 \end{pmatrix}\right]$ 7

h) Auf der Deckfläche des Grundkörpers liegt eine Stahlkugel mit einem Radius von 0,8 m. Im Modell berührt die Kugel die Deckfläche des Spats im Punkt K. Beschreiben Sie, wie man im Modell rechnerisch überprüfen könnte, ob die Stahlkugel die Stange berührt, wenn die Koordinaten von K bekannt wären. 4

30

Tipps und Hinweise

Aufgabe a

- Betrachten Sie die Koordinaten von A, B und C.
- Wo stimmen die Koordinaten von A und B bzw. A und D überein, wo nicht?
- Aus den Koordinaten kann man auf die Lage von [AB] und [AD] schließen.
- Alle Seitenflächen des Spats – also auch ABCD – sind Parallelogramme (s. Angabe).
- Im Parallelogramm sind gegenüberliegende Seiten parallel und gleich lang.
- Das Parallelogramm ABCD ist ein Quadrat, wenn zwei aneinandergrenzende Seiten gleich lang sind und aufeinander senkrecht stehen.
- Die Länge einer Seite lässt sich als Länge eines Vektors nach der Formel auf der Merkhilfe berechnen.
- Zwei Vektoren stehen aufeinander senkrecht, wenn ihr Skalarprodukt null ergibt (siehe Merkhilfe).

Aufgabe b

- Welche Vektoren lassen sich als Richtungsvektoren der Ebene E verwenden?
- Sie benötigen einen Normalenvektor der Ebene.
- Der Normalenvektor steht auf den Richtungsvektoren senkrecht.
- Der Normalenvektor lässt sich mithilfe des Vektorprodukts zweier nicht-paralleler Richtungsvektoren bestimmen (siehe Merkhilfe).
- Setzen Sie den Normalenvektor und einen Ebenenpunkt als Aufpunkt in die Formel für die Normalenform der Ebene ein (siehe Merkhilfe).

Aufgabe c

- Der Schnittwinkel zweier Ebenen ist gleich dem Schnittwinkel der beiden Normalenvektoren.
- Wie lautet die Gleichung der x_1-x_2-Ebene? Welche Koordinaten hat ein Normalenvektor der x_1-x_2-Ebene?
- Die Formel für den Winkel zwischen zwei Vektoren finden Sie auf der Merkhilfe.
- Achten Sie darauf, dass ein Schnittwinkel nie größer als 90° sein kann (Absolutbetrag in der Formel zum Winkel setzen!).

Aufgabe d

- Der Punkt P, durch den die Ebene F verlaufen soll, ist der Koordinatenursprung.
- Auf der Merkhilfe finden Sie die Normalenform in Koordinatendarstellung. Welche Besonderheit hat diese Formel, wenn die Ebene den Koordinatenursprung enthält?

- Welche Lage besitzt die Ebene F in Bezug auf die Ebene E?
- Welche Eigenschaft besitzen die Normalenvektoren paralleler Ebenen?
- Zwei Vektoren sind parallel, wenn sie Vielfache voneinander sind.

Aufgabe e

- Die Formel $V = G \cdot h$ kennen Sie als Volumenformel für einen Quader.
- Das Rechteck ABQP ist als Grundfläche bereits vorhanden.
- Die dünn gestrichelten Linien in der Darstellung des Körpers können Ihnen bei der Umgestaltung des Spats in einen Quader helfen.
- Ein Parallelogramm lässt sich durch Abschneiden und Ansetzen von Teilflächen in ein Rechteck verwandeln.

- Entsprechendes ist auch bei einem Spat möglich.
- Welcher Teil des Spats befindet sich „hinter" der x_2-x_3-Ebene?
- Schneidet man diesen Teil vom Spat ab, lässt er sich an anderer Stelle wieder anfügen.
- Wie müssen Sie den abgeschnittenen Teil an den Restkörper ansetzen?
- Welcher Körper entsteht nun?

Aufgabe f

- Aus der Masse von einem Kubikmeter kann auf die Masse von x m^3 geschlossen werden.
- Sie benötigen das Volumen des Grundkörpers.
- Teilaufgabe e gibt Ihnen dafür eine Formel vor.
- Beachten Sie die vorgegebene Längeneinheit, damit Sie das Volumen mit den entsprechenden Benennungen berechnen können.

Aufgabe g

- Um die Gleichung der Geraden h aufstellen zu können, benötigen Sie neben H einen weiteren Punkt auf der Geraden.
- Bestimmen Sie die Koordinaten des Schnittpunkts G der Diagonalen der Grundfläche ABQP.
- Da ABQP ein Rechteck ist, halbieren sich die Diagonalen gegenseitig. Sie erhalten den Schnittpunkt G also als Mittelpunkt einer der Diagonalen.
- Die Koordinaten der Endpunkte der Diagonalen [BP] sind gegeben.
- Die Gerade h ist durch die Punkte H und G festgelegt.

- Die Gerade h ergibt sich aus $\overrightarrow{X} = \overrightarrow{H} + \kappa \cdot \overrightarrow{HG}$ mit $\kappa \in \mathbb{R}$.
- Die Stahlstange verläuft in einer Länge von 1,4 m als Teil der Geraden h.
- Nur ein Viertel der Stange befindet sich im Grundkörper, daher endet die Bohrung an einem Punkt L zwischen G und H.
- Welche Länge besitzt die Bohrung, also die Strecke [LH]? Beachten Sie den angegebenen Maßstab.
- Die Länge der Strecke [LH] ist gleich dem Betrag des Vektors $\overrightarrow{LH}$. Eine Formel für dessen Berechnung finden Sie auf der Merkhilfe.
- Sie wissen, dass L auf h liegt, also die Geradengleichung erfüllen muss.
- Einsetzen dieser Koordinaten in die Formel für den Betrag eines Vektors liefert eine Gleichung für den Geradenparameter κ. Lösen Sie die Gleichung nach κ auf.
- Einsetzen von κ in die Geradengleichung h liefert die Koordinaten von L.

oder:

- Geht man auf der Geraden h von H aus 3,5 Einheiten in Richtung G, so gelangt man zum Punkt L.
- Der Vektor $\overrightarrow{HL}$ ist ein Vielfaches des Richtungsvektors von h mit der Länge 3,5.
- Der Einheitsvektor des Richtungsvektors $\overrightarrow{HG}$ besitzt die Länge 1.
- Auf der Merkhilfe finden Sie die Formel zur Berechnung des Einheitsvektors.
- Das 3,5-Fache des Einheitsvektors hat die Länge 3,5.

Aufgabe h

- Die Kugel liegt im Punkt K auf der Deckfläche des Spats auf. Wie lautet daher die x_3-Koordinate von K?
- Was lässt sich über die x_3-Koordinate des Kugelmittelpunkts M aussagen? Beachten Sie den angegebenen Maßstab.
- Unter welcher Bedingung berührt eine Gerade eine Kugel?
- Eine Gerade h ist nur dann Tangente an eine Kugel mit Mittelpunkt M und Radius r, wenn $d(M; h) = r$ gilt.
- Wie erhält man den Abstand des Kugelmittelpunkts M von der Geraden h?
- Die Strecke vom Kugelmittelpunkt zum Berührpunkt F auf der Geraden muss auf der Geraden senkrecht stehen.
- Die Kugel soll nicht nur die Gerade h, sondern diese auch noch im Bereich der Stange berühren.
- Was muss daher für die Lage des Berührpunkts F gelten?
- Wie weit darf F höchstens von H entfernt sein, um noch auf der Stange zu liegen?

Lösungen

a) C(20 | 10 | 6)

Aus der Skizze und den Koordinaten von A, B und D ist ersichtlich, dass [AB] parallel zur x_2-Achse verläuft und [AD] in der x_1-x_2-Ebene liegt.
Da ABCD als Seitenfläche des Spats ein Parallelogramm ist, muss auch [DC] parallel zur x_2-Achse verlaufen. Somit müssen die x_1- und die x_3-Koordinate von C mit der x_1- und der x_3-Koordinate von D übereinstimmen.
Da [AB] und [DC] außerdem gleich lang sein müssen, muss die x_2-Koordinate von C mit der x_2-Koordinate von B übereinstimmen.

ABCD ist als eine Seitenfläche des Spats ein Parallelogramm (siehe Angabe).

$$\overrightarrow{AB} = \vec{B} - \vec{A} = \begin{pmatrix} 28 \\ 10 \\ 0 \end{pmatrix} - \begin{pmatrix} 28 \\ 0 \\ 0 \end{pmatrix} = \begin{pmatrix} 0 \\ 10 \\ 0 \end{pmatrix} \quad \Rightarrow \quad |\overrightarrow{AB}| = \sqrt{0^2 + 10^2 + 0^2} = \sqrt{100} = 10$$

$$\overrightarrow{AD} = \vec{D} - \vec{A} = \begin{pmatrix} 20 \\ 0 \\ 6 \end{pmatrix} - \begin{pmatrix} 28 \\ 0 \\ 0 \end{pmatrix} = \begin{pmatrix} -8 \\ 0 \\ 6 \end{pmatrix} \quad \Rightarrow \quad |\overrightarrow{AD}| = \sqrt{(-8)^2 + 0^2 + 6^2} = \sqrt{100} = 10$$

$$\overrightarrow{AB} \circ \overrightarrow{AD} = \begin{pmatrix} 0 \\ 10 \\ 0 \end{pmatrix} \circ \begin{pmatrix} -8 \\ 0 \\ 6 \end{pmatrix} = 0 + 0 + 0 = 0$$

Die beiden aneinandergrenzenden Seiten [AB] und [AD] sind gleich lang und stehen aufeinander senkrecht. Somit ist das Parallelogramm ABCD ein Quadrat.

b) Mit A als Aufpunkt und $\overrightarrow{AB}$ und $\overrightarrow{AD}$ als Richtungsvektoren der Ebene E ergibt sich:

$$\vec{n}_E = \overrightarrow{AB} \times \overrightarrow{AD} = \begin{pmatrix} 0 \\ 10 \\ 0 \end{pmatrix} \times \begin{pmatrix} -8 \\ 0 \\ 6 \end{pmatrix} = \begin{pmatrix} 60-0 \\ 0-0 \\ 0+80 \end{pmatrix} = \begin{pmatrix} 60 \\ 0 \\ 80 \end{pmatrix} = 20 \cdot \begin{pmatrix} 3 \\ 0 \\ 4 \end{pmatrix}$$

$$E: \begin{pmatrix} 3 \\ 0 \\ 4 \end{pmatrix} \circ \left[\vec{X} - \begin{pmatrix} 28 \\ 0 \\ 0 \end{pmatrix} \right] = 0$$

$$3x_1 + 4x_3 - 3 \cdot 28 = 0$$

$$3x_1 + 4x_3 - 84 = 0$$

c) Der Winkel, den die Ebene E mit der x_1-x_2-Ebene bildet, entspricht dem Winkel zwischen den beiden Normalenvektoren. Die Gleichung der x_1-x_2-Ebene lautet $x_3 = 0$.
Ein Normalenvektor der x_1-x_2-Ebene ist somit $\begin{pmatrix} 0 \\ 0 \\ 1 \end{pmatrix}$.

Eingesetzt in die Formel auf der Merkhilfe (mit Absolutstrichen, da der spitze Winkel gesucht ist) ergibt sich:

$$\cos\varphi = \frac{\left|\begin{pmatrix}3\\0\\4\end{pmatrix} \circ \begin{pmatrix}0\\0\\1\end{pmatrix}\right|}{\sqrt{3^2+0^2+4^2} \cdot \sqrt{0^2+0^2+1^2}} = \frac{4}{5} = 0{,}8 \quad \Rightarrow \quad \varphi \approx 36{,}87°$$

d) Die Seitenfläche PQRS verläuft durch den Koordinatenursprung P(0 | 0 | 0), daher muss in der Darstellung F: $n_1x_1 + n_2x_2 + n_3x_3 + n_0 = 0$ gelten: $n_0 = 0$

Da PQRS parallel zur Seitenfläche ABCD ist, gilt $\vec{n}_F \parallel \vec{n}_E$, also $\vec{n}_F = a \cdot \vec{n}_E$. Wählt man $a = 1$, ergibt sich:

F: $3x_1 + 4x_3 = 0$

e) Auf der Merkhilfe findet sich die Formel $V = G \cdot h$ für das Volumen eines Prismas. Diese Formel gilt sowohl für gerade als auch für schiefe Prismen. Da bei einem Spat Grund- und Deckfläche kongruent und die Verbindungsstrecken entsprechender Punkte der Grund- und Deckfläche parallel und gleich lang sind, ist ein Spat ein schiefes Prisma. Damit wäre die Aufgabe bereits gelöst.

Da im Lehrplan (der Jahrgangsstufe 9) jedoch nur gerade Prismen aufgelistet sind (also Prismen, bei denen die Verbindungsstrecken entsprechender Punkte der Grund- und Deckfläche zusätzlich auf der Grundfläche senkrecht stehen), ist die Aufgabe wohl so gedacht, dass gezeigt werden soll, dass sich der Spat (= das schiefe Prisma) in ein gerades Prisma (hier einen Quader, da die Grundfläche ein Rechteck ist) verwandeln lässt.

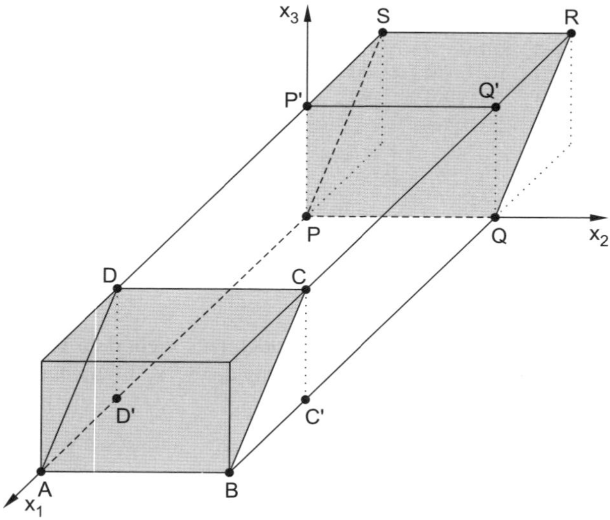

Durch einen senkrechten (entlang der x_2-x_3-Ebene) Schnitt durch die Punkte P und Q wird das dreiseitige Prisma PSP'QRQ' vom Spat abgetrennt. Dieses dreiseitige Prisma PSP'QRQ' ist kongruent zum dreiseitigen Prisma AD'DBC'C, das durch einen senkrechten Schnitt (parallel zur x_2-x_3-Ebene) durch C und D entstehen würde.

Entfernt man das Prisma PSP'QRQ' hinten vom Spat und setzt es vorn so auf, dass die beiden Quadrate ABCD und PQRS aufeinander liegen, so entsteht ein Quader mit der Grundfläche ABQP und der Spathöhe [C'C]. Für das Volumen eines Quaders gilt:

$\text{Volumen}_{\text{Quader}} = \text{Grundfläche} \cdot \text{Höhe}$

f) Das Volumen des Spats ist identisch mit dem Volumen des Quaders und berechnet sich gemäß Teilaufgabe e nach der Formel:

$V = G \cdot h = \overline{AP} \cdot \overline{AB} \cdot \overline{C'C} = 28 \cdot 10 \cdot 6 \mathrel{\hat{=}} 2{,}8\text{ m} \cdot 1{,}0\text{ m} \cdot 0{,}6\text{ m} = 1{,}68\text{ m}^3$

$\text{Masse} = m = 1{,}68\text{ m}^3 \cdot 2{,}1\,\frac{\text{t}}{\text{m}^3} = 3{,}528\text{ t}$

g)

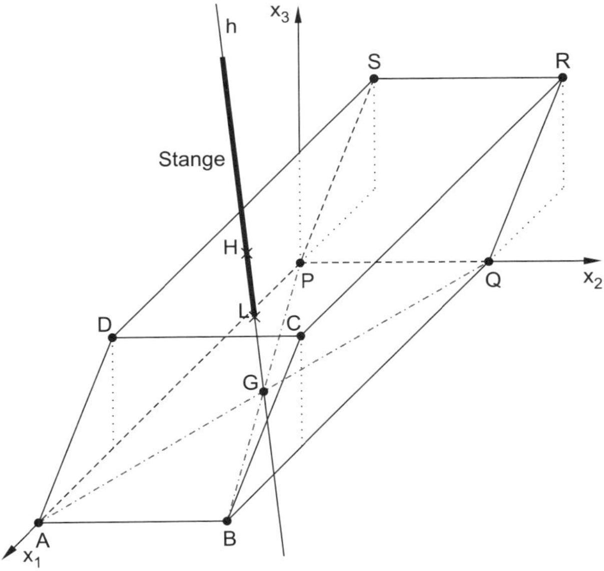

Die Diagonalen der Grundfläche ABQP halbieren sich gegenseitig. Der Schnittpunkt G ist also der Mittelpunkt der Diagonalen.

$$\vec{G} = \vec{M}_{BP} = \frac{1}{2} \cdot \left(\begin{pmatrix} 28 \\ 10 \\ 0 \end{pmatrix} + \begin{pmatrix} 0 \\ 0 \\ 0 \end{pmatrix} \right) = \begin{pmatrix} 14 \\ 5 \\ 0 \end{pmatrix}$$

$\overrightarrow{HG}$ entspricht dem Richtungsvektor der Geraden h.

$$\overrightarrow{HG} = \begin{pmatrix} 14 \\ 5 \\ 0 \end{pmatrix} - \begin{pmatrix} 11 \\ 3 \\ 6 \end{pmatrix} = \begin{pmatrix} 3 \\ 2 \\ -6 \end{pmatrix}$$

$$h\colon \vec{X} = \vec{H} + \kappa \cdot \overrightarrow{HG} \qquad \text{mit } \kappa \in \mathbb{R}$$

$$h\colon \vec{X} = \begin{pmatrix} 11 \\ 3 \\ 6 \end{pmatrix} + \kappa \cdot \begin{pmatrix} 3 \\ 2 \\ -6 \end{pmatrix} \quad \text{mit } \kappa \in \mathbb{R}$$

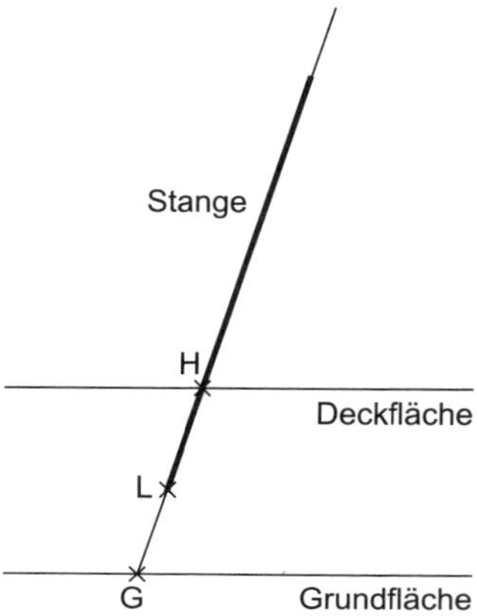

In der Seitenansicht kann das wie in der nebenstehenden Abbildung veranschaulicht werden.

Die Länge der Strecke [LH] muss ein Viertel von 1,4 m, also 0,35 m, betragen. Aufgrund des Maßstabs muss also gelten:

$\overline{LH} = 3{,}5$

Da L auf h liegt, gilt $L(11 + 3\kappa \mid 3 + 2\kappa \mid 6 - 6\kappa)$ und somit:

$$\overline{LH} = |\overrightarrow{LH}| = \left| \begin{pmatrix} 11 \\ 3 \\ 6 \end{pmatrix} - \begin{pmatrix} 11 + 3\kappa \\ 3 + 2\kappa \\ 6 - 6\kappa \end{pmatrix} \right| = \left| \begin{pmatrix} -3\kappa \\ -2\kappa \\ 6\kappa \end{pmatrix} \right|$$

$$= \sqrt{(-3\kappa)^2 + (-2\kappa)^2 + (6\kappa)^2} = \sqrt{49\kappa^2} = 7\kappa$$

$$\Rightarrow \quad 7\kappa = 3{,}5$$
$$\kappa = 0{,}5$$

$$L(11 + 3 \cdot 0{,}5 \mid 3 + 2 \cdot 0{,}5 \mid 6 - 6 \cdot 0{,}5) \quad \Rightarrow \quad L(12{,}5 \mid 4 \mid 3)$$

oder:

$$\vec{L} = \vec{H} + 3{,}5 \cdot \overrightarrow{HG}^0$$

Der Einheitsvektor $\overrightarrow{HG}^0$ ergibt sich durch Division durch die Länge von $\overrightarrow{HG}$:

$$|\overrightarrow{HG}| = \left| \begin{pmatrix} 3 \\ 2 \\ -6 \end{pmatrix} \right| = \sqrt{3^2 + 2^2 + (-6)^2} = \sqrt{49} = 7 \qquad \Rightarrow \quad \overrightarrow{HG}^0 = \frac{1}{7} \cdot \begin{pmatrix} 3 \\ 2 \\ -6 \end{pmatrix}$$

Somit:

$$\vec{L} = \begin{pmatrix} 11 \\ 3 \\ 6 \end{pmatrix} + 3{,}5 \cdot \frac{1}{7} \cdot \begin{pmatrix} 3 \\ 2 \\ -6 \end{pmatrix} = \begin{pmatrix} 11 \\ 3 \\ 6 \end{pmatrix} + \begin{pmatrix} 1{,}5 \\ 1 \\ -3 \end{pmatrix} = \begin{pmatrix} 12{,}5 \\ 4 \\ 3 \end{pmatrix} \quad \Rightarrow \quad L(12{,}5 \mid 4 \mid 3)$$

h) Da der Radius der Kugel 0,8 m beträgt, muss der Mittelpunkt M der Kugel 8 Einheiten „senkrecht über“ K liegen. K liegt in der Deckfläche und hat die Koordinaten $(k_1 \mid k_2 \mid 6)$, also muss M die Koordinaten $(k_1 \mid k_2 \mid 6+8) = (k_1 \mid k_2 \mid 14)$ besitzen.

Man berechnet den Abstand d(M; h) des Kugelmittelpunkts M zur Geraden h. Dafür bestimmt man den Berührpunkt der Kugel mit der Geraden. Da Radius und Gerade aufeinander senkrecht stehen müssen, ist der Berührpunkt der Fußpunkt F des Lots von M auf die Gerade h. Es gilt:

$d(M; h) = |\overrightarrow{FM}|$

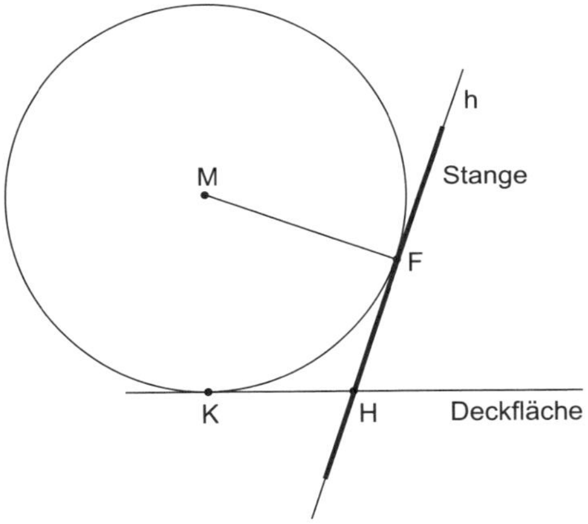

Falls

$d(M; h) = |\overrightarrow{FM}| = 8$

und

$|\overrightarrow{FH}| \leq$ drei Viertel von 1,4 m

und somit

$|\overrightarrow{FH}| \leq 1{,}05$ m,

so berührt die Kugel die Stange.

Bemerkung: Von weiteren Lagen der Kugel auf der Deckfläche des Spats (die Kugel liegt z. B. in obiger Abbildung rechts von der Stange) wird hier aufgrund des Erwartungshorizonts abgesehen.

Abitur Mathematik (Bayern): Abiturprüfung 2013
Geometrie II

BE

1. Die Abbildung zeigt modellhaft einen Ausstellungspavillon, der die Form einer geraden vierseitigen Pyramide mit quadratischer Grundfläche hat und auf einer horizontalen Fläche steht. Das Dreieck BCS beschreibt im Modell die südliche Außenwand des Pavillons. Im Koordinatensystem entspricht eine Längeneinheit 1 m, d. h., die Grundfläche des Pavillons hat eine Seitenlänge von 12 m.

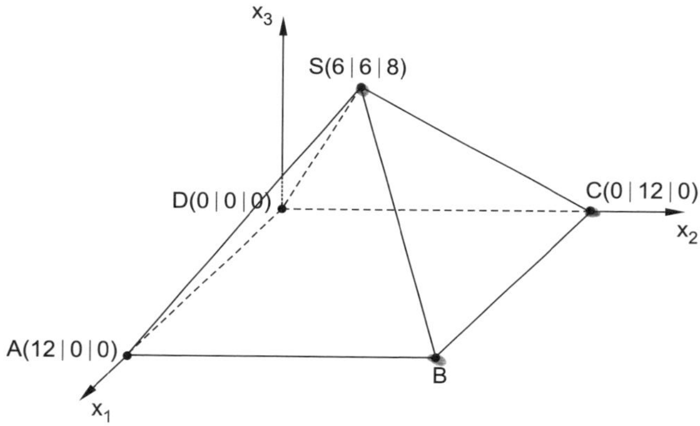

a) Geben Sie die Koordinaten des Punkts B an und bestimmen Sie das Volumen des Pavillons. 3

b) Die südliche Außenwand des Pavillons liegt im Modell in einer Ebene E. Bestimmen Sie eine Gleichung von E in Normalenform.
[mögliches Ergebnis: E: $4x_2 + 3x_3 - 48 = 0$] 4

c) Der Innenausbau des Pavillons erfordert eine möglichst kurze, dünne Strebe zwischen dem Mittelpunkt der Grundfläche und der südlichen Außenwand. Ermitteln Sie, in welcher Höhe über der Grundfläche die Strebe an der Außenwand befestigt ist. 5

An einem Teil der südlichen Außenwand sind Solarmodule flächenbündig montiert. Die Solarmodule bedecken im Modell eine dreieckige Fläche, deren Eckpunkte die Spitze S sowie die Mittelpunkte der Kanten [SB] und [SC] sind.

d) Ermitteln Sie den Inhalt der von den Solarmodulen bedeckten Fläche. 4

e) Die von Solarmodulen abgegebene elektrische Leistung hängt unter anderem von der Größe ihres Neigungswinkels gegen die Horizontale ab. Die Tabelle gibt den Anteil der abgegebenen Leistung an der maximal möglichen Leistung in Abhängigkeit von der Größe des Neigungswinkels an. Schätzen Sie diesen Anteil für die Solarmodule des Pavillons – nach Berechnung des Neigungswinkels – unter Verwendung der Tabelle ab.

Neigungswinkel	0°	10°	20°	30°	40°
Anteil an der maximalen Leistung	87 %	93 %	97 %	100 %	100 %

Neigungswinkel	50°	60°	70°	80°	90°
Anteil an der maximalen Leistung	98 %	94 %	88 %	80 %	69 %

4

2. In einem kartesischen Koordinatensystem sind die Geraden

$$g\colon \overrightarrow{X} = \begin{pmatrix} 8 \\ 1 \\ 7 \end{pmatrix} + \lambda \cdot \begin{pmatrix} 3 \\ 1 \\ 2 \end{pmatrix},\ \lambda \in \mathbb{R}, \text{ und } h\colon \overrightarrow{X} = \begin{pmatrix} -1 \\ 5 \\ -9 \end{pmatrix} + \mu \cdot \begin{pmatrix} 1 \\ -2 \\ 4 \end{pmatrix},\ \mu \in \mathbb{R},$$

gegeben. Die Geraden g und h schneiden sich im Punkt T.

a) Bestimmen Sie die Koordinaten von T.
[Ergebnis: $T(2\,|\,-1\,|\,3)$] 4

b) Geben Sie die Koordinaten zweier Punkte P und Q an, die auf g liegen und von T gleich weit entfernt sind. 2

c) Zwei Punkte U und V der Geraden h bilden zusammen mit P und Q das Rechteck PUQV. Beschreiben Sie einen Weg zur Ermittlung der Koordinaten von U und V. 4

30

Tipps und Hinweise

Aufgabe 1 a

- Die Angabe besagt, dass ABCD ein Quadrat ist.
- A bzw. C bestimmen die x_1- bzw. x_2-Koordinate von B.
- Da die Pyramide auf einer horizontalen Fläche steht (siehe Angabe) und A, C und D in der x_1-x_2-Ebene liegen, muss die gesamte Grundfläche (und damit auch B) in der x_1-x_2-Ebene liegen.
- Das Volumen der geraden Pyramide kann sowohl elementargeometrisch als auch vektoriell bestimmt werden.
- Die Formel für die elementargeometrische Volumenberechnung finden Sie auf der Merkhilfe.
- Die Seitenlänge des Grundflächenquadrats beträgt 12 m (siehe Angabe).
- Die Höhe einer geraden Pyramide verbindet den Mittelpunkt der Grundfläche mit der Spitze.
- Da die Grundfläche in der x_1-x_2-Ebene liegt, lässt sich die Höhe unmittelbar aus den Koordinaten der Spitze S ablesen.
- Auf der Merkhilfe finden Sie die Formel für die vektorielle Berechnung des Volumens einer dreiseitigen Pyramide. Das Volumen einer entsprechenden vierseitigen Pyramide ist doppelt so groß.
- Achten Sie darauf, dass die drei aufspannenden Vektoren alle im selben Punkt (z. B. A) beginnen.

Aufgabe 1 b

- Die südliche Außenwand ist laut Angabe durch das Dreieck BCS beschrieben.
- Gesucht ist somit die Normalenform einer Ebene durch drei Punkte.
- Gemäß Merkhilfe benötigen Sie einen Normalenvektor und einen Ebenenpunkt.
- Der Normalenvektor steht auf den Richtungsvektoren senkrecht.
- Welche Vektoren lassen sich als Richtungsvektoren der Ebene E verwenden?
- Der Normalenvektor lässt sich mithilfe des Vektorprodukts zweier nicht-paralleler Richtungsvektoren bestimmen (siehe Merkhilfe).
- Setzen Sie den Normalenvektor und einen Ebenenpunkt (B oder C oder S) in die Formel für die Normalenform der Ebene ein (siehe Merkhilfe).

Aufgabe 1 c

- Der Mittelpunkt der quadratischen Grundfläche ist der Schnittpunkt der Diagonalen, die sich gegenseitig halbieren.

- Der Mittelpunkt der Grundfläche ist der Mittelpunkt einer der beiden Diagonalen.
- Der Mittelpunkt der Grundfläche liegt bei einer geraden Pyramide senkrecht unter der Spitze S.
- Der Mittelpunkt der Grundfläche entspricht der senkrechten Projektion der Spitze S in die x_1-x_2-Ebene.
- Die Strebe zwischen Mittelpunkt und Außenwand ist dann möglichst kurz, wenn die Strebe auf der Außenwand senkrecht steht.
- Die Strebe liegt also auf einer Geraden durch M, die auf der Außenwand (der Ebene E) senkrecht steht.
- Eine auf E senkrecht stehende Gerade ist ein Lot zu E.
- Welchen Richtungsvektor hat ein Lot zu E?
- Bestimmen Sie den Schnittpunkt des Lots durch M mit der Ebene E.
- Die x_3-Koordinate des Schnittpunkts gibt die Höhe über der Grundfläche (in der x_1-x_2-Ebene) an.

oder:

- Sie können die gesuchte Höhe auch elementargeometrisch bestimmen.
- Verwenden Sie dazu das rechtwinklige Dreieck MNF, wobei M der Mittelpunkt der Grundfläche, N der Mittelpunkt der Strecke [BC] und F der Punkt ist, in dem die Strebe auf die Außenwand trifft.
- Ist K der Lotfußpunkt von F auf [MN], so gibt die Länge der Strecke [FK] die gesuchte Höhe an.
- Die Strecke [MN] ist halb so lang wie die Quadratseite.
- Die Länge der Strecke [FM] ist der Abstand des Punktes M von der Ebene E.
- Verwenden Sie die Formel $d(M; E) = \frac{|n_1m_1 + n_2m_2 + n_3m_3 + n_0|}{|\vec{n}|}$.
- Die Länge der Strecke [NF] ergibt sich mithilfe von Pythagoras im Dreieck MNF.
- Sowohl MNF als auch NFK sind rechtwinklige Dreiecke, die den Winkel bei N gemeinsam haben.
- MNF und NFK sind somit ähnliche Dreiecke.
- In ähnlichen Dreiecken stehen entsprechende Seiten im selben Verhältnis.
- Stellen Sie mit den Längen der Strecken [MN], [FM], [NF] und [FK] eine Verhältnisgleichung auf.
- Lösen Sie nach $\overline{FK}$ auf.

Aufgabe 1 d

- Die von den Solarmodulen bedeckte Fläche lässt sich elementargeometrisch oder vektoriell bestimmen.
- Zeichnen Sie die Mittelpunkte der beiden Kanten ein und schraffieren Sie die von den Solarmodulen bedeckte Fläche.
- Diese Zeichnung erinnert an „Strahlensatz".
- Mithilfe der Formel auf der Merkhilfe können Sie das Verhältnis bestimmen, in dem entsprechende Seiten der Dreiecke BCS bzw. GHS zueinander stehen.
- Nicht nur die Seiten, auch die Höhen der beiden Dreiecke stehen in diesem Verhältnis.
- Beide Dreiecke sind gleichschenklig. Die Höhe halbiert also die Basis.
- Die Höhe lässt sich mit Pythagoras berechnen.
- Die Fläche eines Dreiecks berechnet sich aus $A_\Delta = \frac{1}{2} \cdot \text{Grundlinie} \cdot \text{Höhe}$.
- Für eine vektorielle Berechnung der Dreiecksfläche benötigen Sie die Koordinaten der Mittelpunkte der Kanten [SB] und [SC].
- Benutzen Sie die Formel für den Mittelpunkt einer Strecke auf Ihrer Merkhilfe.
- Auch für den Flächeninhalt eines Dreiecks findet sich eine Formel auf der Merkhilfe.
- Beachten Sie bei der Angabe der Fläche den angegebenen Maßstab.

Aufgabe 1 e

- Der Schnittwinkel zweier Ebenen ist gleich dem Schnittwinkel der beiden Normalenvektoren.
- Wie lautet die Gleichung der x_1-x_2-Ebene? Welche Koordinaten hat ein Normalenvektor der x_1-x_2-Ebene?
- Die Formel für den Winkel zwischen zwei Vektoren finden Sie auf der Merkhilfe.
- Achten Sie darauf, dass ein Schnittwinkel nie größer als 90° sein kann (Absolutbetrag in der Formel zum Winkel setzen!).
- In der Tabelle ist dieser Winkel nicht zu finden. Zwischen welchen angegebenen Werten liegt er?
- Sie können damit das Intervall bestimmen, das den entsprechenden Anteil der abgegebenen Leistung angibt.
- Welche Prozentzahl aus dem Intervall von 98 % bis 94 % ist daher als Näherungswert für den berechneten Neigungswinkel anzusetzen?

Aufgabe 2 a

- Den Schnittpunkt zweier Geraden erhält man durch Gleichsetzen der beiden Geradengleichungen.
- Es ergibt sich ein Gleichungssystem aus 3 Gleichungen mit 2 Unbekannten.
- Berechnen Sie mithilfe von zwei dieser Gleichungen die beiden Unbekannten.
- Achten Sie darauf, dass die beiden von Ihnen berechneten Parameter alle drei Gleichungen erfüllen müssen (Probe!).
- Einsetzen eines dieser Parameter in die entsprechende Geradengleichung liefert die Koordinaten des Schnittpunkts.

Aufgabe 2 b

- Zeichnen Sie sich eine beliebige Geradenkreuzung mit dem Schnittpunkt T.
- Zu einem Punkt P gelangen Sie, indem Sie im Punkt T ein beliebiges Vielfaches des Richtungsvektors von g anfügen.
- Was müssen Sie im Punkt T anfügen, um zum gleich weit entfernten Punkt Q auf g zu gelangen?

Aufgabe 2 c

- Im Rechteck PUQV bilden die Strecken [PQ] und [UV] die Diagonalen.
- Welche Eigenschaften haben die Diagonalen eines Rechtecks?
- Gehört ein Rechteck zu den Vierecken, die einen Umkreis besitzen?
- Was gilt für die Entfernung von U (bzw. V) zu T im Vergleich zur Entfernung von P (bzw. Q) zu T?
- Diese Entfernung lässt sich mithilfe der Formel für die Länge eines Vektors (siehe Merkhilfe) berechnen.
- Diese Entfernung ist zugleich die Länge des Radius r des Umkreises des Rechtecks PUQV.
- Da U und V auf h liegen, gelangt man zu ihnen, indem man im Punkt T einen Richtungsvektor von h anfügt, der die Länge r besitzt.
- Der Einheitsvektor des Richtungsvektors besitzt die Länge 1.
- Auf der Merkhilfe finden Sie die Formel zur Berechnung des Einheitsvektors.
- Multipliziert man den Einheitsvektor des Richtungsvektors von h mit dem Radius r des Umkreises, so entsteht ein Richtungsvektor der Länge r.

Lösungen

1. a) B(12 | 12 | 0)

Die x_1-Koordinate von B ist gleich der x_1-Koordinate von A, die x_2-Koordinate von B ist gleich der x_2-Koordinate von C, die x_3-Koordinate von B ist (wie bei allen Punkten der Grundfläche) gleich 0.

Das Volumen lässt sich mithilfe der entsprechenden Formeln auf der Merkhilfe elementargeometrisch oder vektoriell bestimmen.

elementargeometrisch:

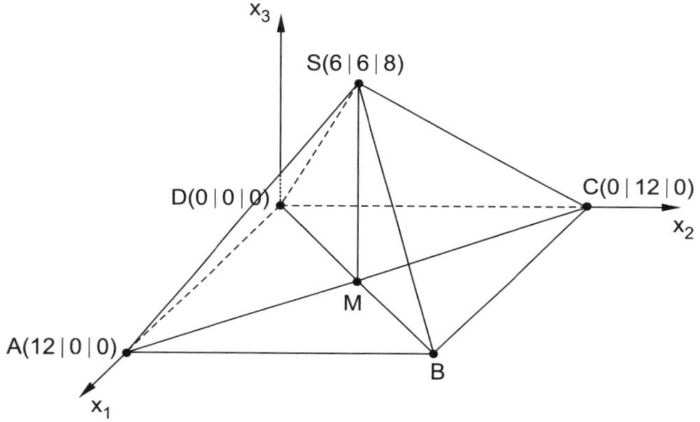

Die Grundfläche ist ein Quadrat der Seitenlänge 12 m (siehe Angabe). Bei einer geraden Pyramide befindet sich die Spitze S senkrecht über dem Mittelpunkt M der Grundfläche. Die Pyramidenhöhe ist somit gleich $\overline{MS}$. $\overline{MS}$ entspricht der x_3-Koordinate von S, da M (wie die gesamte Grundfläche) in der x_1-x_2-Ebene liegt. Somit gilt h = 8 m.

$$V = \frac{1}{3} G \cdot h = \frac{1}{3} \cdot (12 \text{ m})^2 \cdot 8 \text{ m} = 384 \text{ m}^3$$

vektoriell:

$$V = \frac{1}{3} \cdot |\overrightarrow{AB} \circ (\overrightarrow{AD} \times \overrightarrow{AS})|$$

mit $\overrightarrow{AB} = \vec{B} - \vec{A} = \begin{pmatrix} 12 \\ 12 \\ 0 \end{pmatrix} - \begin{pmatrix} 12 \\ 0 \\ 0 \end{pmatrix} = \begin{pmatrix} 0 \\ 12 \\ 0 \end{pmatrix}$

$$\overrightarrow{AD} = \vec{D} - \vec{A} = \begin{pmatrix} 0 \\ 0 \\ 0 \end{pmatrix} - \begin{pmatrix} 12 \\ 0 \\ 0 \end{pmatrix} = \begin{pmatrix} -12 \\ 0 \\ 0 \end{pmatrix}$$

$$\overrightarrow{AS} = \vec{S} - \vec{A} = \begin{pmatrix} 6 \\ 6 \\ 8 \end{pmatrix} - \begin{pmatrix} 12 \\ 0 \\ 0 \end{pmatrix} = \begin{pmatrix} -6 \\ 6 \\ 8 \end{pmatrix}$$

ergibt sich:

$$V = \frac{1}{3} \cdot |\overrightarrow{AB} \circ (\overrightarrow{AD} \times \overrightarrow{AS})| = \frac{1}{3} \cdot \left| \begin{pmatrix} 0 \\ 12 \\ 0 \end{pmatrix} \circ \left(\begin{pmatrix} -12 \\ 0 \\ 0 \end{pmatrix} \times \begin{pmatrix} -6 \\ 6 \\ 8 \end{pmatrix} \right) \right| = \frac{1}{3} \cdot \left| \begin{pmatrix} 0 \\ 12 \\ 0 \end{pmatrix} \circ \begin{pmatrix} 0-0 \\ 0+96 \\ -72-0 \end{pmatrix} \right|$$

$$= \frac{1}{3} \cdot 1152 = 384$$

Aufgrund des angegebenen Maßstabs beträgt das Pyramidenvolumen 384 m^3.

b) Die südliche Außenwand ist durch das Dreieck BCS festgelegt. Als Richtungsvektoren der Ebene E können somit z. B. die Vektoren $\overrightarrow{BC}$ und $\overrightarrow{BS}$ verwendet werden.

$$\overrightarrow{BC} = \vec{C} - \vec{B} = \begin{pmatrix} 0 \\ 12 \\ 0 \end{pmatrix} - \begin{pmatrix} 12 \\ 12 \\ 0 \end{pmatrix} = \begin{pmatrix} -12 \\ 0 \\ 0 \end{pmatrix}$$

$$\overrightarrow{BS} = \vec{S} - \vec{B} = \begin{pmatrix} 6 \\ 6 \\ 8 \end{pmatrix} - \begin{pmatrix} 12 \\ 12 \\ 0 \end{pmatrix} = \begin{pmatrix} -6 \\ -6 \\ 8 \end{pmatrix}$$

Daraus ergibt sich der Normalenvektor der Ebene E:

$$\vec{n}_E = \begin{pmatrix} -12 \\ 0 \\ 0 \end{pmatrix} \times \begin{pmatrix} -6 \\ -6 \\ 8 \end{pmatrix} = \begin{pmatrix} 0-0 \\ 0+96 \\ 72-0 \end{pmatrix} = 24 \cdot \begin{pmatrix} 0 \\ 4 \\ 3 \end{pmatrix}$$

Zusammen mit dem Aufpunkt B erhält man eine Gleichung der Ebene E:

$$E: \begin{pmatrix} 0 \\ 4 \\ 3 \end{pmatrix} \circ \left[\vec{X} - \begin{pmatrix} 12 \\ 12 \\ 0 \end{pmatrix} \right] = 0$$

$$4x_2 + 3x_3 - 48 = 0$$

c) Der Mittelpunkt der Grundfläche ist der Schnittpunkt der Diagonalen. Diese halbieren sich gegenseitig.

$$\vec{M} = \vec{M}_{BD} = \frac{1}{2} \cdot (\vec{B} + \vec{D}) = \frac{1}{2} \cdot \left(\begin{pmatrix} 12 \\ 12 \\ 0 \end{pmatrix} + \begin{pmatrix} 0 \\ 0 \\ 0 \end{pmatrix} \right) = \begin{pmatrix} 6 \\ 6 \\ 0 \end{pmatrix}$$

oder:

$$\vec{M} = \vec{M}_{AC} = \frac{1}{2} \cdot (\vec{A} + \vec{C}) = \frac{1}{2} \cdot \left(\begin{pmatrix} 12 \\ 0 \\ 0 \end{pmatrix} + \begin{pmatrix} 0 \\ 12 \\ 0 \end{pmatrix} \right) = \begin{pmatrix} 6 \\ 6 \\ 0 \end{pmatrix}$$

oder:

Da es sich um eine gerade Pyramide handelt, deren Grundfläche in der x_1-x_2-Ebene liegt, ist M die senkrechte Projektion von S in die x_1-x_2-Ebene. Daher hat M dieselbe x_1- und dieselbe x_2-Koordinate wie S und als x_3-Koordinate Null: M(6 | 6 | 0)

Die Strebe ist dann möglichst kurz, wenn sie auf der südlichen Außenwand (der Ebene E) senkrecht steht. M muss also auf dem Lot ℓ zu E liegen. Der Richtungsvektor des Lots entspricht dem Normalenvektor der Ebene E.

$$\ell\colon \vec{X} = \begin{pmatrix} 6 \\ 6 \\ 0 \end{pmatrix} + \kappa \cdot \begin{pmatrix} 0 \\ 4 \\ 3 \end{pmatrix} \text{ mit } \kappa \in \mathbb{R}$$

$$\begin{aligned} \ell \cap E\colon \quad 4 \cdot (6 + 4\kappa) + 3 \cdot (0 + 3\kappa) - 48 &= 0 \\ 24 + 16\kappa + 9\kappa - 48 &= 0 \\ 25\kappa - 24 &= 0 \\ \kappa &= 0{,}96 \end{aligned}$$

$$\vec{F} = \begin{pmatrix} 6 \\ 6 \\ 0 \end{pmatrix} + 0{,}96 \cdot \begin{pmatrix} 0 \\ 4 \\ 3 \end{pmatrix} = \begin{pmatrix} 6 \\ 9{,}84 \\ 2{,}88 \end{pmatrix}$$

Die Strebe trifft also im Punkt F(6 | 9,84 | 2,88) und somit in einer Höhe von 2,88 m auf die südliche Außenwand.

oder:

Die Aufgabe kann auch elementargeometrisch gelöst werden.

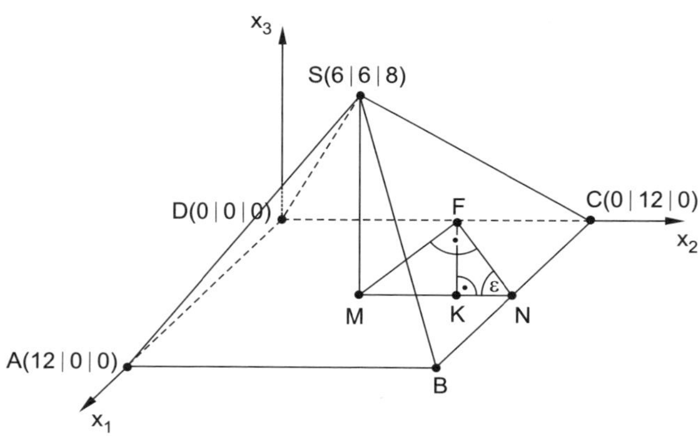

Das Dreieck MNF besitzt einen rechten Winkel bei F, das Dreieck NFK einen rechten Winkel bei K. Da außerdem der Winkel ε beiden Dreiecken angehört, sind die beiden Dreiecke ähnlich, entsprechende Seiten stehen also im selben Verhältnis:

$$\frac{\overline{FK}}{\overline{NF}} = \frac{\overline{FM}}{\overline{MN}} \qquad \text{jeweils } \frac{\text{Kathete gegenüber } \varepsilon}{\text{Hypotenuse}}$$

Dabei gilt:

- $\overline{FK}$ ist die gesuchte Höhe
- $\overline{MN} = \frac{1}{2}\overline{AB} = 6$
- $\overline{FM}$ ist der Abstand von M zur Ebene E, also:
  $$\overline{FM} = d(M; E) = \frac{|4 \cdot 6 + 3 \cdot 0 - 48|}{\sqrt{4^2 + 3^2}} = \frac{24}{5} = 4{,}8$$
- $\overline{NF}$ lässt sich als Kathete im Dreieck MNF mit Pythagoras berechnen:
  $$\overline{NF}^2 + \overline{FM}^2 = \overline{MN}^2$$
  $$\overline{NF}^2 = 6^2 - 4{,}8^2$$
  $$\overline{NF} = 3{,}6$$

Eingesetzt ergibt sich:

$$\frac{\overline{FK}}{\overline{NF}} = \frac{\overline{FM}}{\overline{MN}}$$

$$\frac{\overline{FK}}{3{,}6} = \frac{4{,}8}{6}$$

$$\overline{FK} = 2{,}88$$

d)

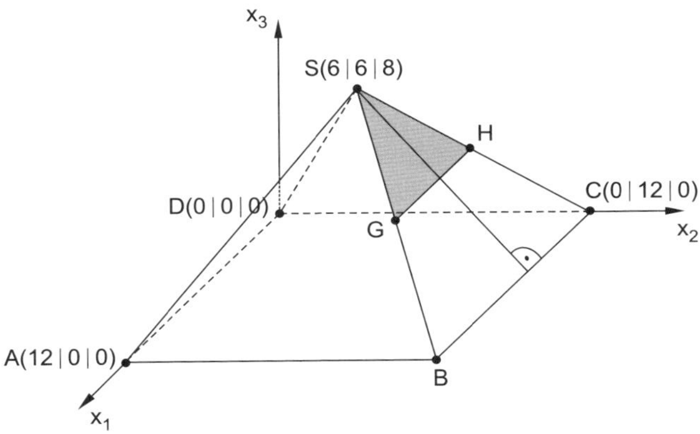

Die Fläche des Dreiecks GHS lässt sich elementargeometrisch oder vektoriell bestimmen.

elementargeometrisch:
Die Figur der südlichen Außenwand entspricht der rechten Zeichnung zum Stichwort „Strahlensatz“ auf Ihrer Merkhilfe. Für entsprechende Seiten gilt:

$$\frac{\overline{SG}}{\overline{SB}} = \frac{\frac{1}{2}\overline{SB}}{\overline{SB}} = \frac{1}{2}$$

und

$$\frac{\overline{SH}}{\overline{SC}} = \frac{1}{2} \text{ bzw. } \frac{\overline{GH}}{\overline{BC}} = \frac{1}{2}$$

und:

$$\frac{h_{\Delta GHS}}{h_{\Delta BCS}} = \frac{1}{2}$$

Die Höhe des gleichschenkligen Dreiecks BCS lässt sich mit Pythagoras berechnen:

$$(h_{\Delta BCS})^2 + \left(\frac{1}{2}|\overrightarrow{BC}|\right)^2 = |\overrightarrow{SC}|^2$$

$$(h_{\Delta BCS})^2 = \left|\begin{pmatrix}-6\\6\\-8\end{pmatrix}\right|^2 - 6^2$$

$$(h_{\Delta BCS})^2 = \sqrt{136}^2 - 6^2 = 136 - 36 = 100$$

$$h_{\Delta BCS} = 10$$

Unter Berücksichtigung des angegebenen Maßstabs erhält man:

$$A_{GHS} = \frac{1}{2} \cdot \overline{GH} \cdot h_{\Delta GHS} = \frac{1}{2} \cdot \left(\frac{1}{2}\overline{BC}\right) \cdot \left(\frac{1}{2}h_{\Delta BCS}\right) = \frac{1}{2} \cdot 6\text{ m} \cdot 5\text{ m} = 15\text{ m}^2$$

vektoriell:
Die beiden Mittelpunkte berechnen sich zu:

$$\vec{G} = \overrightarrow{M_{SB}} = \frac{1}{2} \cdot (\vec{S} + \vec{B}) = \frac{1}{2} \cdot \left(\begin{pmatrix}6\\6\\8\end{pmatrix} + \begin{pmatrix}12\\12\\0\end{pmatrix}\right) = \begin{pmatrix}9\\9\\4\end{pmatrix}$$

$$\vec{H} = \overrightarrow{M_{SC}} = \frac{1}{2} \cdot (\vec{S} + \vec{C}) = \frac{1}{2} \cdot \left(\begin{pmatrix}6\\6\\8\end{pmatrix} + \begin{pmatrix}0\\12\\0\end{pmatrix}\right) = \begin{pmatrix}3\\9\\4\end{pmatrix}$$

Für die von den Solarmodulen bedeckte Fläche gilt somit:

$$A_{GHS} = \frac{1}{2} \cdot |\overrightarrow{GH} \times \overrightarrow{GS}| = \frac{1}{2} \cdot \left| \begin{pmatrix} 3-9 \\ 9-9 \\ 4-4 \end{pmatrix} \times \begin{pmatrix} 6-9 \\ 6-9 \\ 8-4 \end{pmatrix} \right| = \frac{1}{2} \cdot \left| \begin{pmatrix} -6 \\ 0 \\ 0 \end{pmatrix} \times \begin{pmatrix} -3 \\ -3 \\ 4 \end{pmatrix} \right| = \frac{1}{2} \cdot \left| \begin{pmatrix} 0-0 \\ 0+24 \\ 18-0 \end{pmatrix} \right|$$

$$= \frac{1}{2} \cdot \sqrt{0^2 + 24^2 + 18^2} = 15$$

Die Solarmodule bedecken eine Fläche von 15 m^2.

e) Der Neigungswinkel der Solarmodule gegen die Horizontale ist der Winkel zwischen der Ebene E und der x_1-x_2-Ebene. Er entspricht dem Winkel zwischen den Normalenvektoren der beiden Ebenen. Die Gleichung der x_1-x_2-Ebene lautet $x_3 = 0$.
Ein Normalenvektor der x_1-x_2-Ebene ist somit $\begin{pmatrix} 0 \\ 0 \\ 1 \end{pmatrix}$.

Eingesetzt in die Formel auf der Merkhilfe (mit Absolutstrichen, da der spitze Winkel gesucht ist) ergibt sich:

$$\cos\varphi = \frac{\left| \begin{pmatrix} 0 \\ 4 \\ 3 \end{pmatrix} \circ \begin{pmatrix} 0 \\ 0 \\ 1 \end{pmatrix} \right|}{\sqrt{0^2 + 4^2 + 3^2} \cdot \sqrt{0^2 + 0^2 + 1^2}} = \frac{3}{5} = 0{,}6 \quad \Rightarrow \quad \varphi = 53{,}13°$$

In der Tabelle aufgeführt sind die beiden Winkel 50° (mit 98 %) und 60° (mit 94 %). Der Anteil der von den Solarmodulen des Pavillons abgegebenen Leistung liegt also zwischen 94 % und 98 %.

Die Angabe dieses Intervalls reicht als Lösung bereits aus. Möchte man einen genaueren Schätzwert angeben, bietet sich folgende Überlegung an:
53,13° liegt deutlich näher an 50°. Zwischen 98 % und 94 % liegen 4 % Prozentpunkte. Diese verteilen sich auf eine Differenz von 60° − 50° = 10°. Von 98 % (bei 50°) muss also etwa 1° abgezogen werden. Der Schätzwert ist somit etwa 97 %.

2. a) $g \cap h = \{T\}$

$$\begin{pmatrix} 8 \\ 1 \\ 7 \end{pmatrix} + \lambda \cdot \begin{pmatrix} 3 \\ 1 \\ 2 \end{pmatrix} = \begin{pmatrix} -1 \\ 5 \\ -9 \end{pmatrix} + \mu \cdot \begin{pmatrix} 1 \\ -2 \\ 4 \end{pmatrix}$$

$$8 + 3\lambda = -1 + \mu$$
$$1 + \lambda = 5 - 2\mu \quad \Rightarrow \quad \lambda = 4 - 2\mu$$
$$7 + 2\lambda = -9 + 4\mu$$

λ eingesetzt in die erste Gleichung liefert:

$$\begin{aligned} 8+3\cdot(4-2\mu) &= -1+\mu \\ 8+12-6\mu &= -1+\mu \\ 21 &= 7\mu \\ \mu &= 3 \qquad \Rightarrow \quad \lambda = 4-2\cdot 3 = -2 \end{aligned}$$

Probe in der dritten Gleichung:

$$\begin{aligned} 7+2\cdot(-2) &= -9+4\cdot 3 \\ 3 &= 3 \ \checkmark \end{aligned}$$

Man erhält den Schnittpunkt T durch Einsetzen von $\lambda = -2$ in g oder von $\mu = 3$ in h:

$$\vec{T} = \begin{pmatrix} 8 \\ 1 \\ 7 \end{pmatrix} - 2 \cdot \begin{pmatrix} 3 \\ 1 \\ 2 \end{pmatrix} = \begin{pmatrix} -1 \\ 5 \\ -9 \end{pmatrix} + 3 \cdot \begin{pmatrix} 1 \\ -2 \\ 4 \end{pmatrix} = \begin{pmatrix} 2 \\ -1 \\ 3 \end{pmatrix} \quad \Rightarrow \quad T(2\,|\,-1\,|\,3)$$

b)

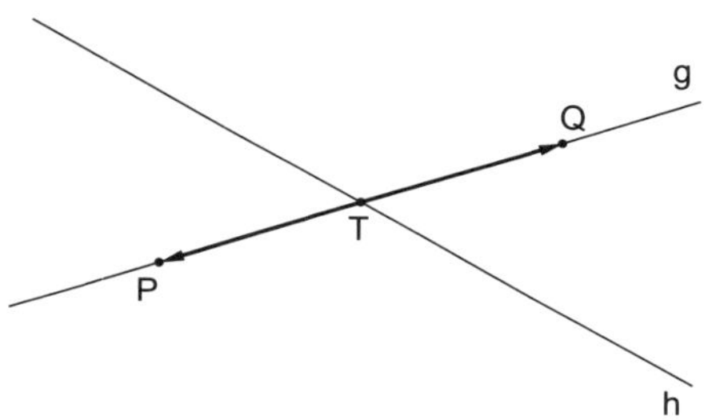

Statt des Aufpunkts $(8\,|\,1\,|\,7)$ lässt sich für g auch der Aufpunkt T wählen:

$$g\colon \vec{X} = \begin{pmatrix} 2 \\ -1 \\ 3 \end{pmatrix} + \nu \cdot \begin{pmatrix} 3 \\ 1 \\ 2 \end{pmatrix} \quad \text{mit } \nu \in \mathbb{R}$$

Wählt man für ν zwei Werte, die dem Betrag nach gleich sind, also z. B. +1 und –1 (oder +2 und –2 usw.), so ergeben sich zwei Punkte, die von T die gleiche Entfernung haben (nämlich einmal bzw. zweimal die Länge des Richtungsvektors).

$$\vec{P} = \begin{pmatrix} 2 \\ -1 \\ 3 \end{pmatrix} + 1 \cdot \begin{pmatrix} 3 \\ 1 \\ 2 \end{pmatrix} = \begin{pmatrix} 5 \\ 0 \\ 5 \end{pmatrix}$$

$$\vec{Q} = \begin{pmatrix} 2 \\ -1 \\ 3 \end{pmatrix} - 1 \cdot \begin{pmatrix} 3 \\ 1 \\ 2 \end{pmatrix} = \begin{pmatrix} -1 \\ -2 \\ 1 \end{pmatrix}$$

oder:

$$\vec{P} = \begin{pmatrix} 2 \\ -1 \\ 3 \end{pmatrix} + 2 \cdot \begin{pmatrix} 3 \\ 1 \\ 2 \end{pmatrix} = \begin{pmatrix} 8 \\ 1 \\ 7 \end{pmatrix}$$

$$\vec{Q} = \begin{pmatrix} 2 \\ -1 \\ 3 \end{pmatrix} - 2 \cdot \begin{pmatrix} 3 \\ 1 \\ 2 \end{pmatrix} = \begin{pmatrix} -4 \\ -3 \\ -1 \end{pmatrix}$$

c) 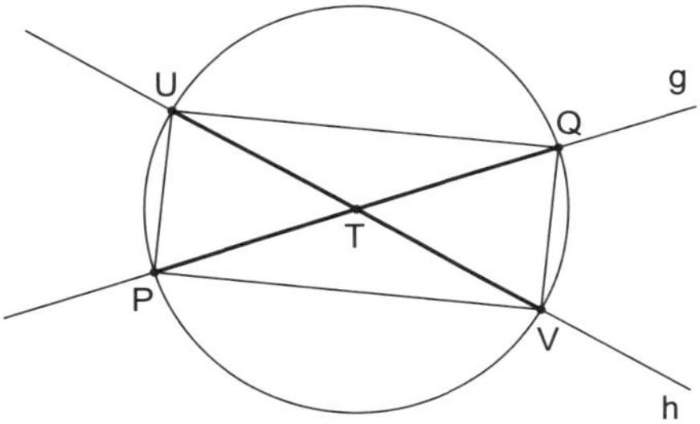

In einem Rechteck sind die Diagonalen gleich lang und halbieren sich gegenseitig.

oder:

Jedes Rechteck besitzt einen Umkreis. Es muss also gelten:

$$|\overrightarrow{TP}| = |\overrightarrow{TQ}| = |\overrightarrow{TU}| = |\overrightarrow{TV}| = r$$

Man berechnet diese Länge r, die zugleich der Radius des Umkreises ist.
Bei der Geraden h tauscht man nicht nur den Aufpunkt $(-1\,|\,5\,|\,-9)$ durch T aus, sondern verwendet statt des gegebenen Richtungsvektors den entsprechenden Einheitsvektor:

$$h\colon\ \vec{X} = \begin{pmatrix} 2 \\ -1 \\ 3 \end{pmatrix} + \rho \cdot \frac{1}{\sqrt{1^2 + (-2)^2 + 4^2}} \begin{pmatrix} 1 \\ -2 \\ 4 \end{pmatrix} \quad \text{mit } \rho \in \mathbb{R}$$

$$\vec{X} = \begin{pmatrix} 2 \\ -1 \\ 3 \end{pmatrix} + \rho \cdot \frac{1}{\sqrt{21}} \begin{pmatrix} 1 \\ -2 \\ 4 \end{pmatrix} \quad \text{mit } \rho \in \mathbb{R}$$

Setzt man nun für ρ die Werte +r und −r ein, so erhält man die Koordinaten von U und V.

Abitur Mathematik (Bayern): Abiturprüfung 2014
Prüfungsteil A – Analysis

Aufgabengruppe 1

BE

1. Gegeben ist die Funktion f: $x \mapsto \frac{x}{\ln x}$ mit Definitionsmenge $\mathbb{R}^+ \setminus \{1\}$.
   Bestimmen Sie Lage und Art des Extrempunkts des Graphen von f. 5

2. Gegeben ist die in $\mathbb{R}$ definierte Funktion f mit $f(x) = e^x \cdot (2x + x^2)$.
   a) Bestimmen Sie die Nullstellen der Funktion f. 2
   b) Zeigen Sie, dass die in $\mathbb{R}$ definierte Funktion F mit $F(x) = x^2 \cdot e^x$ eine Stammfunktion von f ist. Geben Sie eine Gleichung einer weiteren Stammfunktion G von f an, für die $G(1) = 2e$ gilt. 3

3. Gegeben sind die in $\mathbb{R}$ definierten Funktionen $g_{a,\,c}$: $x \mapsto \sin(ax) + c$ mit $a, c \in \mathbb{R}_0^+$.
   a) Geben Sie für jede der beiden folgenden Eigenschaften einen möglichen Wert für a und einen möglichen Wert für c so an, dass die zugehörige Funktion $g_{a,\,c}$ diese Eigenschaft besitzt.
   α) Die Funktion $g_{a,\,c}$ hat die Wertemenge [0; 2].
   β) Die Funktion $g_{a,\,c}$ hat im Intervall [0; π] genau drei Nullstellen. 3
   b) Ermitteln Sie in Abhängigkeit von a, welche Werte die Ableitung von $g_{a,c}$ annehmen kann. 2

4. Die Abbildung zeigt den Graphen einer Funktion f.
   a) Beschreiben Sie für $a \le x \le b$ den Verlauf des Graphen einer Stammfunktion von f. 2
   b) Skizzieren Sie in der Abbildung den Graphen einer Stammfunktion von f im gesamten dargestellten Bereich. 3

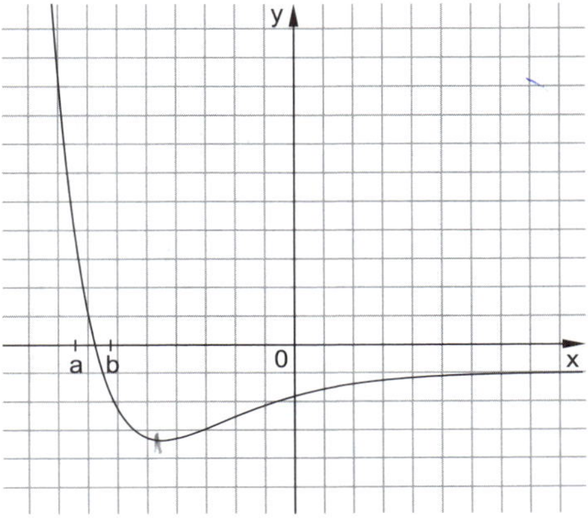

20

Aufgabengruppe 2

BE

1. Geben Sie jeweils den Term einer in $\mathbb{R}$ definierten periodischen Funktion an, die die angegebene Eigenschaft hat.

   a) Der Graph der Funktion g geht aus dem Graphen der in $\mathbb{R}$ definierten Funktion $x \mapsto \sin x$ durch Spiegelung an der y-Achse hervor. 1

   b) Die Funktion h hat den Wertebereich [1; 3]. 1

   c) Die Funktion k besitzt die Periode π. 1

2. Gegeben ist die in $\mathbb{R}$ definierte Funktion f mit $f(x) = e^x \cdot (2x + x^2)$.

   a) Bestimmen Sie die Nullstellen der Funktion f. 2

   b) Zeigen Sie, dass die in $\mathbb{R}$ definierte Funktion F mit $F(x) = x^2 \cdot e^x$ eine Stammfunktion von f ist. Geben Sie eine Gleichung einer weiteren Stammfunktion G von f an, für die $G(1) = 2e$ gilt. 3

3. Der Graph einer in $\mathbb{R}$ definierten Funktion $g\colon x \mapsto g(x)$ besitzt für $-5 \le x \le 5$ zwei Wendepunkte. Entscheiden Sie, welcher der Graphen I, II und III zur zweiten Ableitungsfunktion g'' von g gehört. Begründen Sie Ihre Entscheidung.

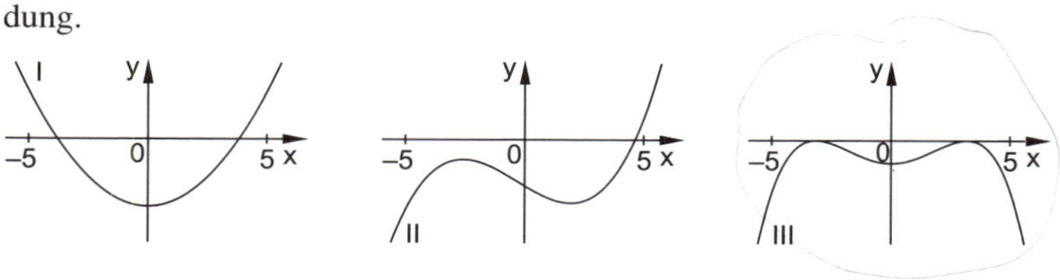

2

4. In einem Koordinatensystem (vgl. Abbildung 1) werden alle Rechtecke betrachtet, die folgende Bedingungen erfüllen:
   - Zwei Seiten liegen auf den Koordinatenachsen.
   - Ein Eckpunkt liegt auf dem Graphen G_f der Funktion $f\colon x \mapsto -\ln x$ mit $0 < x < 1$.

   Abbildung 1 zeigt ein solches Rechteck.

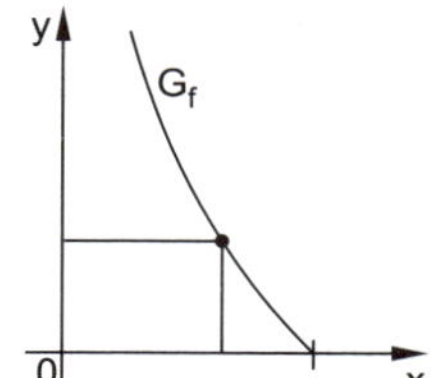

Abb. 1

   Unter den betrachteten Rechtecken gibt es eines mit größtem Flächeninhalt. Berechnen Sie die Seitenlängen dieses Rechtecks. 5

5. Abbildung 2 zeigt den Graphen einer Funktion f.

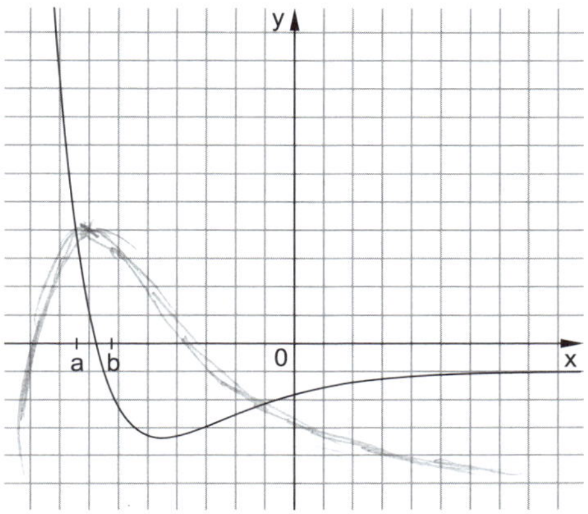

Abb. 2

   a) Beschreiben Sie für $a \leq x \leq b$ den Verlauf des Graphen einer Stammfunktion von f. 2

   b) Skizzieren Sie in Abbildung 2 den Graphen einer Stammfunktion von f im gesamten dargestellten Bereich. $\frac{3}{20}$

Für CAS-Nutzer: Alternative Aufgabe 4

4. Gegeben ist die Funktion f: $x \mapsto \frac{5x}{2x+1}$ mit Definitionsbereich $\mathbb{R} \setminus \left\{-\frac{1}{2}\right\}$.

   a) Geben Sie die Gleichungen der Asymptoten des Graphen von f an. 2

   b) Zeigen Sie, dass die Werte der Ableitungsfunktion f' von f im gesamten Definitionsbereich von f positiv sind. 3

Tipps und Hinweise

Aufgabengruppe 1

Aufgabe 1

- Bedingung für einen Extrempunkt an der Stelle x_0 ist $f'(x_0)=0$.
- Beachten Sie beim Ableiten die Quotientenregel:
  $f(x)=\frac{u(x)}{v(x)} \Rightarrow f'(x)=\frac{u'(x)\cdot v(x)-u(x)\cdot v'(x)}{[v(x)]^2}$
- Es gilt: $(\ln x)'=\frac{1}{x}$
- Ein Bruch hat den Wert null, wenn der Zähler null wird.
- Da nach dem Extrempunkt gefragt ist, müssen Sie auch den zugehörigen y-Wert bestimmen.
- Die Art eines Extrempunkts können Sie entweder mithilfe des Monotonieverhaltens oder mithilfe der 2. Ableitung bestimmen.
- Wechselt das Vorzeichen von $f'(x)$ vom Positiven (f steigt) zum Negativen (f fällt), so liegt ein Hochpunkt vor.
- Wechselt das Vorzeichen von $f'(x)$ vom Negativen (f fällt) zum Positiven (f steigt), so liegt ein Tiefpunkt vor.
- Aus $f'(x_0)=0$ und $f''(x_0)<0$ folgt: an der Stelle x_0 befindet sich ein Hochpunkt.
- Aus $f'(x_0)=0$ und $f''(x_0)>0$ folgt: an der Stelle x_0 befindet sich ein Tiefpunkt.

Aufgabe 2 a

- Ein Produkt ist null, wenn einer der Faktoren null ist.
- Jede Potenz von e ist stets positiv.
- Klammern Sie so weit wie möglich aus.
- Auch mithilfe der Lösungsformel für quadratische Gleichungen lässt sich arbeiten.

Aufgabe 2 b

- Gemäß HDI gilt: Die Ableitung der Stammfunktion muss mit der ursprünglichen Funktion übereinstimmen, also $F'(x)=f(x)$.
- Beim Ableiten die Produktregel beachten.
- Es gilt: $(e^x)'=e^x$
- Ausklammern führt zum gewünschten Ergebnis.
- Alle Stammfunktionen von $f(x)$ unterscheiden sich nur durch eine additive Konstante.
- Die Bedingung $G(1)=2e$ liefert die Gleichung zur Bestimmung der Konstanten.

Aufgabe 3

- Der Graph der Funktion h(ax) ist im Vergleich zum Graphen von h(x) in x-Richtung gedehnt bzw. gestaucht.
- Eine Veränderung von a bewirkt bei der Funktion $f(x) = \sin(ax)$ eine Veränderung der Periode.
- Der Graph der Funktion $h(x) + c$ entsteht aus dem Graphen von h(x) durch Verschiebung um c in y-Richtung.
- Eine Veränderung von c bewirkt bei der Funktion $f(x) = \sin x + c$ eine Veränderung des Wertebereichs.

Aufgabe 3 a

- Welche Wertemenge besitzt die Funktion $f(x) = \sin x + 0$?
- Wie muss der Graph von $f(x) = \sin x + 0$ verschoben werden, damit sich die Wertemenge von $[-1; 1]$ nach $[0; 2]$ verschiebt?
- Der Wert von a ist von dieser Verschiebung nicht betroffen.
- Welche Periode besitzt die Funktion $f(x) = \sin(1 \cdot x)$?
- Wie viele Nullstellen hat $f(x) = \sin(1 \cdot x)$ im Intervall $[0; 2\pi]$?
- Welche Periode muss $g_{a,\,c}(x)$ haben, damit sich im Intervall $[0; \pi]$ drei Nullstellen befinden?
- Die Periode von $g_{a,\,c}(x)$ ist also nur halb so lang wie die Periode von $f(x) = \sin(1 \cdot x)$.
- Der Faktor a muss also doppelt so groß sein.
- Vorsicht: Verschiebung nach oben oder unten ändert die Anzahl der Nullstellen.

Aufgabe 3 b

- Bilden Sie die Ableitung von $g_{a,\,c}(x)$.
- Beachten Sie $(\sin x)' = \cos x$.
- Kettenregel (nachdifferenzieren) nicht vergessen.
- Die Funktion $k(x) = \cos(ax)$ besitzt den Wertebereich $[-1; 1]$.

Aufgabe 4 a

- Für jede Stammfunktion F(x) gilt: $F'(x) = f(x)$
- Aus dem Vorzeichen von f(x) lässt sich das Monotonieverhalten von F(x) ablesen.
- Ist f(x) positiv, so steigt der Graph von F(x).
- Ist f(x) negativ, so fällt der Graph von F(x).
- Gilt $f(x) = 0$, so besitzt der Graph von F(x) eine waagrechte Tangente.

- Lesen Sie aus dem Graphen von f(x) ab, wo im Intervall [a; b] der Graph von F(x) steigt bzw. fällt bzw. eine waagrechte Tangente besitzt.
- Geben Sie auch die Art des Extremwerts an.

Aufgabe 4 b

- Für jede Stammfunktion F(x) gilt: $F''(x) = f'(x)$
- Somit gilt: $F''(x) = 0 \quad \Rightarrow \quad f'(x) = 0$
- Wo der Graph von f(x) eine waagrechte Tangente besitzt, wechselt somit der Graph von F(x) die Krümmung.

Aufgabengruppe 2

Aufgabe 1 a

- Durch die Spiegelung des Graphen von p(x) an der y-Achse entsteht der Graph der Funktion p(–x).

Aufgabe 1 b

- Der Graph der Funktion $p(x) + c$ entsteht aus dem Graphen von p(x) durch Verschiebung um c in y-Richtung.
- Eine Veränderung von c kann somit eine Veränderung des Wertebereichs bewirken.
- Welche Wertemenge besitzt die periodische Funktion $f(x) = \sin x$?
- Wie muss der Graph von $f(x) = \sin x$ verschoben werden, damit sich die Wertemenge von [–1; 1] nach [1; 3] verschiebt?

Aufgabe 1 c

- Der Graph der Funktion p(ax) ist im Vergleich zum Graphen von p(x) in x-Richtung gedehnt bzw. gestaucht.
- Eine Veränderung von a kann somit eine Veränderung der Periode bewirken.
- Welche Periode besitzt die Funktion $f(x) = \sin x$?
- Die Periode von k(x) soll nur halb so groß sein wie die Periode von $f(x) = \sin x$.
- Damit die Periode sich halbiert, muss a verdoppelt werden.

Aufgabe 2

- siehe Analysis – Aufgabengruppe 1, Aufgabe 2

Aufgabe 3

- Welche Bedingungen müssen für einen Wendepunkt erfüllt sein?

- Nur $f''(x) = 0$ ist noch nicht ausreichend.
- Für $x = x_0$ liegt ein Wendepunkt vor, wenn $f''(x_0) = 0$ und f'' an der Stelle x_0 das Vorzeichen wechselt.
- Welche Abbildungen besitzen in [–5; 5] zwei Nullstellen?
- Welche Abbildung besitzt in [–5; 5] zwei Nullstellen mit Vorzeichenwechsel?

Aufgabe 4

- Welche Länge besitzt die Seite auf der y-Achse, wenn man die Länge der Seite auf der x-Achse mit x bezeichnet?
- Die Fläche eines Rechtecks berechnet sich zu Länge · Breite.
- Die Fläche ist eine Funktion der Länge x.
- Eine Größe wird maximal (minimal), wenn ihre Ableitung null wird.
- Achten Sie beim Ableiten auf die Produktregel:
  $f(x) = u(x) \cdot v(x) \quad \Rightarrow \quad f'(x) = u'(x) \cdot v(x) + u(x) \cdot v'(x)$
- Es gilt: $(\ln x)' = \frac{1}{x}$
- Durch $A'(x) = 0$ erhalten Sie die Länge der einen Seite.
- Welche Länge hat in diesem Fall die zweite Seite?
- Um nachzuweisen, dass es sich um die größtmögliche Fläche handelt, können Sie entweder die 2. Ableitung benutzen oder die Monotonie von A(x) betrachten.
- Aus $A'(x_0) = 0$ und $A''(x_0) < 0$ folgt: Für x_0 ergibt sich ein maximaler Flächeninhalt.
- Aus $A'(x_0) = 0$ und $A''(x_0) > 0$ folgt: Für x_0 ergibt sich ein minimaler Flächeninhalt.
- Wechselt das Vorzeichen von A'(x) vom Positiven (A steigt) zum Negativen (A fällt), so liegt ein maximaler Flächeninhalt vor.
- Wechselt das Vorzeichen von A'(x) vom Negativen (A fällt) zum Positiven (A steigt), so liegt ein minimaler Flächeninhalt vor.

Aufgabe 5 a

- siehe Analysis – Aufgabengruppe 1, Aufgabe 4

Für CAS-Nutzer: Alternative Aufgabe 4 a

- Waagrechte Asymptoten hängen von Zählergrad und Nennergrad ab.
- Senkrechte Asymptoten liegen bei Polstellen vor.
- An einer Polstelle ist der Nenner 0, der Zähler (in der gekürzten Form) aber nicht.

Für CAS-Nutzer: Alternative Aufgabe 4 b

- Betrachten Sie bei der Ableitungsfunktion die Vorzeichen von Zähler und Nenner.

Lösungen

Aufgabengruppe 1

1. $f(x) = \frac{x}{\ln x}$ mit $\mathbb{D} = \mathbb{R}^+ \setminus \{1\}$

$$f'(x) = \frac{1 \cdot \ln x - x \cdot \frac{1}{x}}{(\ln x)^2} = \frac{\ln x - 1}{(\ln x)^2}$$

$$f'(x) = 0 \;\Rightarrow\; \ln x - 1 = 0$$
$$\ln x = 1$$
$$x = e$$

$$f(e) = \frac{e}{\ln e} = \frac{e}{1} = e$$

Bestimmung der Art des Extremwerts über Monotonieverhalten

$$f'(x) > 0 \;\Rightarrow\; \ln x - 1 > 0$$
$$\ln x > 1 \;\Rightarrow\; x > e$$
$$f'(x) < 0 \;\Rightarrow\; \ln x - 1 < 0$$
$$\ln x < 1 \;\Rightarrow\; (1 <)\, x < e$$

Der Graph von f(x) fällt für $x < e$ und steigt für $x > e$, der Punkt $(e \mid e)$ ist also ein Tiefpunkt.

Bestimmung der Art des Extremwerts über 2. Ableitung

$$f''(x) = \frac{\frac{1}{x} \cdot (\ln x)^2 - (\ln x - 1) \cdot 2 \cdot \ln x \cdot \frac{1}{x}}{(\ln x)^4} = \frac{\frac{1}{x} \cdot \ln x - (\ln x - 1) \cdot 2 \cdot \frac{1}{x}}{(\ln x)^3}$$

$$= \frac{\frac{1}{x} \cdot (\ln x - (\ln x - 1) \cdot 2)}{(\ln x)^3} = \frac{\frac{1}{x} \cdot (\ln x - 2\ln x + 2)}{(\ln x)^3} = \frac{(2 - \ln x)}{x \cdot (\ln x)^3}$$

$$f''(e) = \frac{2 - \ln e}{e \cdot (\ln e)^3} = \frac{2 - 1}{e \cdot 1} = \frac{1}{e} > 0$$

Der Punkt $(e \mid e)$ ist also ein Tiefpunkt.

2. $f(x) = e^x \cdot (2x + x^2)$ mit $\mathbb{D} = \mathbb{R}$

a) $f(x) = 0 \;\Rightarrow\; 2x + x^2 = 0$, da $e^x > 0$ für alle x gilt

$$x(2 + x) = 0$$
$$\Rightarrow\; x_1 = 0 \quad \text{oder} \quad x_2 = -2$$

oder:

$x^2 + 2x = 0$

$$x_{1/2} = \frac{-2 \pm \sqrt{2^2 - 4 \cdot 1 \cdot 0}}{2 \cdot 1} = \frac{-2 \pm 2}{2}$$

$\Rightarrow \; x_1 = 0 \quad \text{oder} \quad x_2 = -2$

b) $F(x) = x^2 \cdot e^x$ mit $\mathbb{D} = \mathbb{R}$

$F'(x) = 2x \cdot e^x + x^2 \cdot e^x = e^x \cdot (2x + x^2) = f(x)$

Somit ist F(x) eine Stammfunktion von f(x).

$G(x) = x^2 \cdot e^x + C$

Bestimmung von C:

$$G(1) = 2e \;\Rightarrow\; 1^2 \cdot e^1 + C = 2e$$
$$e + C = 2e$$
$$C = e$$

Also:

$G(x) = x^2 \cdot e^x + e$

3. $g_{a,\,c}(x) = \sin(ax) + c$ mit $\mathbb{D} = \mathbb{R}$ und $a, c \in \mathbb{R}_0^+$

Ausgehend von der Funktion $f(x) = \sin x = \sin(1 \cdot x) + 0$ mit dem Graphen

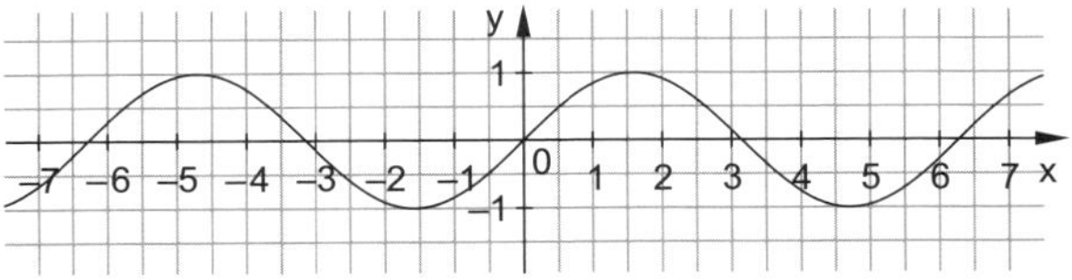

bewirkt die Veränderung von a eine Veränderung der Periodenlänge. Die Veränderung von c verschiebt den Graphen in y-Richtung, bewirkt also eine Veränderung der Wertemenge.

a) α) Die Funktion $f(x) = \sin x$ besitzt die Wertemenge [–1; 1]. Um zur Wertemenge [0; 2] zu gelangen, muss der Funktionsgraph um 1 nach oben (in positive y-Richtung) verschoben werden.

$\Rightarrow \; c = 1$ und $a = \text{beliebig}$

Also: $c = 1, a = 1$ oder $c = 1, a = 2$ oder $c = 1, a = 3$ usw.

β) Die Funktion $f(x) = \sin x$ besitzt die Periode 2π und hat in $[0; 2\pi]$ genau drei Nullstellen. Damit die Funktion $g_{a,\,c}(x)$ in $[0; \pi]$ genau drei Nullstellen besitzt, muss die Funktion $g_{a,\,c}$ die Periode π haben, im Vergleich mit f(x) also eine nur halb so lange Periode.

$\Rightarrow \; a = 2$ und $c = 0$ (eine Verschiebung nach oben oder unten reduziert die Anzahl der Nullstellen auf 2 für $|c| < 1$ bzw. auf 1 für $|c| = 1$ bzw. auf 0 für $|c| > 1$)

b) $g'_{a,c}(x) = \cos(ax) \cdot a = a \cdot \cos(ax)$
Da $-1 \leq \cos(ax) \leq +1$ gilt, gilt für die Ableitung von $g_{a,\,c}(x)$: $-a \leq g'_{a,c}(x) \leq a$

4. a) Die Nullstelle von f(x) werde mit c bezeichnet.

Da der Graph in [a; c[oberhalb der x-Achse verläuft, ist $f(x) > 0$ in [a; c[. Der Graph der Stammfunktion F(x) steigt also in diesem Intervall.

Da der Graph in]c; b] unterhalb der x-Achse verläuft, ist $f(x) < 0$ in]c; b]. Der Graph der Stammfunktion F(x) fällt also in diesem Intervall.

Somit besitzt F(x) für $x = c$ einen Hochpunkt.

b) f(x) besitzt für $x \approx -2{,}25$ (2 Kästchen = 1) einen Extremwert. F(x) besitzt somit für dasselbe x einen Wendepunkt.

Bewertet wird nur der Verlauf des Graphen (Monotonie, Extremwert, Krümmung). Die y-Werte von z. B. Hochpunkt (HP) und Wendepunkt (WP) oder auch der Schnittpunkt mit der y-Achse sind variabel!

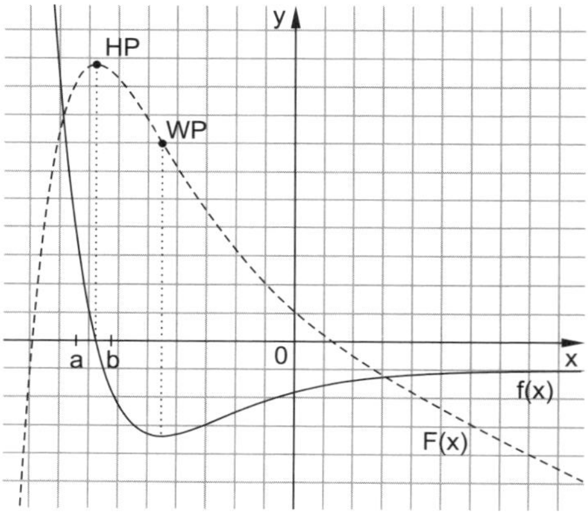

Aufgabengruppe 2

1. a) Damit der Graph der Funktion an der y-Achse gespiegelt wird, muss anstelle von x stets –x gesetzt werden, somit:

$g(x) = \sin(-x)$

b) Da $f(x) = \sin x$ die Wertemenge $\mathbb{W} = [-1;\ 1]$ besitzt, muss der Graph von f(x) um 2 in y-Richtung nach oben verschoben werden, somit:

$h(x) = \sin x + 2$

c) Da $f(x) = \sin x$ die Periode 2π besitzt, muss das Argument x mit 2 multipliziert werden, um die Periode zu halbieren, somit:

$k(x) = \sin(2x)$

Anmerkung: Da bei Teilaufgabe b bzw. c nicht von der Funktion $f(x) = \sin x$ ausgegangen werden muss, kann auch mit der cos-Funktion gearbeitet werden. Auch die cos-Funktion hat die Wertemenge $\mathbb{W} = [-1;\ 1]$ und die Periode 2π. Somit:
$h(x) = \cos x + 2$ bzw. $k(x) = \cos(2x)$

2. siehe Analysis – Aufgabengruppe 1, Aufgabe 2

3. Hat eine Funktion an der Stelle x_0 einen Wendepunkt, so muss die 2. Ableitung an der Stelle x_0 eine Nullstelle haben und bei x_0 das Vorzeichen wechseln.

   Abbildung II besitzt im Intervall [–5; 5] nur eine Nullstelle, kommt also nicht infrage.

   Abbildung III besitzt im Intervall [–5; 5] zwar zwei Nullstellen, jedoch beide ohne Vorzeichenwechsel.

   Abbildung I besitzt im Intervall [–5; 5] zwei Nullstellen mit Vorzeichenwechsel und ist somit der gesuchte Graph von $g''(x)$.

4. Die beiden Rechteckseiten haben die Längen x und f(x). Für die Fläche gilt somit:

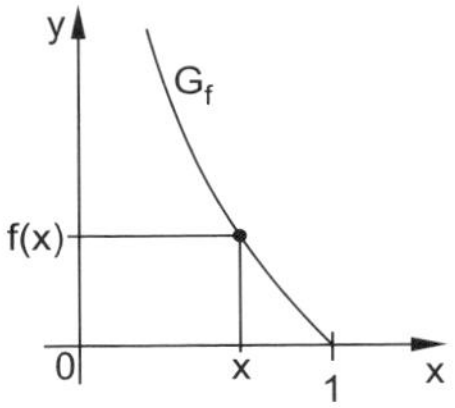

$$A(x) = x \cdot (-\ln x)$$

$$A'(x) = 1 \cdot (-\ln x) + x \cdot \left(-\frac{1}{x}\right) = -\ln x - 1$$

$$A'(x) = 0 \quad \Rightarrow \quad -\ln x - 1 = 0$$
$$\ln x = -1$$
$$x = e^{-1} = \frac{1}{e}$$

$$f\left(\frac{1}{e}\right) = -\ln e^{-1} = -(-1) = 1$$

Wegen $A''(x) = -\frac{1}{x} < 0$ für $0 < x < 1$ ist im Intervall]0; 1[nur ein Maximum möglich.

oder:

$-\ln x - 1 > 0$	$-\ln x - 1 < 0$
$\ln x < -1$	$\ln x > -1$
$(0 <)\ x < \frac{1}{e}$	$x > \frac{1}{e} \quad \left(\frac{1}{e} < x < 1\right)$
$\Rightarrow$ A(x) steigt in $\left]0; \frac{1}{e}\right[$	$\Rightarrow$ A(x) fällt in $\left]\frac{1}{e}; 1\right[$

A(x) hat für $x = \frac{1}{e}$ ein Maximum.

Die Seitenlängen des größten Rechtecks betragen $\frac{1}{e}$ und 1.

5. siehe Analysis – Aufgabengruppe 1, Aufgabe 4

Für CAS-Nutzer: Alternative Aufgabe 4

4. a) Da der Zählergrad genauso groß ist wie der Nennergrad, geht f für $|x| \to \infty$ gegen den Quotienten der Koeffizienten der Leitpotenzen. Also ist $y = 2{,}5$ waagrechte Asymptote.

   Der Nenner hat bei $x = -\frac{1}{2}$ eine Nullstelle, bei der nicht auch der Zähler gleichzeitig null ist. Es liegt also eine Polstelle vor, womit $x = -\frac{1}{2}$ eine senkrechte Asymptote ist.

   b) Zunächst muss der Term der Ableitungsfunktion berechnet werden:

   $$f'(x) = \frac{5 \cdot (2x+1) - 5x \cdot 2}{(2x+1)^2} = \frac{5}{(2x+1)^2}$$

   Der Nenner ist ein Quadrat und damit im Definitionsbereich stets positiv, der Zähler ist als positive Konstante ebenfalls positiv. f' ist also im Definitionsbereich von f immer positiv.

Abitur Mathematik (Bayern): Abiturprüfung 2014
Prüfungsteil A – Stochastik

Aufgabengruppe 1

BE

1. In Urne A befinden sich zwei rote und drei weiße Kugeln. Urne B enthält drei rote und zwei weiße Kugeln. Betrachtet wird folgendes Zufallsexperiment: Aus Urne A wird eine Kugel zufällig entnommen und in Urne B gelegt; danach wird aus Urne B eine Kugel zufällig entnommen und in Urne A gelegt.

   a) Geben Sie alle Möglichkeiten für den Inhalt der Urne A nach der Durchführung des Zufallsexperiments an. 2

   b) Betrachtet wird das Ereignis E: „Nach Durchführung des Zufallsexperiments befinden sich wieder drei weiße Kugeln in Urne A.“ Untersuchen Sie, ob das Ereignis E eine größere Wahrscheinlichkeit als sein Gegenereignis hat. 3

2. Betrachtet wird eine Bernoulli-Kette mit der Trefferwahrscheinlichkeit 0,9 und der Länge 20. Beschreiben Sie zu dieser Bernoulli-Kette ein Ereignis, dessen Wahrscheinlichkeit durch den Term $0{,}9^{20} + 20 \cdot 0{,}1 \cdot 0{,}9^{19}$ angegeben wird. 2

3. Die Zufallsgröße X kann die Werte 0, 1, 2 und 3 annehmen. Die Tabelle zeigt die Wahrscheinlichkeitsverteilung von X mit $p_1, p_2 \in [0; 1]$.

k	0	1	2	3
$P(X=k)$	p_1	$\frac{3}{10}$	$\frac{1}{5}$	p_2

Zeigen Sie, dass der Erwartungswert von X nicht größer als 2,2 sein kann. 3

10

Aufgabengruppe 2

BE

1. In Urne A befinden sich zwei rote und drei weiße Kugeln. Urne B enthält drei rote und zwei weiße Kugeln. Betrachtet wird folgendes Zufallsexperiment: Aus Urne A wird eine Kugel zufällig entnommen und in Urne B gelegt; danach wird aus Urne B eine Kugel zufällig entnommen und in Urne A gelegt.

   a) Geben Sie alle Möglichkeiten für den Inhalt der Urne A nach der Durchführung des Zufallsexperiments an. 2

   b) Betrachtet wird das Ereignis E: „Nach Durchführung des Zufallsexperiments befinden sich wieder drei weiße Kugeln in Urne A.“ Untersuchen Sie, ob das Ereignis E eine größere Wahrscheinlichkeit als sein Gegenereignis hat. 3

2. Das Baumdiagramm gehört zu einem Zufallsexperiment mit den Ereignissen C und D.

   a) Berechnen Sie $P(\overline{D})$. 1

   b) Weisen Sie nach, dass die Ereignisse C und D abhängig sind. 2

   c) Von den im Baumdiagramm angegebenen Zahlenwerten soll nur der Wert $\frac{1}{10}$ so geändert werden, dass die Ereignisse C und D unabhängig sind. Bestimmen Sie den geänderten Wert. 2

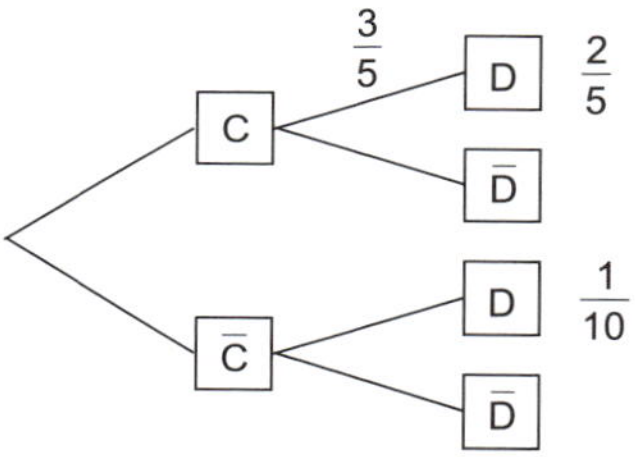

10

Tipps und Hinweise

Aufgabengruppe 1

Aufgabe 1

- Zur Veranschaulichung dient ein Baumdiagramm, in dem jeweils der Inhalt beider Urnen aufgeführt ist.

Aufgabe 1 a

- Die möglichen Ergebnisse lassen sich aus dem Baumdiagramm ablesen.
- Achten Sie darauf, dass in Ω jedes Element nur einmal aufgelistet wird.

Aufgabe 1 b

- Das Baumdiagramm zeigt, dass es zwei Wege gibt, um am Ende wieder 3 weiße Kugeln in Urne A zu haben.
- Wie groß ist die Wahrscheinlichkeit, aus einer Urne mit r roten und w weißen Kugeln eine rote Kugel zu ziehen?
- Die Laplace-Wahrscheinlichkeit für eine rote Kugel berechnet sich zu:

$$P(\text{rot}) = \frac{\text{Anzahl der roten Kugeln}}{\text{Anzahl aller Kugeln}}$$

- Das erste Mal wird aus Urne A gezogen, in der sich zunächst 5 Kugeln befinden.
- Beim zweiten Ziehen befinden sich in Urne B insgesamt 6 Kugeln.
- Die Wahrscheinlichkeit des Gegenereignisses $\overline{E}$ ergibt sich aus $P(\overline{E}) = 1 - P(E)$.

Aufgabe 2

- Wie berechnet sich bei einer Bernoulli-Kette der Länge 20 mit der Trefferwahrscheinlichkeit 0,9 die Wahrscheinlichkeit, genau k Treffer zu erzielen?
- Vergleichen Sie mit den beiden Summanden des angegebenen Terms.
- Beachten Sie: $\binom{n}{0} = \binom{n}{n} = 1$ und $\binom{n}{1} = n$ sowie $a^0 = 1$

Aufgabe 3

- Der Erwartungswert berechnet sich nach der Formel:

$$E(X) = \sum_{i=1}^{n} x_i \cdot p_i = x_1 \cdot p_1 + x_2 \cdot p_2 + x_3 \cdot p_3 + \ldots + x_n \cdot p_n$$

- Der Erwartungswert ist wegen $x_1 = 0$ unabhängig von p_1.
- Die Summe aller Wahrscheinlichkeiten ist 1. Was folgt daraus für die Summe der beiden unbekannten Wahrscheinlichkeiten?

- Wie groß kann somit p_2 höchstens sein?
- Welche Größenbeschränkung ergibt sich für den Erwartungswert, wenn Sie für p_2 den größtmöglichen Wert einsetzen?

Aufgabengruppe 2

Aufgabe 1

- siehe Stochastik – Aufgabengruppe 1, Aufgabe 1

Aufgabe 2

- Welche Wahrscheinlichkeiten sind im Baumdiagramm angegeben?
- Die beiden Zahlen an den Pfadenden geben die Wahrscheinlichkeiten von Schnittmengen an.
- Die Zahl $\frac{3}{5}$ gibt die bedingte Wahrscheinlichkeit $P_C(D)$ an.

Aufgabe 2 a

- Berechnen Sie aus den angegebenen Werten zunächst P(D).
- Aus welchen Wahrscheinlichkeiten lässt sich P(D) zusammensetzen?
- $P(D) = P(C \cap D) + P(\overline{C} \cap D)$
- Wie ergibt sich die Wahrscheinlichkeit des Gegenereignisses $\overline{D}$ aus P(D)?

Aufgabe 2 b

- Zwei Ereignisse C und D sind abhängig, wenn $P(C) \cdot P(D) \neq P(C \cap D)$ gilt.
- Die Werte von P(D) und $P(C \cap D)$ sind Ihnen schon bekannt.
- Der Wert von P(C) lässt sich über den obersten Pfad im Baumdiagramm berechnen.
- Wie lautet die 1. Pfadregel für den obersten Pfad?
- Aufgrund der Pfadregel gilt: $P(C) \cdot \frac{3}{5} = \frac{2}{5}$

Aufgabe 2 c

- Die Werte am obersten Pfad bleiben unverändert.
- Welche weitere Wahrscheinlichkeit bleibt damit auch gleich?
- Wann sind zwei Ereignisse stochastisch unabhängig?
- Berechnen Sie aus dieser Bedingung den veränderten Wert für P(D).
- Mit der Unabhängigkeit von C und D folgt auch die Unabhängigkeit von $\overline{C}$ und D.
- Bestimmen Sie den veränderten Wert für $P(\overline{C} \cap D)$ aufgrund der Unabhängigkeit.

Lösungen

Aufgabengruppe 1

1. Stellt man das Zufallsexperiment in einem Baumdiagramm dar, so ergibt sich:

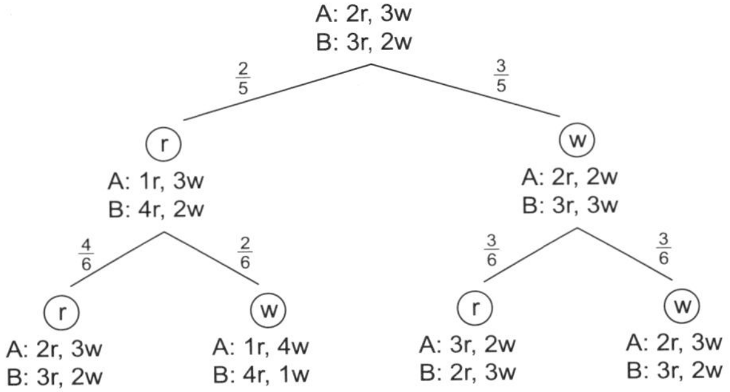

a) Aus dem Baumdiagramm ergeben sich die für Urne A möglichen Inhalte:
$\Omega = \{(2r, 3w); (1r, 4w); (3r, 2w)\}$

b) Beim ersten Entnehmen befinden sich in Urne A fünf Kugeln. Beim zweiten Entnehmen befinden sich in Urne B 6 Kugeln. Somit ergibt sich für die beiden Möglichkeiten, am Ende in Urne A wieder 3 weiße Kugeln zu haben:

$$P(E) = \frac{2}{5} \cdot \frac{4}{6} + \frac{3}{5} \cdot \frac{3}{6} = \frac{8}{30} + \frac{9}{30} = \frac{17}{30}$$

Und somit:

$$P(\overline{E}) = 1 - P(E) = 1 - \frac{17}{30} = \frac{13}{30}$$

Das Ereignis E besitzt also eine größere Wahrscheinlichkeit als sein Gegenereignis $\overline{E}$.

2. Die Wahrscheinlichkeit für genau k Treffer bei einer Bernoulli-Kette der Länge 20 und der Trefferwahrscheinlichkeit 0,9 berechnet sich zu:

$$B(20; 0{,}9; k) = \binom{20}{k} \cdot 0{,}9^k \cdot 0{,}1^{20-k}$$

$$\Rightarrow \quad P = 0{,}9^{20} + 20 \cdot 0{,}1 \cdot 0{,}9^{19} = \binom{20}{20} \cdot 0{,}1^0 \cdot 0{,}9^{20} + \binom{20}{1} \cdot 0{,}1^1 \cdot 0{,}9^{19}$$

Es wird die Wahrscheinlichkeit angegeben, genau 20 oder genau 19 Treffer zu erzielen. Es werden also mindestens 19 Treffer erzielt.

oder:

Es wird die Wahrscheinlichkeit angegeben, genau 0 oder genau 1 Niete zu erzielen. Es wird also höchstens 1 Niete erzielt.

3. $E(X) = 0 \cdot p_1 + 1 \cdot \frac{3}{10} + 2 \cdot \frac{1}{5} + 3 \cdot p_2 = \frac{3}{10} + \frac{4}{10} + 3 \cdot p_2 = \frac{7}{10} + 3 \cdot p_2$

   Die Größe des Erwartungswerts hängt nur von p_2 ab.

   Aus $p_1 + \frac{3}{10} + \frac{1}{5} + p_2 = 1$ folgt:

   $p_1 + p_2 = 1 - \frac{3}{10} - \frac{1}{5} = \frac{10}{10} - \frac{3}{10} - \frac{2}{10} = \frac{5}{10} = \frac{1}{2} \quad \Rightarrow \quad p_2 \leq \frac{1}{2}$

   Also:

   $E(X) \leq \frac{7}{10} + 3 \cdot \frac{1}{2} = \frac{7}{10} + \frac{3}{2} = \frac{7}{10} + \frac{15}{10} = \frac{22}{10} = 2{,}2$

Aufgabengruppe 2

1. siehe Stochastik – Aufgabengruppe 1, Aufgabe 1

2. Aus dem Baumdiagramm können folgende Wahrscheinlichkeiten abgelesen werden:

   $P_C(D) = \frac{3}{5}; \quad P(C \cap D) = \frac{2}{5}; \quad P(\overline{C} \cap D) = \frac{1}{10}$

   a) $P(D) = P(C \cap D) + P(\overline{C} \cap D) = \frac{2}{5} + \frac{1}{10} = \frac{4}{10} + \frac{1}{10} = \frac{5}{10} = \frac{1}{2}$

      $P(\overline{D}) = 1 - P(D) = 1 - \frac{1}{2} = \frac{1}{2}$

   b) Mit der 1. Pfadregel gilt:

      $P(C) \cdot P_C(D) = P(C \cap D)$

      $P(C) \cdot \frac{3}{5} = \frac{2}{5}$

      $P(C) = \frac{2}{5} : \frac{3}{5} = \frac{2}{5} \cdot \frac{5}{3} = \frac{2}{3}$

      $P(C) \cdot P(D) = \frac{2}{3} \cdot \frac{1}{2} = \frac{1}{3} \neq \frac{2}{5} = P(C \cap D)$

      C und D sind also stochastisch abhängig.

c) Da sich nur der Wert $P(\overline{C} \cap D) = \frac{1}{10}$ ändern darf, gilt weiterhin $P_C(D) = \frac{3}{5}$, $P(C \cap D) = \frac{2}{5}$ sowie $P(C) = \frac{2}{3}$ (siehe Teilaufgabe b).

Sind C und D unabhängig, so muss gelten:

$$P(C) \cdot P(D) = P(C \cap D)$$

$$\frac{2}{3} \cdot P(D) = \frac{2}{5}$$

$$P(D) = \frac{2}{5} : \frac{2}{3} = \frac{2}{5} \cdot \frac{3}{2} = \frac{3}{5}$$

Da mit C und D auch $\overline{C}$ und D unabhängig sind, ergibt sich:

$$P(\overline{C} \cap D) = P(\overline{C}) \cdot P(D) = \frac{1}{3} \cdot \frac{3}{5} = \frac{1}{5}$$

Der geänderte Wert lautet $\frac{1}{5}$.

Abitur Mathematik (Bayern): Abiturprüfung 2014
Prüfungsteil A – Geometrie

Aufgabengruppe 1

BE

1. Die Abbildung zeigt ein gerades Prisma ABCDEF mit $A(0|0|0)$, $B(8|0|0)$, $C(0|8|0)$ und $D(0|0|4)$.

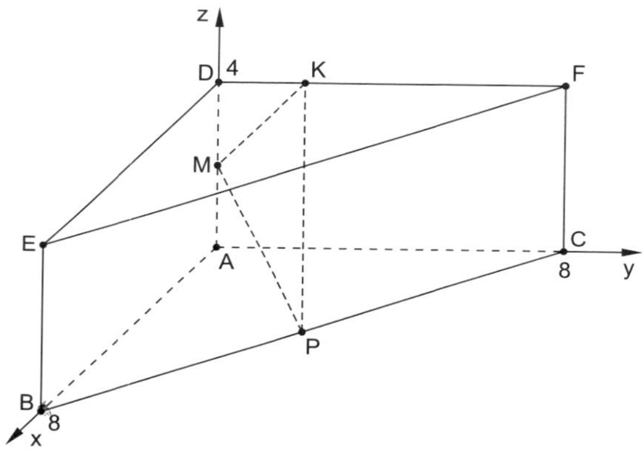

a) Bestimmen Sie den Abstand der Eckpunkte B und F. 2

b) Die Punkte M und P sind die Mittelpunkte der Kanten [AD] bzw. [BC]. Der Punkt $K(0|y_K|4)$ liegt auf der Kante [DF]. Bestimmen Sie y_K so, dass das Dreieck KMP in M rechtwinklig ist. 3

2. Gegeben ist die Ebene $E: 3x_2 + 4x_3 = 5$.

a) Beschreiben Sie die besondere Lage von E im Koordinatensystem. 1

b) Untersuchen Sie rechnerisch, ob die Kugel mit Mittelpunkt $Z(1|6|3)$ und Radius 7 die Ebene E schneidet. 4

10

Aufgabengruppe 2

BE

1. Die Vektoren $\vec{a} = \begin{pmatrix} 2 \\ 1 \\ 2 \end{pmatrix}$, $\vec{b} = \begin{pmatrix} -1 \\ 2 \\ 0 \end{pmatrix}$ und $\vec{c}_t = \begin{pmatrix} 4t \\ 2t \\ -5t \end{pmatrix}$

   spannen für jeden Wert von t mit $t \in \mathbb{R} \setminus \{0\}$ einen Körper auf. Die Abbildung zeigt den Sachverhalt beispielhaft für einen Wert von t.

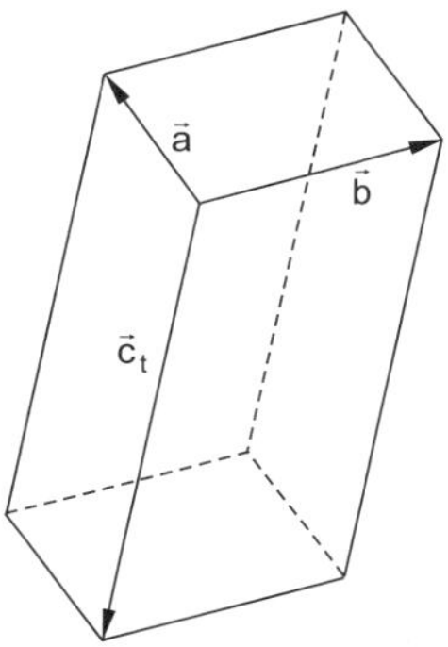

   a) Zeigen Sie, dass die aufgespannten Körper Quader sind. 2

   b) Bestimmen Sie diejenigen Werte von t, für die der jeweils zugehörige Quader das Volumen 15 besitzt. 3

2. Eine Kugel besitzt den Mittelpunkt $M(-3\,|\,2\,|\,7)$. Der Punkt $P(3\,|\,4\,|\,4)$ liegt auf der Kugel.

   a) Der Punkt Q liegt ebenfalls auf der Kugel, die Strecke [PQ] verläuft durch deren Mittelpunkt. Ermitteln Sie die Koordinaten von Q. 3

   b) Weisen Sie nach, dass die Kugel die x_1-x_2-Ebene berührt. 2

10

Tipps und Hinweise

Aufgabengruppe 1

Aufgabe 1

- Die Koordinaten der Eckpunkte E und F lassen sich aus der Zeichnung ablesen.
- E liegt senkrecht über B, F senkrecht über C.
- E unterscheidet sich nur in der x_3-Koordinate von B, F unterscheidet sich nur in der x_3-Koordinate von C.

Aufgabe 1 a

- Gesucht ist die Länge der Strecke [BF].
- Die Länge des Vektors $\vec{a} = \begin{pmatrix} a_1 \\ a_2 \\ a_3 \end{pmatrix}$ ergibt sich aus $|\vec{a}| = \sqrt{a_1^2 + a_2^2 + a_3^2}$.

Aufgabe 1 b

- Die Koordinaten des Mittelpunkts M einer Strecke [ST] ergeben sich aus $\vec{M} = \frac{1}{2}(\vec{S} + \vec{T})$.
- Das Dreieck KMP ist rechtwinklig in M, wenn die Vektoren $\overrightarrow{MP}$ und $\overrightarrow{MK}$ aufeinander senkrecht stehen.
- Zwei Vektoren bilden einen rechten Winkel, wenn ihr Skalarprodukt null ergibt.
- Berechnung des Skalarprodukts: $\vec{a} \circ \vec{b} = \begin{pmatrix} a_1 \\ a_2 \\ a_3 \end{pmatrix} \circ \begin{pmatrix} b_1 \\ b_2 \\ b_3 \end{pmatrix} = a_1 b_1 + a_2 b_2 + a_3 b_3$
- Die Bedingung $\overrightarrow{MP} \circ \overrightarrow{MK} = 0$ liefert eine Gleichung für y_K.

Aufgabe 2 a

- Was fällt an der Ebenengleichung auf?
- Warum taucht kein x_1 auf?
- Wie lautet der Normalenvektor der Ebene?
- Welche Lage hat dieser Normalenvektor im KOSY?
- Auf welcher Koordinatenachse steht der Normalenvektor senkrecht?

oder:

- Benennen Sie einen Punkt, der auf der Ebene liegt.
- Benennen Sie – ohne weitere Rechnung! – weitere Punkte, die auf der Ebene liegen.
- Alle diese Punkte bilden eine Gerade. Welche spezielle Lage hat diese Gerade?

Aufgabe 2 b

- Wann berührt eine Ebene eine Kugel?
- Sie können sich das auch zweidimensional überlegen: Wann berührt eine Gerade einen Kreis?
- Im Berührpunkt steht der Radius senkrecht auf der Ebene (Gerade).
- Welchen Abstand muss der Mittelpunkt von der Ebene bei einer Berührung haben?
- Welche Bedingung muss erfüllt sein, damit sich Kugel und Ebene schneiden?
- Den Abstand eines Punktes M von einer Ebene E: $n_1x_1 + n_2x_2 + n_3x_3 + n_0 = 0$ erhält man durch:
  $d(M; E) = \frac{|n_1m_1 + n_2m_2 + n_3m_3 + n_0|}{|\vec{n}|}$
- Vergleichen Sie den Abstand mit dem gegebenen Radius.

Aufgabengruppe 2

Aufgabe 1 a

- Ein Ziegelstein ist ein Quader.
- Alle Seitenflächen eines Quaders sind Rechtecke.
- Zwei Vektoren bilden einen rechten Winkel, wenn ihr Skalarprodukt null ergibt.
- Berechnung des Skalarprodukts: $\vec{a} \circ \vec{b} = \begin{pmatrix} a_1 \\ a_2 \\ a_3 \end{pmatrix} \circ \begin{pmatrix} b_1 \\ b_2 \\ b_3 \end{pmatrix} = a_1b_1 + a_2b_2 + a_3b_3$

Aufgabe 1 b

- Das Volumen eines Quaders lässt sich sowohl vektoriell als auch elementargeometrisch berechnen.
- Die Formel für die vektorielle Berechnung lautet: $V = |\vec{a} \circ (\vec{b} \times \vec{c})|$
- Das Vektorprodukt (oder Kreuzprodukt) zweier Vektoren erhält man durch:
  $\vec{a} \times \vec{b} = \begin{pmatrix} a_2b_3 - a_3b_2 \\ a_3b_1 - a_1b_3 \\ a_1b_2 - a_2b_1 \end{pmatrix}$
- Elementargeometrisch: Volumen = Länge · Breite · Höhe
- Die Länge des Vektors $\vec{a} = \begin{pmatrix} a_1 \\ a_2 \\ a_3 \end{pmatrix}$ ergibt sich aus $|\vec{a}| = \sqrt{a_1^2 + a_2^2 + a_3^2}$.
- Die Bedingung $V = 15$ liefert eine Gleichung für t.
- Es gibt 2 Lösungen für t.

Aufgabe 2 a

Eine Strecke [PQ], deren beide Enden auf einer Kugel liegen und die durch den Kugelmittelpunkt verläuft, bildet einen Durchmesser der Kugel.

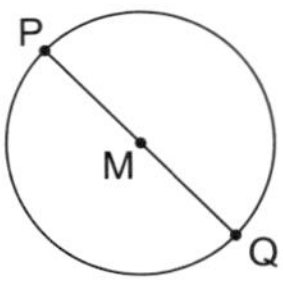

Es gilt: $\overrightarrow{MQ} = \overrightarrow{PM}$ bzw. $\overrightarrow{PQ} = 2 \cdot \overrightarrow{PM}$

Aufgabe 2 b

Wann berührt eine Ebene eine Kugel?

Sie können sich das auch zweidimensional überlegen: Wann berührt eine Gerade einen Kreis?

Im Berührpunkt steht der Radius senkrecht auf der Ebene (Gerade).

Welchen Abstand muss der Mittelpunkt von der Ebene bei einer Berührung haben?

Der Abstand eines Punktes von einer Koordinatenebene lässt sich aus den Koordinaten ablesen.

Der Punkt $(p_1 \mid p_2 \mid p_3)$ hat:
- von der x_1-x_2-Ebene den Abstand $|p_3|$
- von der x_1-x_3-Ebene den Abstand $|p_2|$
- von der x_2-x_3-Ebene den Abstand $|p_1|$

Die Entfernung des Mittelpunkts zu einem beliebigen Punkt auf der Kugel ist gleich dem Radius.

Die Länge des Vektors $\vec{a} = \begin{pmatrix} a_1 \\ a_2 \\ a_3 \end{pmatrix}$ ergibt sich aus $|\vec{a}| = \sqrt{a_1^2 + a_2^2 + a_3^2}$.

Lösungen

Aufgabengruppe 1

1. Aus der Zeichnung ergibt sich: Die Eckpunkte E und F haben die Koordinaten E(8 | 0 | 4) und F(0 | 8 | 4).

a) $|\overrightarrow{BF}| = \left| \begin{pmatrix} 0 \\ 8 \\ 4 \end{pmatrix} - \begin{pmatrix} 8 \\ 0 \\ 0 \end{pmatrix} \right| = \left| \begin{pmatrix} -8 \\ 8 \\ 4 \end{pmatrix} \right| = \sqrt{(-8)^2 + 8^2 + 4^2} = \sqrt{64+64+16} = \sqrt{144} = 12$

b) $\vec{M} = \frac{1}{2} \cdot (\vec{A} + \vec{D}) = \frac{1}{2} \cdot \left(\begin{pmatrix} 0 \\ 0 \\ 0 \end{pmatrix} + \begin{pmatrix} 0 \\ 0 \\ 4 \end{pmatrix} \right) = \begin{pmatrix} 0 \\ 0 \\ 2 \end{pmatrix}$

$\vec{P} = \frac{1}{2} \cdot (\vec{B} + \vec{C}) = \frac{1}{2} \cdot \left(\begin{pmatrix} 8 \\ 0 \\ 0 \end{pmatrix} + \begin{pmatrix} 0 \\ 8 \\ 0 \end{pmatrix} \right) = \begin{pmatrix} 4 \\ 4 \\ 0 \end{pmatrix}$

Das Dreieck ist rechtwinklig bei M, wenn $\overrightarrow{MP}$ und $\overrightarrow{MK}$ einen rechten Winkel bilden, ihr Skalarprodukt also null ist.

$$\overrightarrow{MP} \circ \overrightarrow{MK} = 0$$

$$\left(\begin{pmatrix} 4 \\ 4 \\ 0 \end{pmatrix} - \begin{pmatrix} 0 \\ 0 \\ 2 \end{pmatrix} \right) \circ \left(\begin{pmatrix} 0 \\ y_K \\ 4 \end{pmatrix} - \begin{pmatrix} 0 \\ 0 \\ 2 \end{pmatrix} \right) = 0$$

$$\begin{pmatrix} 4 \\ 4 \\ -2 \end{pmatrix} \circ \begin{pmatrix} 0 \\ y_K \\ 2 \end{pmatrix} = 0$$

$$0 + 4y_K - 4 = 0$$

$$y_K = 1$$

2. a) Die Ebene E ist parallel zur x_1-Achse.

Begründung (ist nicht verlangt!): Der Normalenvektor $\begin{pmatrix} 0 \\ 3 \\ 4 \end{pmatrix}$ der Ebene ist parallel zur x_2x_3-Ebene und steht somit auf der x_1-Achse senkrecht.

oder:

Der Punkt $P\left(0 \mid \frac{1}{3} \mid 1\right)$ erfüllt die Ebenengleichung, liegt also in E. Mit P liegen auch die Punkte $\left(1 \mid \frac{1}{3} \mid 1\right)$, $\left(7 \mid \frac{1}{3} \mid 1\right)$, $\left(-5 \mid \frac{1}{3} \mid 1\right)$, $\left(-12\,345 \mid \frac{1}{3} \mid 1\right)$ oder allgemein $\left(a \mid \frac{1}{3} \mid 1\right)$ auf der Ebene.

Diese Punkte bilden die Gerade $\overrightarrow{X} = \begin{pmatrix} 0 \\ \frac{1}{3} \\ 1 \end{pmatrix} + \lambda \cdot \begin{pmatrix} 1 \\ 0 \\ 0 \end{pmatrix}$ mit $\lambda \in \mathbb{R}$. Dies ist eine Parallele zur x_1-Achse.

b) Die Ebene berührt die Kugel, wenn der Abstand des Mittelpunkts von der Ebene gleich dem Kugelradius ist. Ist der Abstand kleiner als der Radius, so schneiden sich Ebene und Kugel.

$$d(M; E) = \frac{|3 \cdot 6 + 4 \cdot 3 - 5|}{\sqrt{3^2 + 4^2}} = \frac{|18 + 12 - 5|}{\sqrt{25}} = \frac{|25|}{5} = 5 < 7$$

Also schneidet die Kugel die Ebene.

Aufgabengruppe 2

1. a) Die drei Vektoren spannen dann einen Quader auf, wenn je zwei der Vektoren aufeinander senkrecht stehen, wenn also ihr Skalarprodukt null ergibt.

$$\vec{a} \circ \vec{b} = \begin{pmatrix} 2 \\ 1 \\ 2 \end{pmatrix} \circ \begin{pmatrix} -1 \\ 2 \\ 0 \end{pmatrix} = -2 + 2 + 0 = 0$$

$$\vec{a} \circ \vec{c}_t = \begin{pmatrix} 2 \\ 1 \\ 2 \end{pmatrix} \circ \begin{pmatrix} 4t \\ 2t \\ -5t \end{pmatrix} = 8t + 2t - 10t = 0$$

$$\vec{b} \circ \vec{c}_t = \begin{pmatrix} -1 \\ 2 \\ 0 \end{pmatrix} \circ \begin{pmatrix} 4t \\ 2t \\ -5t \end{pmatrix} = -4t + 4t - 0 = 0$$

Die aufgespannten Körper sind also unabhängig von t Quader.

b) *vektoriell:*

$$V = \vec{a} \circ (\vec{b} \times \vec{c}_t)$$

$$= \left| \begin{pmatrix} 2 \\ 1 \\ 2 \end{pmatrix} \circ \left[\begin{pmatrix} -1 \\ 2 \\ 0 \end{pmatrix} \times \begin{pmatrix} 4t \\ 2t \\ -5t \end{pmatrix} \right] \right| = \left| \begin{pmatrix} 2 \\ 1 \\ 2 \end{pmatrix} \circ \begin{pmatrix} -10t - 0 \\ 0 - 5t \\ -2t - 8t \end{pmatrix} \right| = \left| \begin{pmatrix} 2 \\ 1 \\ 2 \end{pmatrix} \circ \begin{pmatrix} -10t \\ -5t \\ -10t \end{pmatrix} \right|$$

$$= |-20t - 5t - 20t| = |-45t|$$

Der Quader soll das Volumen 15 besitzen, also:

$$|-45t| = 15 \quad \Rightarrow \quad \pm 45t = 15 \quad \Rightarrow \quad t = \pm\frac{15}{45} = \pm\frac{1}{3}$$

elementargeometrisch:

$$V = G \cdot h = |\vec{a}| \cdot |\vec{b}| \cdot |\vec{c}_t|$$

$$= \sqrt{2^2+1^2+2^2} \cdot \sqrt{(-1)^2+2^2+0^2} \cdot \sqrt{(4t)^2+(2t)^2+(-5t)^2}$$

$$= \sqrt{9} \cdot \sqrt{5} \cdot \sqrt{16t^2+4t^2+25t^2} = \sqrt{9 \cdot 5 \cdot 45t^2} = \pm 45t$$

Also:

$$\pm 45t = 15 \quad \Rightarrow \quad t = \pm\frac{1}{3}$$

2. a) $\vec{Q} = \vec{M} + \overrightarrow{PM} = \vec{M} + (\vec{M} - \vec{P}) = 2 \cdot \vec{M} - \vec{P}$

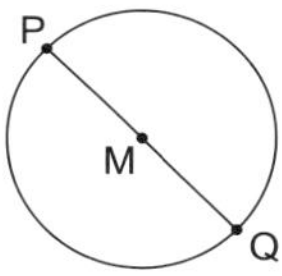

$$= 2 \cdot \begin{pmatrix} -3 \\ 2 \\ 7 \end{pmatrix} - \begin{pmatrix} 3 \\ 4 \\ 4 \end{pmatrix} = \begin{pmatrix} -9 \\ 0 \\ 10 \end{pmatrix}$$

oder:

$$\vec{Q} = \vec{P} + 2 \cdot \overrightarrow{PM} = \vec{P} + 2 \cdot (\vec{M} - \vec{P})$$

$$= \begin{pmatrix} 3 \\ 4 \\ 4 \end{pmatrix} + 2 \cdot \left(\begin{pmatrix} -3 \\ 2 \\ 7 \end{pmatrix} - \begin{pmatrix} 3 \\ 4 \\ 4 \end{pmatrix} \right) = \begin{pmatrix} 3 \\ 4 \\ 4 \end{pmatrix} + 2 \cdot \begin{pmatrix} -6 \\ -2 \\ 3 \end{pmatrix} = \begin{pmatrix} 3 \\ 4 \\ 4 \end{pmatrix} + \begin{pmatrix} -12 \\ -4 \\ 6 \end{pmatrix} = \begin{pmatrix} -9 \\ 0 \\ 10 \end{pmatrix}$$

b) Die Kugel berührt die x_1-x_2-Ebene, wenn der Abstand des Mittelpunkts von der x_1-x_2-Ebene ($\hat{=}$ x_3-Koordinate des Mittelpunkts) gleich dem Kugelradius ist.

$$d(M;\ x_1\text{-}x_2\text{-Ebene}) = 7$$

$$r = |\overrightarrow{MP}| = \left| \begin{pmatrix} 3 \\ 4 \\ 4 \end{pmatrix} - \begin{pmatrix} -3 \\ 2 \\ 7 \end{pmatrix} \right| = \left| \begin{pmatrix} 6 \\ 2 \\ -3 \end{pmatrix} \right| = \sqrt{6^2+2^2+(-3)^2} = \sqrt{36+4+9} = 7$$

Radius und Abstand sind gleich, also berührt die Kugel die x_1-x_2-Ebene.

Abitur Mathematik (Bayern): Abiturprüfung 2014
Prüfungsteil B – Analysis Aufgabengruppe 1

BE

Gegeben ist die Funktion f: $x \mapsto 2-\sqrt{12-2x}$ mit maximaler Definitionsmenge $\mathbb{D}_f =]-\infty; 6]$. Der Graph von f wird mit G_f bezeichnet.

1. a) Berechnen Sie die Koordinaten der Schnittpunkte von G_f mit den Koordinatenachsen. Bestimmen Sie das Verhalten von f für $x \to -\infty$ und geben Sie f(6) an. 5

   b) Bestimmen Sie den Term der Ableitungsfunktion f' von f und geben Sie die maximale Definitionsmenge von f' an. Bestimmen Sie $\lim\limits_{x \to 6} f'(x)$ und beschreiben Sie, welche Eigenschaft von G_f aus diesem Ergebnis folgt.
   $\left[\text{zur Kontrolle: } f'(x) = \frac{1}{\sqrt{12-2x}}\right]$ 5

   c) Geben Sie das Monotonieverhalten von G_f und die Wertemenge von f an. 2

   d) Geben Sie f(–2) an und zeichnen Sie G_f unter Berücksichtigung der bisherigen Ergebnisse in ein Koordinatensystem ein (Platzbedarf im Hinblick auf die folgenden Aufgaben: $-3 \le y \le 7$). 3

   e) Die Funktion f ist in $\mathbb{D}_f$ umkehrbar. Geben Sie die Definitionsmenge der Umkehrfunktion f^{-1} von f an und zeigen Sie, dass $f^{-1}(x) = -\frac{1}{2}x^2 + 2x + 4$ gilt. 4

Der Graph der in $\mathbb{R}$ definierten Funktion h: $x \mapsto -\frac{1}{2}x^2 + 2x + 4$ ist die Parabel G_h. Der Graph der in Aufgabe 1 e betrachteten Umkehrfunktion f^{-1} ist ein Teil dieser Parabel.

2. a) Berechnen Sie die Koordinaten der Schnittpunkte von G_h mit der durch die Gleichung $y = x$ gegebenen Winkelhalbierenden w des I. und III. Quadranten.
   [Teilergebnis: x-Koordinaten der Schnittpunkte: –2 und 4] 3

   b) Zeichnen Sie die Parabel G_h – unter Berücksichtigung des Scheitels – im Bereich $-2 \le x \le 4$ in Ihre Zeichnung aus Aufgabe 1 d ein. Spiegelt man diesen Teil von G_h an der Winkelhalbierenden w, so entsteht eine herzförmige Figur; ergänzen Sie Ihre Zeichnung dementsprechend. 4

3. Durch die in Aufgabe 2 entstandene herzförmige Figur soll das abgebildete Blatt modellhaft beschrieben werden. Eine Längeneinheit im Koordinatensystem aus Aufgabe 1 d soll dabei 1 cm in der Wirklichkeit entsprechen.

a) Berechnen Sie den Inhalt des von G_h und der Winkelhalbierenden w eingeschlossenen Flächenstücks. Bestimmen Sie unter Verwendung dieses Werts den Flächeninhalt des Blatts auf der Grundlage des Modells. 5

b) Ermitteln Sie die Gleichung der Tangente an G_h im Punkt $(-2 \mid h(-2))$. Berechnen Sie den Wert, den das Modell für die Größe des Winkels liefert, den die Blattränder an der Blattspitze einschließen. 6

c) Der Verlauf des oberen Blattrands wird in der Nähe der Blattspitze durch das bisher verwendete Modell nicht genau genug dargestellt. Daher soll der obere Blattrand im Modell für $-2 \leq x \leq 0$ nicht mehr durch G_h, sondern durch den Graphen G_k einer in $\mathbb{R}$ definierten ganzrationalen Funktion k dritten Grades beschrieben werden. Für die Funktion k werden die folgenden Bedingungen gewählt (k' und h' sind die Ableitungsfunktionen von k bzw. h):

I $k(0) = h(0)$
II $k'(0) = h'(0)$
III $k(-2) = h(-2)$
IV $k'(-2) = 1{,}5$

Begründen Sie im Sachzusammenhang, dass die Wahl der Bedingungen I, II und III sinnvoll ist. Machen Sie plausibel, dass die Bedingung IV dazu führt, dass die Form des Blatts in der Nähe der Blattspitze im Vergleich zum ursprünglichen Modell genauer dargestellt wird. 3

40

Tipps und Hinweise

Aufgabe 1 a

- Es wird nach den Schnittpunkten mit der x-Achse und der y-Achse gefragt.
- Für alle Punkte auf der x-Achse gilt $y = 0$.
- Für alle Punkte auf der y-Achse gilt $x = 0$.
- Wohin strebt der Term unter der Wurzel, wenn $x \to -\infty$ geht?
- Übersehen Sie nicht, dass f(6) berechnet werden soll.

Aufgabe 1 b

- $\sqrt{a} = a^{\frac{1}{2}}$ (siehe Merkhilfe)
- Die Ableitung von x^r finden Sie ebenfalls auf der Merkhilfe.
- Beachten Sie die Kettenregel (nachdifferenzieren).
- Was darf bei einem Bruch nie passieren?
- Division durch null ist nicht definiert.
- Für welchen x-Wert hat der Nenner den Wert null?
- Wohin strebt der Term unter der Wurzel, wenn $x \to 6$ geht?
- Welche Werte haben die Brüche $\frac{1}{\frac{1}{10}}$; $\frac{1}{\frac{1}{100}}$; $\frac{1}{\frac{1}{1000}}$; …; $\frac{1}{\frac{1}{10\,000\,000}}$?
- Ein Bruch mit festem Zähler wird umso größer, je kleiner der Nenner wird.
- Welche Größe wird durch die 1. Ableitung angegeben?
- Wie verändert sich eine Gerade, wenn ihre Steigung größer wird?
- Wird die Steigung einer Geraden beliebig groß, so nähert sich die Gerade einer Senkrechten an.

Aufgabe 1 c

- Die Monotonie wird mit der 1. Ableitung bestimmt (siehe Merkhilfe).
- Beachten Sie Ihre Überlegungen von Teilaufgabe 1 b.
- Der Definitionsbereich von f ist vorgegeben.
- Sie haben in Teilaufgabe 1 a das Verhalten an beiden Rändern des Definitionsbereichs bestimmt.

Aufgabe 1 d

- Sie kennen die Koordinaten von vier Punkten und die Steigung im Punkt $(6\,|\,2)$.

Aufgabe 1 e

- Sie müssen nicht erläutern, warum f umkehrbar ist.
- Beim Aufstellen der Umkehrfunktion werden x und y vertauscht. Damit vertauschen sich auch Definitions- und Wertemenge.
- Haben Sie in der Funktionsgleichung x und y vertauscht, so müssen Sie nach y auflösen, um die Gleichung der Umkehrfunktion zu erhalten.

Aufgabe 2 a

- Um die Schnittstellen zu erhalten, müssen die beiden Funktionsterme gleichgesetzt werden.
- Es ergibt sich eine quadratische Gleichung.
- Die Lösungsformel für quadratische Gleichungen ist auf der Merkhilfe zu finden.
- Es ist nach den Schnittpunkten gefragt, also müssen auch die zugehörigen y-Werte bestimmt werden.

Aufgabe 2 b

- Der Extrempunkt einer Parabel wird Scheitel genannt.
- Bedingung für einen Extrempunkt an der Stelle x_0 ist $f'(x_0) = 0$.
- Da der Koeffizient vor x^2 in der Parabelgleichung negativ ist, ist die Parabel nach unten geöffnet. Der Scheitel ist also ein Hochpunkt.
- Beachten Sie beim Einzeichnen der Parabel sowohl den Scheitel als auch die beiden in Teilaufgabe 2 a errechneten Punkte.
- Zeichnen Sie auch die Winkelhalbierende ein.
- Da der Graph der Umkehrfunktion f^{-1} von f ein Teil der Parabel ist, ist ein Teil der Spiegelung durch den Graphen von f bereits in der Zeichnung enthalten.

Aufgabe 3 a

- Markieren Sie die gesuchte Fläche in Ihrer Zeichnung.
- Die Fläche zwischen zwei Funktionen erhält man, indem man zwischen den Schnittstellen das Integral der „unteren“ Funktion vom Integral der „oberen“ Funktion subtrahiert.
- Der Zeichnung kann man entnehmen, welche Funktion im Integrationsbereich die „obere“ bzw. die „untere“ ist.
- $\text{Fläche} = \int_a^b (\text{obere Funktion} - \text{untere Funktion})\,dx$

- Das „Blatt" entstand durch Spiegelung an der Winkelhalbierenden $y = x$.
- Durch die Spiegelung wird die Fläche verdoppelt.
- Berücksichtigen Sie bei der Blattfläche den angegebenen Maßstab.

Aufgabe 3 b

- Bestimmen Sie die y-Koordinate des Punktes.
- Jede Tangente hat als Gerade die allgemeine Gleichung $y = mx + t$.
- Die Steigung m der Tangente ergibt sich mithilfe der 1. Ableitung (siehe Merkhilfe).
- Die Ableitung von x^r finden Sie ebenfalls auf der Merkhilfe.
- Einsetzen von Steigung und Punktkoordinaten in die allgemeine Geradengleichung liefert den Achsenabschnitt t.
- Der Winkel zwischen den Blatträndern ist das Doppelte des Winkels zwischen der obigen Tangente und der Winkelhalbierenden $y = x$.

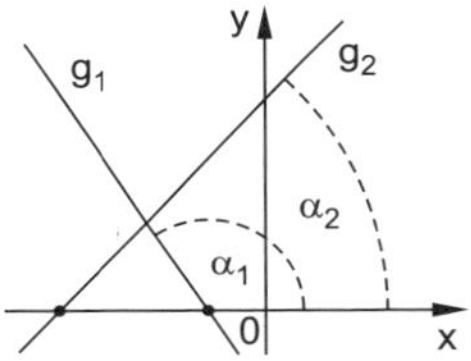

- Die Steigung der Tangente wurde soeben berechnet.
- Für die Steigung m jeder Geraden gilt $m = \tan \alpha$, wobei α der Winkel ist, den die Gerade mit der positiven x-Achse einschließt.
- Der Winkel zwischen Tangente und Winkelhalbierender ergibt sich als Differenz des Winkels(Tangente, x-Achse) und des Winkels(Winkelhalbierende, x-Achse).

Aufgabe 3 c

- Bedingung I fordert, dass die Funktionswerte an der Stelle 0 übereinstimmen.
- Bedingung I sichert somit, dass die beiden Funktionsgraphen „sich treffen".
- Bedingung II fordert, dass die Steigungen an der Stelle 0 übereinstimmen.
- Bedingung II sichert somit, dass die beiden Funktionsgraphen „ohne Knick" zusammentreffen.
- Bedingung III fordert, dass die Funktionswerte an der Stelle –2 übereinstimmen.
- Bedingung III sichert somit, dass die beiden Funktionsgraphen sich auch für $x = -2$ „treffen".
- Bedingung IV stellt nur eine Forderung für $k'(-2)$ auf.
- Welchen Wert hat $h'(-2)$?
- Vergleichen Sie $h'(-2)$ und $k'(-2)$.
- Welche Auswirkung hat es für den Winkel ε, wenn $k'(-2) < h'(-2)$?
- Vergleichen Sie das abgebildete Blatt mit dem herzförmigen Modell.

Lösungen

1. $f(x) = 2 - \sqrt{12-2x}$ mit $\mathbb{D}_f =]-\infty; 6[$

a) Schnittpunkt mit der x-Achse (y = 0):

$$\begin{aligned} 2-\sqrt{12-2x} &= 0 \\ \sqrt{12-2x} &= 2 \\ 12-2x &= 4 \\ 2x &= 8 \\ x &= 4 \quad \Rightarrow \quad \text{Schnittpunkt } (4\,|\,0) \end{aligned}$$

Schnittpunkt mit der y-Achse (x = 0):

$$f(0) = 2-\sqrt{12-2\cdot 0} = 2-\sqrt{12} = 2-2\sqrt{3} \approx -1{,}46$$

$\Rightarrow$ Schnittpunkt $(0\,|\,2-2\sqrt{3})$

Verhalten von f(x) für $x \to -\infty$:

$$\lim_{x \to -\infty} f(x) = \lim_{x \to -\infty} [2-\sqrt{12-2x}] = "2-\sqrt{12-2(-\infty)}" = "2-\sqrt{+\infty}" = -\infty$$

$$f(6) = 2-\sqrt{12-2\cdot 6} = 2-\sqrt{0} = 2$$

b) $f'(x) = -\dfrac{1}{2\cdot\sqrt{12-2x}} \cdot (-2) = \dfrac{1}{\sqrt{12-2x}}$

Damit dieser Term definiert ist, muss gelten:

$$\begin{aligned} \sqrt{12-2x} &> 0 \\ 12-2x &> 0 \\ 12 &> 2x \\ x &< 6 \end{aligned}$$

$\Rightarrow \quad \mathbb{D}_{f'} =]-\infty; 6[$

Verhalten von f'(x) für $x \to 6$:

$$\lim_{x \to 6} f'(x) = \lim_{x \to 6} \frac{1}{\sqrt{12-2x}} = "\frac{1}{\sqrt{12-2\cdot 6}}" = "\frac{1}{\sqrt{0}}" = \infty$$

Für $x \to 6$ wird die Steigung beliebig groß, d. h., die Tangente an G_f wird beliebig steil (senkrecht).

c) Wegen $\sqrt{12-2x} > 0$ (siehe Teilaufgabe b) gilt:

$$f'(x) = \frac{1}{\sqrt{12-2x}} > 0$$

Der Graph von f ist also streng monoton steigend.

Aus $\lim\limits_{x \to -\infty} f(x) = -\infty$ und $f(6) = 2$ sowie der Monotonie folgt:

$\mathbb{W}_f =]-\infty; 2]$

d) $f(-2) = 2 - \sqrt{12 - 2 \cdot (-2)}$

$= 2 - \sqrt{12 + 4}$

$= 2 - \sqrt{16}$

$= 2 - 4 = -2$

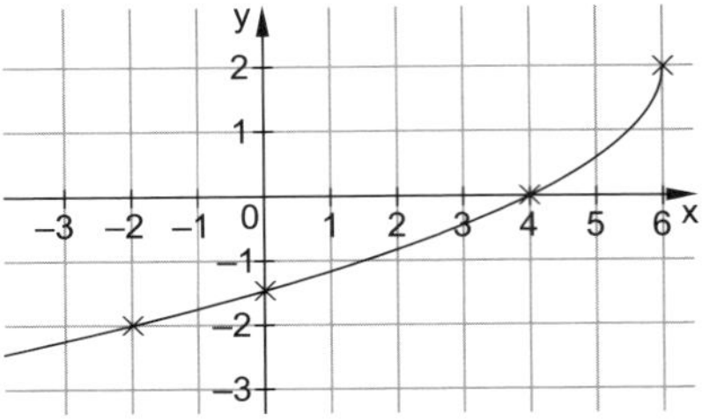

e) $\mathbb{D}_{f^{-1}} = \mathbb{W}_f =]-\infty; 2]$

$f(x) = y = 2 - \sqrt{12 - 2x}$

Vertauschen von x und y liefert:

$x = 2 - \sqrt{12 - 2y}$

Auflösen nach y:

$$x - 2 = -\sqrt{12 - 2y}$$

$$(x - 2)^2 = (-\sqrt{12 - 2y})^2$$

$$x^2 - 4x + 4 = 12 - 2y$$

$$x^2 - 4x - 8 = -2y$$

$$y = -\frac{1}{2}x^2 + 2x + 4$$

Umkehrfunktion:

$f^{-1}(x) = -\frac{1}{2}x^2 + 2x + 4 \quad$ mit $\quad \mathbb{D}_{f^{-1}} =]-\infty; 2]$

2. $h(x) = -\frac{1}{2}x^2 + 2x + 4 \quad$ mit $\quad \mathbb{D}_h = \mathbb{R}$

a) $$h(x) = w(x)$$

$$-\frac{1}{2}x^2 + 2x + 4 = x$$

$$-\frac{1}{2}x^2 + x + 4 = 0$$

$$x^2 - 2x - 8 = 0$$

$$\Rightarrow \quad x_{1;2} = \frac{2 \pm \sqrt{(-2)^2 - 4 \cdot 1 \cdot (-8)}}{2} = \frac{2 \pm \sqrt{4+32}}{2} = \frac{2 \pm 6}{2}$$

$$\Rightarrow \quad x_1 = 4 \quad \Rightarrow \quad (4|4)$$
$$x_2 = -2 \quad \Rightarrow \quad (-2|-2)$$

b) Scheitelbestimmung:

$h'(x) = -x + 2$

$h'(x) = 0 \quad \Rightarrow \quad x = 2$

Scheitel: $(2|6)$

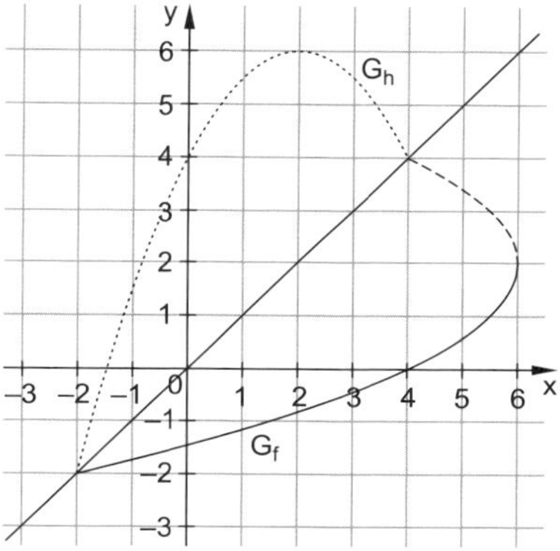

3. a) $$A = \int_{-2}^{4} (h(x) - w(x))\,dx = \int_{-2}^{4} \left(-\frac{1}{2}x^2 + 2x + 4 - x \right) dx$$

$$= \int_{-2}^{4} \left(-\frac{1}{2}x^2 + x + 4 \right) dx = \left[-\frac{1}{6}x^3 + \frac{1}{2}x^2 + 4x \right]_{-2}^{4}$$

$$= -\frac{1}{6} \cdot 4^3 + \frac{1}{2} \cdot 4^2 + 4 \cdot 4 - \left(-\frac{1}{6}(-2)^3 + \frac{1}{2}(-2)^2 + 4(-2) \right) = 18$$

Die Fläche des Blattes ist doppelt so groß: 36

Aufgrund des angegebenen Maßstabs ergibt sich die Blattgröße zu 36 cm^2.

b) $h(x) = -\frac{1}{2}x^2 + 2x + 4 \quad \Rightarrow \quad h(-2) = -2$

$h'(x) = -x + 2 \quad \Rightarrow \quad h'(-2) = 4$

Tangente:

$y = mx + t$

Wegen $m = h'(-2) = 4$ ergibt sich:

$y = 4x + t$

Einsetzen der Punktkoordinaten $(-2|-2)$ liefert:

$-2 = -8 + t \quad \Rightarrow \quad t = 6$

Für die Tangente folgt:
$y = 4x + 6$

Der Winkel zwischen den Blatträndern ist doppelt so groß wie der Winkel ε zwischen der obigen Tangente und der Winkelhalbierenden w.

Die Tangente bildet mit der Waagrechten den Winkel α, für den gilt:
$\tan\alpha = 4 \Rightarrow \alpha \approx 75{,}96°$

Die Winkelhalbierende w bildet mit der Waagrechten einen 45°-Winkel.

Der Winkel ε zwischen Tangente und Winkelhalbierender beträgt somit:
$\varepsilon = 75{,}96° - 45° = 30{,}96°$

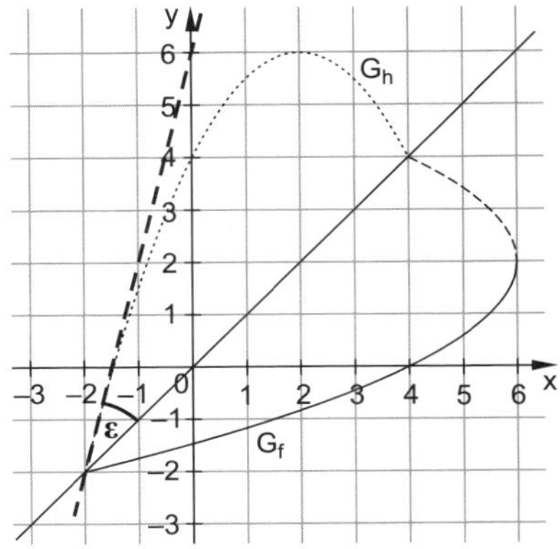

Der Winkel zwischen den Blatträndern hat an der Blattspitze somit eine Größe von:
$2 \cdot 30{,}96° = 61{,}92°$

c) Bedingung **I** und Bedingung **II** stellen sicher, dass für $x = 0$ die Graphen der beiden Funktionen k und h nahtlos und ohne Knick ineinander übergehen.

Bedingung **III** sichert die Blattspitze, nämlich das Zusammentreffen des oberen Blattrands (Funktion k) mit dem unteren Blattrand, da $h(-2) = w(-2) = f(-2)$ gilt (siehe Teilaufgaben 1 d und 2 a).

Bedingung **IV** fordert, dass $k'(-2) = 1{,}5 < h'(-2) = 4$ gilt, der Winkel zwischen dem oberen Blattrand und der Winkelhalbierenden an der Spitze also kleiner wird.

Vergleicht man die herzförmige Figur (Modell) mit dem „echten" Blatt, so sieht man, dass der „echte" obere Blattrand an der Spitze näher bei der Winkelhalbierenden verläuft als im Modell. Somit entspricht der Verlauf der Funktion k mehr der Form des „echten" Blattes als das Modell.

Abitur Mathematik (Bayern): Abiturprüfung 2014
Prüfungsteil B – Analysis Aufgabengruppe 2

BE

Gegeben ist die Funktion f mit $f(x) = \frac{20x}{x^2 - 25}$ und maximalem Definitionsbereich $\mathbb{D}_f$. Die Abbildung zeigt einen Teil des Graphen G_f von f.

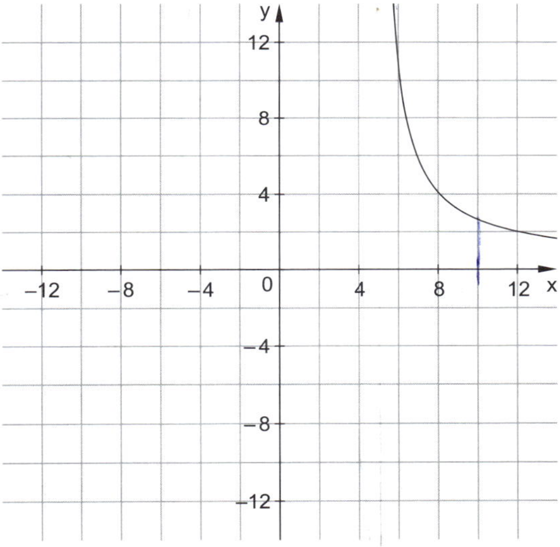

1. a) Zeigen Sie, dass $\mathbb{D}_f = \mathbb{R} \setminus \{-5; 5\}$ gilt und dass G_f symmetrisch bezüglich des Koordinatenursprungs ist. Geben Sie die Nullstelle von f sowie die Gleichungen der drei Asymptoten von G_f an. 5

   b) Weisen Sie nach, dass die Steigung von G_f in jedem Punkt des Graphen negativ ist. Berechnen Sie die Größe des Winkels, unter dem G_f die x-Achse schneidet. 4

   c) Skizzieren Sie in der Abbildung den darin fehlenden Teil von G_f unter Berücksichtigung der bisherigen Ergebnisse. 3

   d) Die Funktion $f^*: x \mapsto f(x)$ mit Definitionsbereich $]5; +\infty[$ unterscheidet sich von der Funktion f nur hinsichtlich des Definitionsbereichs. Begründen Sie, dass die Funktion f nicht umkehrbar ist, die Funktion f^* dagegen schon. Zeichnen Sie den Graphen der Umkehrfunktion von f^* in die Abbildung ein. 4

e) Der Graph von f, die x-Achse sowie die Geraden mit den Gleichungen $x = 10$ und $x = s$ mit $s > 10$ schließen ein Flächenstück mit dem Inhalt A(s) ein. Bestimmen Sie A(s).

$\left[\text{Ergebnis}: A(s) = 10 \cdot \ln\frac{s^2 - 25}{75}\right]$ 5

f) Ermitteln Sie s so, dass das Flächenstück aus Aufgabe 1 e den Inhalt 100 besitzt. 3

g) Bestimmen Sie das Verhalten von A(s) für $s \to +\infty$. 2

2. Ein Motorboot fährt mit konstanter Motorleistung auf einem Fluss eine Strecke der Länge 10 km zuerst flussabwärts und unmittelbar anschließend flussaufwärts zum Ausgangspunkt zurück. Mit der Eigengeschwindigkeit des Motorboots wird der Betrag der Geschwindigkeit bezeichnet, mit der sich das Boot bei dieser Motorleistung auf einem stehenden Gewässer bewegen würde. Im Folgenden soll modellhaft davon ausgegangen werden, dass die Eigengeschwindigkeit des Boots während der Fahrt konstant ist und das Wasser im Fluss mit der konstanten Geschwindigkeit $5\,\frac{km}{h}$ fließt. Die für das Wendemanöver erforderliche Zeit wird vernachlässigt.
Die Gesamtfahrtzeit in Stunden, die das Boot für Hinfahrt und Rückfahrt insgesamt benötigt, wird im Modell für $x > 5$ durch den Term $t(x) = \frac{10}{x+5} + \frac{10}{x-5}$ angegeben. Dabei ist x die Eigengeschwindigkeit des Boots in $\frac{km}{h}$.

a) Bestimmen Sie auf der Grundlage des Modells für eine Fahrt mit einer Eigengeschwindigkeit von $10\,\frac{km}{h}$ und für eine Fahrt mit einer Eigengeschwindigkeit von $20\,\frac{km}{h}$ jeweils die Gesamtfahrtzeit in Minuten. 2

b) Begründen Sie, dass der erste Summand des Terms t(x) die für die Hinfahrt, der zweite Summand die für die Rückfahrt erforderliche Zeit in Stunden angibt. 3

c) Begründen Sie im Sachzusammenhang, dass t(x) für $0 < x < 5$ nicht als Gesamtfahrtzeit interpretiert werden kann. 2

d) Zeigen Sie, dass die Terme f(x) und t(x) äquivalent sind. 2

e) Beschreiben Sie, wie man mithilfe der Abbildung für eine Fahrt mit einer Gesamtfahrtzeit zwischen zwei und vierzehn Stunden die zugehörige Eigengeschwindigkeit des Boots näherungsweise ermitteln kann. Berechnen Sie auf der Grundlage des Modells die Eigengeschwindigkeit des Boots für eine Fahrt mit einer Gesamtfahrtzeit von vier Stunden. 5

40

Tipps und Hinweise

Aufgabe 1 a

- Um welche Art von Funktion handelt es sich?
- Was darf bei einem Bruch nie passieren?
- Division durch null ist nicht definiert.
- Für welche x-Werte hat der Nenner den Wert null?
- Bestimmen Sie f(–x) und vergleichen Sie mit dem gegebenen Funktionsterm.
- Ist der Graph einer Funktion punktsymmetrisch zum Ursprung, so gilt: $f(-x) = -f(x)$
- Ein Bruch hat den Wert null, wenn der Zähler null wird.
- Welche Arten von Asymptoten können bei einer gebrochen-rationalen Funktion vorkommen?
- Senkrechte Asymptoten sind stets durch Definitionslücken vorgegeben.
- Der Definitionsbereich ist gegeben.
- Vergleichen Sie Grad Zähler und Grad Nenner.
- Gilt Grad Zähler = Grad Nenner, so besitzt die Funktion eine waagrechte Asymptote $y = a$ mit $a \neq 0$.
- Gilt Grad Zähler < Grad Nenner, so besitzt die Funktion die x-Achse ($y = 0$) als waagrechte Asymptote.

Aufgabe 1 b

- Die Steigung ergibt sich durch die 1. Ableitung.
- Beachten Sie die Quotientenregel (siehe Merkhilfe).
- Klammern Sie im Zähler aus.
- Der Winkel, unter dem G_f die x-Achse schneidet, entspricht dem Winkel der Tangente im Schnittpunkt mit der x-Achse.

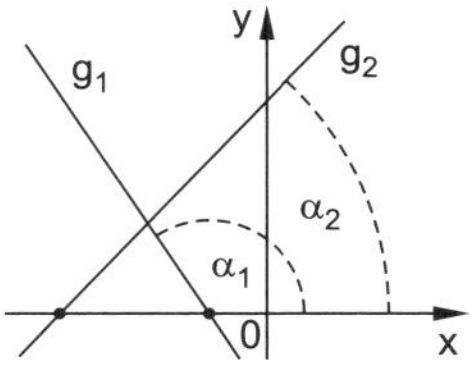

- Die Steigung der Tangente im Ursprung ergibt sich aus f'(0).
- Für die Steigung m jeder Geraden gilt $m = \tan\alpha$, wobei α der Winkel ist, den die Gerade mit der positiven x-Achse einschließt.

Aufgabe 1 c

- Zeichnen Sie zunächst die beiden senkrechten Asymptoten und die Tangente im Ursprung (Winkel siehe Teilaufgabe 1 b) ein.
- Beachten Sie die Punktsymmetrie zum Ursprung.

Aufgabe 1 d

- $f(x)$ ist zwar in $\mathbb{D}_f$ streng monoton fallend, jedoch ist $\mathbb{D}_f$ in drei Intervalle unterteilt.
- Betrachten Sie den Graphen.
- Gibt es y-Werte, die von mehr als einem x-Wert angenommen werden?
- Gibt es waagrechte Geraden, die den Funktionsgraphen mehrmals schneiden?
- Der Graph der Umkehrfunktion ergibt sich durch Spiegelung des Graphen von f^* an der Winkelhalbierenden $y = x$.

Aufgabe 1 e

- Zeichnen Sie die beiden Senkrechten $x = 10$ und $x = s > 10$ ein und markieren Sie die gesuchte Fläche.
- Derartige Flächen berechnet man mithilfe eines bestimmten Integrals. Wie lautet dieses Integral hier?
- Um eine Stammfunktion von $f(x)$ zu finden, beachte man den Zusammenhang von Zähler und Nenner von $f(x)$.
- Der Zähler ist ein Vielfaches der Ableitung des Nenners.
- Ziehen Sie den Faktor 10 vor das Integral.
- Ist bei einem Bruch der Zähler die Ableitung des Nenners, so ergibt sich die Stammfunktion gemäß der Formel aus der Merkhilfe.
- Setzen Sie die obere und untere Integrationsgrenze ein.
- Um das angegebene Ergebnis zu erhalten, müssen die Rechenregeln für Logarithmen angewandt werden (siehe Merkhilfe).

Aufgabe 1 f

- Setzen Sie $A(s) = 100$ und lösen Sie die Gleichung nach s auf.
- Beachten Sie: $\ln a = b \quad \Rightarrow \quad a = e^b$
- s muss die Bedingung $s > 10$ erfüllen.

Aufgabe 1 g

- Gegen welchen Wert strebt das Argument (Term hinter ln), wenn s gegen ∞ strebt?
- Sie kennen die beiden Grenzwerte: $\lim\limits_{x \to 0} \ln x = -\infty$ und $\lim\limits_{x \to \infty} \ln x = \infty$

Aufgabe 2 a

- x gibt die Eigengeschwindigkeit des Boots in $\frac{\text{km}}{\text{h}}$ an, $t(x)$ die Gesamtfahrtzeit in h.
- Bestimmen Sie die Gesamtfahrtzeit für zwei vorgegebene Eigengeschwindigkeiten.

- Die Gesamtfahrtzeit soll nicht in Stunden, sondern in Minuten angegeben werden.

Aufgabe 2 b

- In welchem Zusammenhang stehen Zeit und Geschwindigkeit?
- Es gilt die Formel: Geschwindigkeit $= \frac{\text{Weg}}{\text{Zeit}}$ bzw. $v = \frac{s}{t}$
- Lösen Sie nach t auf.
- Die Strecke s ist im Text vor Teilaufgabe a angegeben.
- Wenn das Boot flussabwärts fährt, treibt auch die Fließgeschwindigkeit des Gewässers es voran.
- Fährt das Boot flussaufwärts, so muss es die Fließgeschwindigkeit des Gewässers überwinden.

Aufgabe 2 c

- Die Fließgeschwindigkeit des Gewässers beträgt $5\,\frac{\text{km}}{\text{h}}$. Die Eigengeschwindigkeit des Boots wäre also kleiner.
- Was geschieht mit dem Boot beim Flussaufwärtsfahren, wenn seine Eigengeschwindigkeit kleiner ist als die Fließgeschwindigkeit?

Aufgabe 2 d

- Verwandeln Sie t(x), indem Sie beide Terme gleichnamig machen.
- Gemeinsamer Nenner ist das Produkt aus beiden Nennern.
- Erweitern Sie die Brüche entsprechend und fassen Sie den Zähler zusammen.

Aufgabe 2 e

- Der Graph von t(x) mit $x > 5$ stimmt mit dem zu Beginn der gesamten Aufgabe gegebenen Graphen überein.
- Der Graph zeigt den Funktionswert 2 für $x = 12$ und den Funktionswert 14 für $x \approx 5{,}7$.
- Für beliebige Funktionswerte $2 \leq y \leq 12$ lassen sich die zugehörigen x-Werte ablesen, indem man von dem geforderten Funktionswert waagrecht zum Graphen und von dort senkrecht zur x-Achse geht.
- Für eine Gesamtfahrtzeit von 4 Stunden soll die Eigengeschwindigkeit berechnet werden.
- Setzen Sie $t(x) = f(x) = 4$ und lösen Sie die Gleichung.
- Der Bruch verschwindet, wenn man die Gleichung mit dem Nenner multipliziert.
- Die Lösungsformel für quadratische Gleichungen findet sich auf der Merkhilfe.
- Es ergeben sich zwei Lösungen, von denen jedoch nur eine Gültigkeit hat.

Lösungen

1. $f(x) = \dfrac{20x}{x^2 - 25}$

a) **Definitionsbereich**

$x^2 - 25 = 0 \quad \Leftrightarrow \quad x^2 = 25 \quad \Leftrightarrow \quad x = \pm 5$

$\mathbb{D}_f = \mathbb{R} \setminus \{-5; 5\}$

Symmetrie

$$f(-x) = \frac{20(-x)}{(-x)^2 - 25} = \frac{-20x}{x^2 - 25} = -f(x)$$

G_f ist punktsymmetrisch zum Ursprung.

Nullstelle

$20x = 0 \quad \Leftrightarrow \quad x = 0$

G_f schneidet die x-Achse im Ursprung.

Asymptoten

$x = 5$	senkrechte Asymptote
$x = -5$	senkrechte Asymptote
$y = 0$	waagrechte Asymptote, da Grad Zähler < Grad Nenner

b) $$f'(x) = \frac{20 \cdot (x^2 - 25) - 20x \cdot 2x}{(x^2 - 25)^2} = \frac{20x^2 - 500 - 40x^2}{(x^2 - 25)^2} = \frac{-20x^2 - 500}{(x^2 - 25)^2}$$

$$= \frac{-20 \cdot (x^2 + 25)}{(x^2 - 25)^2}$$

Wegen $x^2 + 25 > 0$ und $(x^2 - 25)^2 > 0$ in $\mathbb{D}_f$ gilt:

$f'(x) < 0$ in $\mathbb{D}_f$

Also ist die Steigung von G_f in jedem Punkt des Graphen negativ, G_f fällt also streng monoton in $\mathbb{D}_f$.

Für den Schnittwinkel ε gilt:

$$\tan \varepsilon = f'(0) = \frac{-20 \cdot (0^2 + 25)}{(0^2 - 25)^2} = \frac{-500}{625} = -0{,}8 \quad \Rightarrow \quad \varepsilon \approx -38{,}66°$$

Bemerkung: Die Tangente verläuft durch den Ursprung und bildet mit der x-Achse den Winkel ε. Der Graph muss also rechts vom Ursprung unterhalb und links vom Ursprung oberhalb der x-Achse liegen.

c)

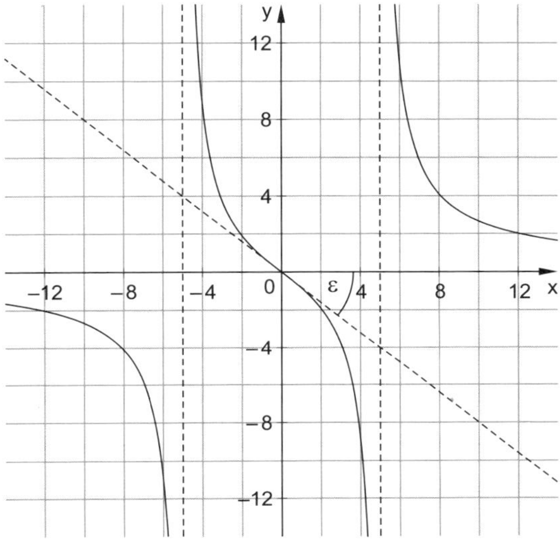

d) Wie der Graph von f zeigt, existieren Geraden y = a, die den Funktionsgraphen zweimal schneiden. Es gibt also Funktionswerte f(x), die von zwei verschiedenen x-Werten angenommen werden. Damit ist f nicht umkehrbar.

Beschränkt man sich auf das Intervall]5; +∞[, so wird jeder Funktionswert nur genau einmal angenommen (streng monoton fallend im zusammenhängenden Intervall]5; +∞[ ). Der Graph der Umkehrfunktion ergibt sich durch Spiegelung von f^* an der Winkelhalbierenden y = x.

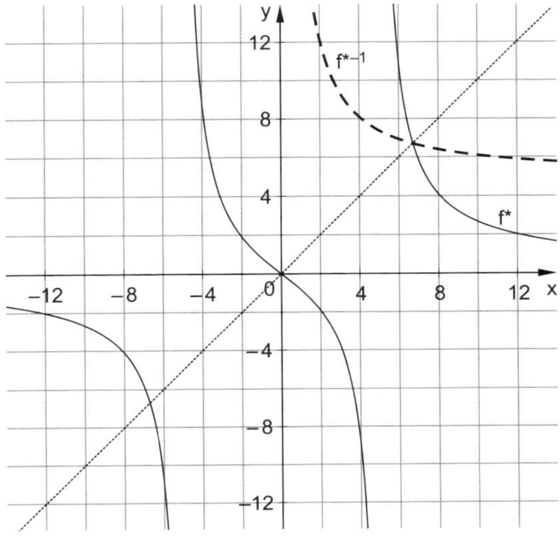

e) $A(s) = \int_{10}^{s} f(x)\,dx = \int_{10}^{s} \frac{20x}{x^2 - 25}\,dx$

$= \int_{10}^{s} \frac{10 \cdot 2x}{x^2 - 25}\,dx = 10 \cdot \int_{10}^{s} \frac{2x}{x^2 - 25}\,dx$

$= 10 \cdot \left[\ln(x^2 - 25)\right]_{10}^{s}$

$= 10 \cdot \left[\ln(s^2 - 25) - \ln(10^2 - 25)\right]$

$= 10 \cdot \left[\ln(s^2 - 25) - \ln 75\right]$

$= 10 \cdot \ln \frac{s^2 - 25}{75}$

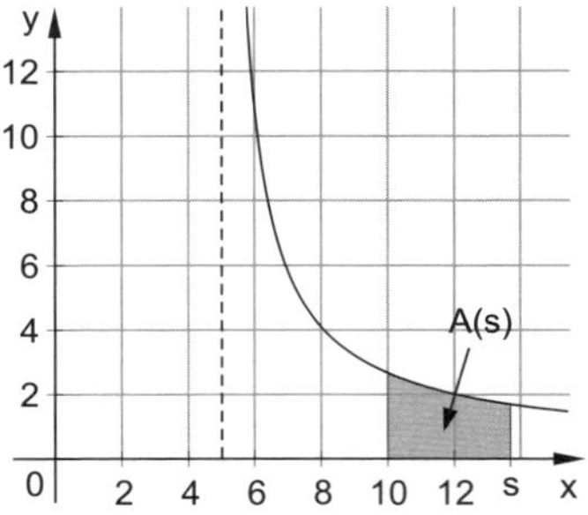

f) $10 \cdot \ln \frac{s^2 - 25}{75} = 100$

$\ln \frac{s^2 - 25}{75} = 10$

$\frac{s^2 - 25}{75} = e^{10}$

$\Rightarrow \quad s^2 = 75e^{10} + 25$

$\Rightarrow \quad s = \pm\sqrt{75e^{10} + 25}$

Wegen $s > 10$ gilt nur die Lösung $s = +\sqrt{75e^{10} + 25}$.

g) $\lim\limits_{s \to +\infty} A(s) = \lim\limits_{s \to +\infty} 10 \cdot \ln \frac{s^2 - 25}{75} = "10 \cdot \ln \frac{\infty^2 - 25}{75}" = "10 \cdot \ln \infty" = \infty$

2. $t(x) = \frac{10}{x + 5} + \frac{10}{x - 5}$ mit $\mathbb{D}_t =]5; +\infty[$

a) $t(10) = \frac{10}{10 + 5} + \frac{10}{10 - 5} = \frac{10}{15} + \frac{10}{5} = \frac{2}{3} + 2 = 2\frac{2}{3}$

Bei einer Eigengeschwindigkeit von $10\frac{\text{km}}{\text{h}}$ beträgt die Gesamtfahrtzeit:

$2\frac{2}{3}\text{ h} = 120\text{ min} + 40\text{ min} = 160\text{ min}$

$t(20) = \frac{10}{20 + 5} + \frac{10}{20 - 5} = \frac{10}{25} + \frac{10}{15} = 1\frac{1}{15}$

Bei einer Eigengeschwindigkeit von $20\frac{km}{h}$ beträgt die Gesamtfahrtzeit:

$$1\frac{1}{15}\text{ h} = 60\text{ min} + 4\text{ min} = 64\text{ min}$$

b) Aus der Formel

$$\text{Geschwindigkeit} = \frac{\text{Weg}}{\text{Zeit}} \quad \Leftrightarrow \quad v = \frac{s}{t}$$

ergibt sich:

$$\text{Zeit} = \frac{\text{Weg}}{\text{Geschwindigkeit}} \quad \Leftrightarrow \quad t = \frac{s}{v}$$

Die zurückzulegende Strecke beträgt sowohl bei Hin- als auch bei Rückfahrt 10 km:

$s = 10$

Bei der Hinfahrt (flussabwärts) kommt zur Eigengeschwindigkeit x des Boots in $\frac{km}{h}$ noch die Fließgeschwindigkeit $5\ \frac{km}{h}$ des Gewässers hinzu:

$v_{Hinfahrt} = x + 5$

Bei der Rückfahrt (flussaufwärts) muss das Boot gegen die Strömung fahren. Von der Eigengeschwindigkeit x des Boots muss die Fließgeschwindigkeit des Gewässers also abgezogen werden:

$v_{Rückfahrt} = x - 5$

Insgesamt erhält man:

$$t_{gesamt}(x) = t_{Hinfahrt}(x) + t_{Rückfahrt}(x) = \frac{s}{v_{Hinfahrt}} + \frac{s}{v_{Rückfahrt}} = \frac{10}{x+5} + \frac{10}{x-5}$$

c) Für $0 < x < 5$ wäre die Eigengeschwindigkeit des Boots kleiner als die Fließgeschwindigkeit des Gewässers. Das Boot könnte zwar flussabwärts, aber nicht flussaufwärts fahren, da es auch bei voller Motorleistung gegen den Strom noch mit einer Geschwindigkeit von $(5 - x)\ \frac{km}{h}$ flussabwärts getrieben würde.

d) $$t(x) = \frac{10}{x+5} + \frac{10}{x-5} = \frac{10(x-5) + 10(x+5)}{(x+5)(x-5)} = \frac{10x - 50 + 10x + 50}{(x+5)(x-5)} = \frac{20x}{x^2 - 25}$$

$$= f(x)$$

e) Die zu Beginn der Aufgabe gegebene Abbildung zeigt den Graphen der Funktion f im Intervall]5; 14[und damit auch den Graphen von t(x) für $x > 5$.

Gemäß der Angabe von Teilaufgabe 2 steht x für die Eigengeschwindigkeit des Boots in $\frac{\text{km}}{\text{h}}$ und $t(x) = f(x)$ für die Gesamtfahrtzeit in h.

Liest man also den x-Wert ab, der zu einem bestimmten Funktionswert y (zwischen zwei und vierzehn) gehört, so gibt dieses x die Eigengeschwindigkeit an, die das Boot bei einer Gesamtfahrtzeit von y Stunden besitzt.

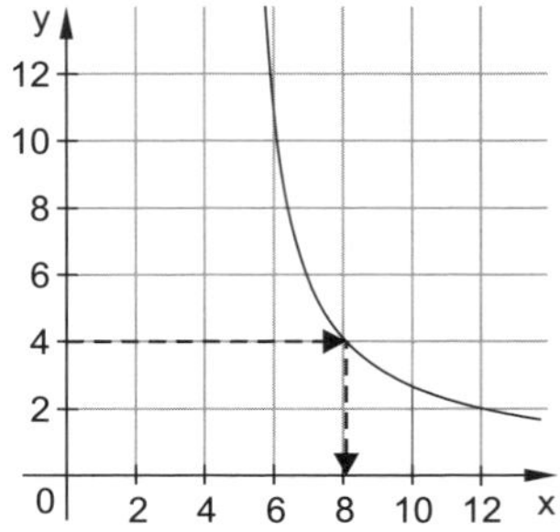

$$t(x) = f(x) = 4$$

$$\frac{20x}{x^2 - 25} = 4$$

$$20x = 4x^2 - 100$$

$$4x^2 - 20x - 100 = 0$$

$$\Rightarrow \quad x_{1;\,2} = \frac{20 \pm \sqrt{(-20)^2 - 4 \cdot 4 \cdot (-100)}}{2 \cdot 4} = \frac{20 \pm \sqrt{2\,000}}{8}$$

$$\Rightarrow \quad x_1 \approx 8{,}09 \quad \text{und} \quad x_2 \approx -3{,}09$$

Die Eigengeschwindigkeit des Boots muss ca. 8,09 $\frac{\text{km}}{\text{h}}$ betragen, um eine Fahrzeit von 4 Stunden einzuhalten.

Bemerkung: Die Lösung x_2 liegt weder in $\mathbb{D}_f =]5; \infty[$, noch ist sie im Sachzusammenhang von Bedeutung, da das stets vorwärts fahrende Boot keine negative Eigengeschwindigkeit besitzen kann.

Abitur Mathematik (Bayern): Abiturprüfung 2014
Prüfungsteil B – Stochastik Aufgabengruppe 1

BE

Im Rahmen der sogenannten JIM-Studie wurde in Deutschland im Jahr 2012 der Umgang von Jugendlichen im Alter von 12 bis 19 Jahren mit Information und Medien untersucht. In der folgenden Tabelle werden ausgewählte Ergebnisse dieser Studie anhand einer repräsentativen Auswahl von 200 Jugendlichen wiedergegeben, von denen 102 Jungen sind. Dabei werden für vier Geräteklassen jeweils die Anzahl der Mädchen und die Anzahl der Jungen unter den 200 ausgewählten Jugendlichen angegeben, die ein entsprechendes Gerät besitzen.

	Mädchen	Jungen
Smartphone	42	52
Computer	77	87
Fernsehgerät	54	65
feste Spielkonsole	37	62

1. a) Bestimmen Sie die Wahrscheinlichkeit dafür, dass eine aus den 200 Jugendlichen zufällig ausgewählte Person weiblich ist und kein Fernsehgerät besitzt. 2

   b) Aus den 200 Jugendlichen wird eine Person zufällig ausgewählt, die ein Fernsehgerät besitzt. Ermitteln Sie die Wahrscheinlichkeit dafür, dass diese Person weiblich ist. 2

   c) Begründen Sie, dass die Ereignisse „Eine aus den 200 Jugendlichen zufällig ausgewählte Person besitzt ein Fernsehgerät." und „Eine aus den 200 Jugendlichen zufällig ausgewählte Person ist ein Mädchen." abhängig sind. 2

   d) Der Studie zufolge besitzen 55 % der Mädchen im Alter von 12 bis 19 Jahren ein Fernsehgerät.
   Geben Sie den Wert der Summe $\sum_{i=0}^{12} B(25; 0{,}55; i)$ in Prozent an.
   Begründen Sie, dass dieser Wert im Allgemeinen nicht die Wahrscheinlichkeit dafür angibt, dass von den 25 Schülerinnen einer Klasse der Jahrgangsstufe 9 weniger als die Hälfte ein Fernsehgerät besitzt. 3

2. Der JIM-Studie zufolge besitzen deutlich weniger als 90 % der Jugendlichen einen Computer. Daher wird an den Stadtrat einer Kleinstadt der Wunsch herangetragen, im örtlichen Jugendzentrum einen Arbeitsraum mit Computern einzurichten. Der Stadtrat möchte die dafür erforderlichen finanziellen Mittel nur dann bewilligen, wenn weniger als 90 % der Jugendlichen der Kleinstadt einen Computer besitzen.

a) Die Entscheidung über die Bewilligung der finanziellen Mittel soll mithilfe einer Befragung von 100 zufällig ausgewählten 12- bis 19-jährigen Jugendlichen der Kleinstadt getroffen werden. Die Wahrscheinlichkeit dafür, dass die finanziellen Mittel irrtümlich bewilligt werden, soll höchstens 5 % betragen. Bestimmen Sie die zugehörige Entscheidungsregel, bei der zugleich die Wahrscheinlichkeit dafür, dass die finanziellen Mittel irrtümlich nicht bewilligt werden, möglichst klein ist. 4

b) Bestimmen Sie die Wahrscheinlichkeit dafür, dass unter den 100 befragten Jugendlichen genau 85 einen Computer besitzen, wenn der Anteil derjenigen Jugendlichen, die einen Computer besitzen, unter den Jugendlichen der Kleinstadt ebenso groß ist wie unter den in der Tabelle erfassten Jugendlichen. 3

3. Es ist zu vermuten, dass unter den Jugendlichen, die ein Smartphone besitzen, der Anteil derjenigen, die eine feste Spielkonsole besitzen, größer ist als unter den Jugendlichen, die kein Smartphone besitzen. Bestimmen Sie für die in der Tabelle erfassten 200 Jugendlichen, wie groß die Anzahl derjenigen Personen, die sowohl ein Smartphone als auch eine feste Spielkonsole besitzen, mindestens sein muss, damit die Vermutung für die in der Tabelle erfassten Jugendlichen zutrifft. 4

20

Tipps und Hinweise

Aufgabe 1 a

- Die Tabelle gibt nur an, wie viele der befragten Mädchen ein Fernsehgerät besitzen.
- Bestimmen Sie die Anzahl der Mädchen, die an der Befragung teilgenommen haben.
- Wie viele Mädchen haben kein Fernsehgerät?
- Eine Laplace-Wahrscheinlichkeit berechnet sich allgemein zu:

$$P(E)=\frac{\text{Anzahl der für E günstigen Möglichkeiten}}{\text{Anzahl aller Möglichkeiten}}$$

Aufgabe 1 b

- Es handelt sich um eine bedingte Wahrscheinlichkeit.
- Grundmenge sind nicht alle Befragten, sondern nur die, die einen Fernseher besitzen.
- Wie viele Jugendliche besitzen insgesamt einen Fernseher? (Nenner!)
- Wie viele Mädchen besitzen einen Fernseher? (Zähler!)

Aufgabe 1 c

1. Möglichkeit:

- Benutzen Sie die Formel von der Merkhilfe.
- Sie müssen dazu die Wahrscheinlichkeiten der beiden Ereignisse sowie die Wahrscheinlichkeit der Schnittmenge der beiden Ereignisse bestimmen.

2. Möglichkeit:

- Benutzen Sie das Ergebnis von Teilaufgabe 1 b.
- Vergleichen Sie mit dem Anteil der Mädchen unter allen Befragten.

Aufgabe 1 d

- Achten Sie darauf, die kumulative Tabelle zu verwenden.
- Alle 25 Mädchen gehören einer 9. Klasse an.
- Welches Alter haben Schüler einer 9. Klasse?
- Vergleichen Sie mit der Altersangabe der Studie.

Aufgabe 2 a

- Wann werden die Mittel bewilligt?
- Wann werden die Mittel nicht bewilligt?

- Die Mittel werden irrtümlich bewilligt, wenn nur wenige der Befragten einen Computer besitzen, die tatsächliche Wahrscheinlichkeit für den Besitz eines Rechners aber dennoch mindestens 90 % beträgt.

- Lösungsansatz: $P_{0,9}^{100}(X \leq k) \leq 0{,}05$ oder $\sum_{i=0}^{k} B(100; 0{,}9; i) \leq 0{,}05$

- Achten Sie darauf, die kumulative Tabelle zu verwenden.

- Wählen Sie das größtmögliche k.

Aufgabe 2 b

- Wie viele Computerbesitzer weist die Tabelle aus?

- Wie groß ist somit der Anteil der Computerbesitzer laut Tabelle?

- Die gesuchte Wahrscheinlichkeit (genau 85 Computerbesitzer) ist nicht tabellarisiert.

- Die entsprechende Formel finden Sie auf der Merkhilfe.

Aufgabe 3

- Bestimmen Sie die Anzahl der Jugendlichen mit Smartphone.

- Bestimmen Sie die Anzahl der Jugendlichen mit Spielkonsole.

- Formulieren Sie die Vermutung als Ungleichung.

1. Möglichkeit:

- Die Jugendlichen mit Spielkonsole bestehen aus solchen mit und solchen ohne Smartphone.

- Drücken Sie die Anzahl der Jugendlichen ohne Smartphone und mit Spielkonsole durch die Anzahl der Jugendlichen mit Smartphone und Spielkonsole aus.

- Setzen Sie alles in die Vermutung ein. Es entsteht eine Ungleichung für die Unbekannte x = Jugendliche mit Smartphone und Spielkonsole.

- Lösen Sie nach x auf.

- Die Anzahl der Jugendlichen muss durch eine natürliche Zahl angegeben werden.

2. Möglichkeit:

- Die Vermutung lässt sich auch anders erfüllen.

- Der Anteil der Jugendlichen, die beide Geräte besitzen, unter den Jugendlichen mit Smartphone muss größer sein als der Anteil der Spielkonsolenbesitzer unter allen.

- Lösen Sie die Ungleichung nach „Jugendliche mit Smartphone und Spielkonsole“ auf.

- Die Anzahl der Jugendlichen muss durch eine natürliche Zahl angegeben werden.

Lösungen

1. Die Zahlen in der Tabelle geben die Antworten von 102 Jungen und 98 Mädchen wieder.

a) Laut Tabelle besitzen 54 der 98 Mädchen ein Fernsehgerät, also besitzen $98 - 54 = 44$ Mädchen kein Fernsehgerät.

$$P(\text{Mädchen} \cap \text{kein Fernsehgerät}) = \frac{44}{200} = 0{,}22 = 22\ \%$$

b) Laut Tabelle besitzen insgesamt $54 + 65 = 119$ Jugendliche ein Fernsehgerät.

$$P_{\text{Fernsehgerät}}(\text{Mädchen}) = \frac{\text{Anzahl der Mädchen mit Fernsehgerät}}{\text{Anzahl aller mit Fernsehgerät}}$$

$$= \frac{54}{119} \approx 0{,}4538 = 45{,}38\ \%$$

c) *1. Möglichkeit:* Formel auf der Merkhilfe

$$P(\text{Fernsehgerät}) = \frac{119}{200} = 59{,}5\ \%$$

$$P(\text{Mädchen}) = \frac{98}{200} = 49\ \%$$

$$P(\text{Fernsehgerät} \cap \text{Mädchen}) = \frac{54}{200} = 27\ \%$$

$$P(\text{Fernsehgerät}) \cdot P(\text{Mädchen}) = \frac{119}{200} \cdot \frac{98}{200} = 0{,}29155 \neq 0{,}27$$

Somit sind die beiden Ereignisse „Fernsehgerät" und „Mädchen" stochastisch abhängig.

2. Möglichkeit: Nutzen des Ergebnisses aus Teilaufgabe 1 b

$$P_{\text{Fernsehgerät}}(\text{Mädchen}) \approx 0{,}4538 = 45{,}38\ \% \neq P(\text{Mädchen}) = \frac{98}{200} = 49\ \%$$

Der Anteil der Mädchen unter allen ist also größer als der Anteil der Mädchen unter den Besitzern eines Fernsehgeräts. Somit sind die beiden Ereignisse „Fernsehgerät" und „Mädchen" stochastisch abhängig.

d) Nachschlagen in der Stochastiktabelle ergibt:

$$\sum_{i=0}^{12} B(25; 0{,}55; i) = 0{,}30632 = 30{,}632\ \%$$

Die 25 Mädchen dieser 9. Klasse haben zum einen alle die gleiche Schulbildung und sind zum anderen alle nahezu gleich alt (14 bzw. 15 Jahre). Sie bilden also keine repräsentative Auswahl aller Mädchen im Alter von 12 bis 19 Jahren.

2. a) Die Mittel werden bewilligt, wenn weniger als 90 % der Jugendlichen einen Computer besitzen. Die Mittel werden also nicht bewilligt, wenn mindestens 90 % der Jugendlichen einen Computer besitzen.
Die Mittel werden irrtümlich bewilligt, wenn nur wenige (höchstens k) der befragten Jugendlichen angeben, einen Computer zu besitzen, obwohl mindestens 90 % der Jugendlichen insgesamt einen Computer besitzen. Diese Wahrscheinlichkeit soll höchstens 5 % betragen.

$$P_{0,9}^{100}(X \leq k) \leq 0{,}05 \quad \text{oder} \quad \sum_{i=0}^{k} B(100; 0{,}9; i) \leq 0{,}05$$

Nachschlagen in der Stochastiktabelle ergibt $k \leq 84$.

Damit die Wahrscheinlichkeit, die Mittel irrtümlich nicht zu bewilligen, möglichst klein bleibt, wählt man das größtmögliche k, also $k = 84$.

Die Mittel werden bewilligt, wenn höchstens 84 der befragten 100 Jugendlichen einen Computer besitzen. Die Mittel werden nicht bewilligt, wenn mehr als 84 der befragten Jugendlichen einen Computer besitzen.

b) Aus der Tabelle ist zu entnehmen, dass $77 + 87 = 164$ der insgesamt 200 Jugendlichen einen Computer besitzen.

$$P(\text{Computer}) = \frac{164}{200} = 0{,}82 = 82\ \%$$

Die gesuchte Wahrscheinlichkeit berechnet sich somit zu:

$$P_{0,82}^{100}(X = 85) = B(100; 0{,}82; 85) = \binom{100}{85} \cdot 0{,}82^{85} \cdot (1 - 0{,}82)^{100-85}$$

$$= \binom{100}{85} \cdot 0{,}82^{85} \cdot 0{,}18^{15} \approx 0{,}0807 = 8{,}07\ \%$$

3. Laut Tabelle besitzen:
$42 + 52 = 94$ Jugendliche ein Smartphone $\Rightarrow$ 106 kein Smartphone
$37 + 62 = 99$ Jugendliche eine Spielkonsole $\Rightarrow$ 101 keine Spielkonsole

Die Vermutung lautet:

$$\frac{\text{Smartphone und Spielkonsole}}{\text{Smartphone}} > \frac{\overline{\text{Smartphone}} \text{ und Spielkonsole}}{\overline{\text{Smartphone}}}$$

1. Möglichkeit:
Da es insgesamt 99 Jugendliche mit Spielkonsole gibt, muss gelten:

$\overline{\text{Smartphone}}$ und Spielkonsole = 99 – Smartphone und Spielkonsole

Eingesetzt in die Vermutung ergibt sich:

$$\frac{\text{Smartphone und Spielkonsole}}{94} > \frac{99 - \text{Smartphone und Spielkonsole}}{106}$$

Vereinfacht mit x = Smartphone und Spielkonsole folgt:

$$\frac{x}{94} > \frac{99-x}{106}$$

$$106x > 94 \cdot (99 - x)$$

$$106x > 9\,306 - 94x$$

$$200x > 9\,306$$

$$x > 46{,}53$$

2. Möglichkeit:
Damit die Vermutung zutrifft, muss der Anteil der Spielkonsolenbesitzer unter den Jugendlichen mit Smartphone größer sein als der Anteil der Spielkonsolenbesitzer unter allen Jugendlichen, also:

$$\frac{\text{Smartphone und Spielkonsole}}{\text{Smartphone}} > \frac{\text{Spielkonsole}}{\text{alle Jugendlichen}}$$

$$\frac{\text{Smartphone und Spielkonsole}}{94} > \frac{99}{200}$$

$$\text{Smartphone und Spielkonsole} > \frac{99 \cdot 94}{200} = 46{,}53$$

Die Vermutung trifft also nur zu, falls von den 94 Jugendlichen mit Smartphone mindestens 47 auch eine feste Spielkonsole besitzen.

Abitur Mathematik (Bayern): Abiturprüfung 2014
Prüfungsteil B – Stochastik Aufgabengruppe 2

BE

1. In einem Supermarkt erhalten Kunden abhängig vom Wert ihres Einkaufs eine bestimmte Anzahl von Päckchen mit Tierbildern, die in ein Sammelalbum eingeklebt werden können. Jedes Päckchen enthält fünf Bilder. Im Sammelalbum sind Plätze für insgesamt 200 verschiedene Bilder vorgesehen. Die Bilder werden jeweils in großer Stückzahl mit der gleichen Häufigkeit produziert und auf die Päckchen zufällig verteilt, wobei sich die Bilder in einem Päckchen nicht unterscheiden müssen.

   a) Begründen Sie, dass der Term $\frac{200 \cdot 199 \cdot 198 \cdot 197 \cdot 196}{200^5}$ die Wahrscheinlichkeit dafür beschreibt, dass sich in einem Päckchen fünf verschiedene Tierbilder befinden. 2

   b) Einem Jungen fehlen in seinem Sammelalbum noch 15 Bilder. Er geht mit seiner Mutter zum Einkaufen und erhält anschließend zwei Päckchen mit Tierbildern. Bestimmen Sie die Wahrscheinlichkeit dafür, dass die beiden Päckchen nur Bilder enthalten, die der Junge bereits in seinem Sammelalbum hat. 3

   Bei Kindern besonders beliebt sind die 3D-Bilder, auf denen die Tiere dreidimensional erscheinen. 20 der 200 für ein Sammelalbum vorgesehenen Bilder sind 3D-Bilder.

   c) Ermitteln Sie, wie viele Päckchen ein Kind mindestens benötigt, um mit einer Wahrscheinlichkeit von mehr als 99 % mindestens ein 3D-Bild zu erhalten. 5

2. Um Geld für die Ausstattung des örtlichen Kindergartens einzunehmen, veranstaltet der Supermarkt ein Gewinnspiel. Die fünf Sektoren des dabei eingesetzten Glücksrads sind von 1 bis 5 durchnummeriert. Die Größe der Sektoren ist direkt proportional zum Zahlenwert der Nummern; beispielsweise ist der Sektor mit der Nummer 3 dreimal so groß wie der Sektor mit der Nummer 1. Nachdem der Spieler sechs Euro bezahlt hat, wird das Glücksrad einmal gedreht. Erzielt der Spieler eine der Nummern 1 bis 4, so wird ihm der zugehörige Zahlenwert als Betrag in Euro ausgezahlt, erzielt er die Nummer 5, so erhält er eine Eintrittskarte für einen Freizeitpark im Wert von fünfzehn Euro.

   a) Bestimmen Sie die Größe des Öffnungswinkels des Sektors mit der Nummer 1 sowie die Wahrscheinlichkeit dafür, dass ein Spieler bei einem Spiel eine Eintrittskarte gewinnt.
   [Teilergebnis: Größe des Öffnungswinkels: 24°] 3

b) Berechnen Sie den Erwartungswert der Auszahlung pro Spiel, wenn der Gewinn einer Eintrittskarte mit einer Auszahlung von fünfzehn Euro gleichgesetzt wird. Interpretieren Sie das Ergebnis. 4

c) Der Supermarkt muss für jede Eintrittskarte nur zehn Euro an den Freizeitpark bezahlen. Damit ist bei der Spielaktion ein finanzieller Überschuss zu erwarten, der an den örtlichen Kindergarten gespendet werden soll. Ermitteln Sie den zu erwartenden Überschuss, wenn man davon ausgeht, dass das Spiel insgesamt 6 000-mal durchgeführt wird. 3

20

Tipps und Hinweise

Aufgabe 1 a

- Eine Laplace-Wahrscheinlichkeit berechnet sich allgemein zu:

$$P(E) = \frac{\text{Anzahl der für E günstigen Möglichkeiten}}{\text{Anzahl aller Möglichkeiten}}$$

- Für jedes Bild gibt es stets 200 Möglichkeiten. Wie viele verschiedene Möglichkeiten gibt es dann für das fünfmalige Ziehen eines beliebigen Bildes?
- Das Ereignis lautet „5 verschiedene Bilder“.
- Ein Bild, das bereits gezogen wurde, darf nicht mehr erscheinen.

Aufgabe 1 b

- Wie groß ist die Wahrscheinlichkeit, dass der Junge ein bestimmtes Bild bereits hat?
- Wie viele Bilder findet der Junge in den beiden Päckchen?
- Alle Bilder der beiden Päckchen sind bereits im Sammelalbum enthalten.

Aufgabe 1 c

- Bestimmen Sie die Wahrscheinlichkeit für ein 3D-Bild.
- Wie viele Bilder benötigt man, um mit einer Wahrscheinlichkeit von mehr als 99 % darunter mindestens ein 3D-Bild zu finden?
- Formulieren Sie „mindestens ein 3D-Bild“ über das Gegenereignis.
- Der Lösungsansatz lautet: $1 - 0{,}9^n > 0{,}99$
- Beim Auflösen der Ungleichung hilft Logarithmieren.
- Bedenken Sie, dass $\ln a < 0$ für $0 < a < 1$ gilt.
- n muss eine natürliche Zahl sein.
- Wie viele Päckchen benötigt man, um so viele Bilder zu erhalten?

Aufgabe 2 a

- In wie viele Teile muss das Glücksrad zunächst geteilt werden, damit das Verhältnis 1 : 2 : 3 : 4 : 5 verwirklicht werden kann?
- Der Sektor der Nummer 1 erhält einen solchen Teil.
- Der Sektor der Nummer 5 ist fünfmal größer als der Sektor der Nummer 1.

Aufgabe 2 b

- Fertigen Sie eine Tabelle an, in der die Auszahlungen und die zugehörigen Wahrscheinlichkeiten ausgewiesen sind.

- Die Formel für den Erwartungswert finden Sie auf Ihrer Merkhilfe.
- Vergleichen Sie den Erwartungswert mit dem Einsatz.
- Der Einsatz ist mit 6 € niedriger als der Erwartungswert, der die durchschnittliche Auszahlung pro Spiel angibt.
- Wer macht bei jedem Spiel (durchschnittlich!) welchen Gewinn bzw. Verlust?

Aufgabe 2 c

- Wie ändert sich der Erwartungswert durch die Verbilligung der Eintrittskarte?
- Wie groß ist nun der durchschnittliche Überschuss bei jedem Spiel?
- Wie groß ist dann der erwartete Gesamtüberschuss bei 6 000 Spielen?

Lösungen

1. a) Die Angabe besagt, dass die Bilder in großer Stückzahl produziert werden. Das bedeutet, dass jedes Päckchen völlig beliebig mit 5 der 200 Bilder bestückt werden kann, da für jedes einzelne Bild stets alle 200 Möglichkeiten bestehen. Auch besitzt jedes Bild laut Angabe die gleiche Wahrscheinlichkeit. Die Laplace-Annahme ist somit erfüllt.

   Daher gilt:

   $$P = \frac{\text{Anzahl aller für das Ereignis günstigen Möglichkeiten}}{\text{Anzahl aller Möglichkeiten}}$$

   Im gegebenen Term $\frac{200 \cdot 199 \cdot 198 \cdot 197 \cdot 196}{200^5}$ gibt der Nenner die Anzahl aller Möglichkeiten an, fünfmal hintereinander ein Bild zu wählen, wobei jedes Mal 200 verschiedene Bilder zur Verfügung stehen.
   Der Zähler gibt die Anzahl der Möglichkeiten an, fünfmal hintereinander ein jeweils anderes Bild zu wählen. Beim ersten Ziehen gibt es 200 verschiedene Bilder, beim zweiten Ziehen nur noch 199, beim dritten Ziehen nur noch 198 usw.
   Der Term gibt somit die Wahrscheinlichkeit an, beim fünfmaligen Ziehen (Füllung eines Päckchens) fünf verschiedene Bilder zu erhalten.

   b) Der Junge erhält zwei Päckchen, also zehn Bilder. Da ihm noch 15 Bilder fehlen, hat er bereits $200 - 15 = 185$ Bilder in seinem Album.

   $$P = \left(\frac{185}{200}\right)^{10} \approx 0{,}4586 = 45{,}86\ \%$$

   c) Die Wahrscheinlichkeit für ein 3D-Bild beträgt $\frac{20}{200} = 0{,}1$.

   $$\begin{aligned}
   P(\text{mindestens ein 3D-Bild bei n Versuchen}) &> 99\ \% \\
   1 - P(\text{kein 3D-Bild bei n Versuchen}) &> 0{,}99 \\
   1 - (1 - 0{,}1)^n &> 0{,}99 \\
   0{,}9^n &< 0{,}01 \\
   n \cdot \ln 0{,}9 &< \ln 0{,}01 \\
   n &> \frac{\ln 0{,}01}{\ln 0{,}9} \\
   n &> 43{,}7
   \end{aligned}$$

   Das Kind benötigt mindestens 44 Bilder, also mindestens 9 Päckchen.

2. a) Die Größe der Sektoren verhält sich wie $1:2:3:4:5$. Die 360° des Glücksrads müssen also zunächst in $1+2+3+4+5=15$ Teile geteilt werden.

Für die Öffnungswinkel der einzelnen Zahlen ergibt sich:

Zahl	1	2	3	4	5
Öffnungswinkel	24°	48°	72°	96°	120°

Somit: $P(5)=\frac{120°}{360°}=\frac{1}{3}$

b)

Zahl	1	2	3	4	5
Auszahlung in €	1	2	3	4	15
Wahrscheinlichkeit	$\frac{24}{360}=\frac{1}{15}$	$\frac{48}{360}=\frac{2}{15}$	$\frac{72}{360}=\frac{1}{5}$	$\frac{96}{360}=\frac{4}{15}$	$\frac{120}{360}=\frac{1}{3}$

$$\text{E(Auszahlung)}=1\cdot\frac{1}{15}+2\cdot\frac{2}{15}+3\cdot\frac{1}{5}+4\cdot\frac{4}{15}+15\cdot\frac{1}{3}=7$$

Da der Erwartungswert der Auszahlung mit 7 € höher ist als der Einsatz von 6 €,

- macht der Supermarkt bei jedem Spiel einen durchschnittlichen Verlust von 1 €.

oder:

- macht jeder Spieler bei jedem Spiel einen durchschnittlichen Gewinn von 1 €.

c) Man verändert die obige Tabelle entsprechend:

Zahl	1	2	3	4	5
Auszahlung in €	1	2	3	4	10
Wahrscheinlichkeit	$\frac{24}{360}=\frac{1}{15}$	$\frac{48}{360}=\frac{2}{15}$	$\frac{72}{360}=\frac{1}{5}$	$\frac{96}{360}=\frac{4}{15}$	$\frac{120}{360}=\frac{1}{3}$

Erwartungswert:

$$\text{E(Auszahlung)}=1\cdot\frac{1}{15}+2\cdot\frac{2}{15}+3\cdot\frac{1}{5}+4\cdot\frac{4}{15}+10\cdot\frac{1}{3}=5\frac{1}{3}$$

Da der Einsatz unverändert 6 € beträgt, können nun bei jedem Spiel durchschnittlich $\frac{2}{3}$ € als Überschuss erwirtschaftet werden.

Der erwartete Überschuss bei 6 000 Spielen beträgt $6\,000\cdot\frac{2}{3}\text{ €}=4\,000\text{ €}$.

Abitur Mathematik (Bayern): Abiturprüfung 2014
Prüfungsteil B – Geometrie Aufgabengruppe 1

BE

In einem kartesischen Koordinatensystem legen die Punkte A(4 | 0 | 0), B(0 | 4 | 0) und C(0 | 0 | 4) das Dreieck ABC fest, das in der Ebene E: $x_1 + x_2 + x_3 = 4$ liegt.

a) Bestimmen Sie den Flächeninhalt des Dreiecks ABC. 3

Das Dreieck ABC stellt modellhaft einen Spiegel dar. Der Punkt P(2 | 2 | 3) gibt im Modell die Position einer Lichtquelle an, von der ein Lichtstrahl ausgeht.

Die Richtung dieses Lichtstrahls wird im Modell durch den Vektor $\vec{v} = \begin{pmatrix} -1 \\ -1 \\ -4 \end{pmatrix}$ beschrieben.

b) Geben Sie eine Gleichung der Geraden g an, entlang derer der Lichtstrahl im Modell verläuft. Bestimmen Sie die Koordinaten des Punkts R, in dem g die Ebene E schneidet, und begründen Sie, dass der Lichtstrahl auf dem dreieckigen Spiegel auftrifft.
[zur Kontrolle: R(1,5 | 1,5 | 1)] 5

Der einfallende Lichtstrahl wird in demjenigen Punkt des Spiegels reflektiert, der im Modell durch den Punkt R dargestellt wird. Der reflektierte Lichtstrahl geht für einen Beobachter scheinbar von einer Lichtquelle aus, deren Position im Modell durch den Punkt Q(0 | 0 | 1) beschrieben wird (vgl. Abbildung).

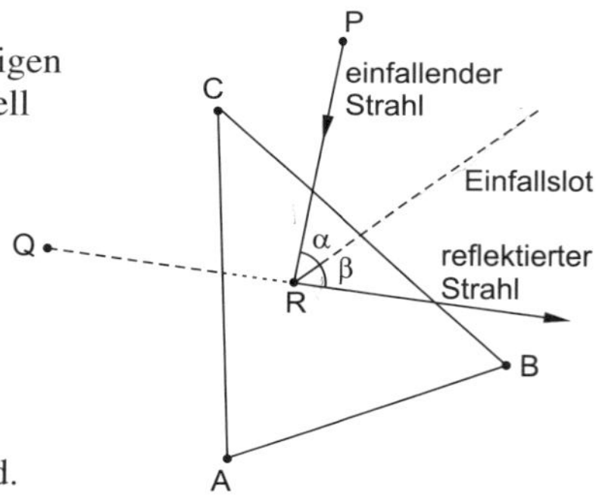

c) Zeigen Sie, dass die Punkte P und Q bezüglich der Ebene E symmetrisch sind. 3

Das Lot zur Ebene E im Punkt R wird als Einfallslot bezeichnet.

d) Die beiden Geraden, entlang derer der einfallende und der reflektierte Lichtstrahl im Modell verlaufen, liegen in einer Ebene F. Ermitteln Sie eine Gleichung von F in Normalenform. Weisen Sie nach, dass das Einfallslot ebenfalls in der Ebene F liegt.
[mögliches Teilergebnis: F: $x_1 - x_2 = 0$] 5

e) Zeigen Sie, dass die Größe des Winkels β zwischen reflektiertem Lichtstrahl und Einfallslot mit der Größe des Winkels α zwischen einfallendem Lichtstrahl und Einfallslot übereinstimmt. 4

20

Tipps und Hinweise

Aufgabe a

- Für die Fläche eines Dreiecks findet sich eine Formel auf Ihrer Merkhilfe.
- Achten Sie darauf, dass beide Vektoren denselben Anfangspunkt besitzen.

Aufgabe b

- Setzen Sie in die allgemeine Geradengleichung $\vec{X} = \vec{P} + \lambda \cdot \vec{v}$ ein.
- Um den Schnittpunkt einer Geraden mit einer Ebene zu bestimmen, setzt man die einzelnen Koordinaten der Geradengleichung in die Normalenform der Ebene ein.
- Es ergibt sich eine Gleichung für den Parameter der Geraden.
- Einsetzen des errechneten Parameterwerts in die Geradengleichung liefert die Koordinaten des Schnittpunkts.
- R liegt auf dem Spiegel, wenn man von A aus zu R gelangt, ohne den Vektor $\overrightarrow{AB}$ bzw. ohne den Vektor $\overrightarrow{AC}$ zu „überschreiten".
- Es muss gelten: $\overrightarrow{AR} = \mu \overrightarrow{AB} + \nu \overrightarrow{AC}$ mit $0 < \mu, \nu < 1$
- Bestimmen Sie μ und ν und kontrollieren Sie, ob $0 < \mu, \nu < 1$ erfüllt ist.

Aufgabe c

- P und Q sind symmetrisch bzgl. E, wenn P und Q Punkt und Spiegelpunkt bzgl. der Ebene E sind.
- Die Verbindung von Punkt und Spiegelpunkt steht auf der Spiegelebene senkrecht.
- Punkt und Spiegelpunkt besitzen von der Spiegelebene denselben Abstand.
- $\overrightarrow{PQ}$ steht auf E senkrecht, wenn $\overrightarrow{PQ}$ parallel zum Normalenvektor von E ist.
- Den Abstand eines Punktes P von einer Ebene E mit $n_1x_1 + n_2x_2 + n_3x_3 + n_0 = 0$ erhält man durch $d(P; E) = \frac{|n_1p_1 + n_2p_2 + n_3p_3 + n_0|}{|\vec{n}|}$.

Aufgabe d

- Stellen Sie F zunächst in Parameterform auf (siehe Merkhilfe).
- Das Vektorprodukt der beiden Richtungsvektoren liefert den Normalenvektor von F.
- Setzen Sie den Normalenvektor und den Punkt R in die allgemeine Normalenform ein (siehe Merkhilfe).
- Berechnung des Skalarprodukts liefert die Koordinatendarstellung.

Eine Gerade gehört einer Ebene an, wenn ein Punkt der Geraden der Ebene angehört und der Richtungsvektor der Geraden sich durch die Richtungsvektoren der Ebene ausdrücken lässt oder wenn ein Punkt der Geraden der Ebene angehört und der Richtungsvektor der Geraden senkrecht auf dem Normalenvektor der Ebene steht.

Zeigen Sie, dass $\vec{u}_{\text{Einfallslot}} = k \cdot \vec{u}_{\text{einfallender Strahl}} + m \cdot \vec{u}_{\text{ausfallender Strahl}}$ gilt.

oder:

Zeigen Sie, dass $\vec{u}_{\text{Einfallslot}} \perp \vec{n}_F$ gilt.

Aufgabe e

Die Formel zur Berechnung eines Winkels zwischen zwei Vektoren finden Sie auf der Merkhilfe.

Achten Sie darauf, dass die beiden den Winkel einschließenden Vektoren denselben Anfangspunkt haben.

Lösungen

a) *vektoriell*: mithilfe der Formel auf der Merkhilfe

$$A_{\Delta ABC} = \frac{1}{2}|\overrightarrow{AB} \times \overrightarrow{AC}|$$

$$= \frac{1}{2}\left|\left[\begin{pmatrix}0\\4\\0\end{pmatrix} - \begin{pmatrix}4\\0\\0\end{pmatrix}\right] \times \left[\begin{pmatrix}0\\0\\4\end{pmatrix} - \begin{pmatrix}4\\0\\0\end{pmatrix}\right]\right| = \frac{1}{2}\left|\begin{pmatrix}-4\\4\\0\end{pmatrix} \times \begin{pmatrix}-4\\0\\4\end{pmatrix}\right| = \frac{1}{2}\left|\begin{pmatrix}16-0\\0+16\\0+16\end{pmatrix}\right|$$

$$= \frac{1}{2}\sqrt{16^2+16^2+16^2} = \frac{1}{2}\sqrt{3\cdot 16^2} = \frac{1}{2}\cdot 16\sqrt{3} = 8\sqrt{3} \approx 13{,}86\,[\text{FE}]$$

elementargeometrisch:
Die Koordinaten der Punkte A, B und C zeigen, dass es sich um ein gleichseitiges Dreieck handeln muss, da jeder Punkt auf einer anderen Koordinatenachse jeweils bei 4 liegt. Für die Fläche eines gleichseitigen Dreiecks gibt es ebenfalls eine Formel (die allerdings nicht auf der Merkhilfe zu finden ist!):

$A_{\Delta ABC} = \frac{a^2}{4}\sqrt{3},$ wobei a die Länge einer Dreiecksseite ist

Mit

$$a = |\overrightarrow{AB}| = \left|\begin{pmatrix}0\\4\\0\end{pmatrix} - \begin{pmatrix}4\\0\\0\end{pmatrix}\right| = \left|\begin{pmatrix}-4\\4\\0\end{pmatrix}\right| = \sqrt{(-4)^2+4^2+0^2} = \sqrt{2\cdot 16} = 4\sqrt{2}$$

ergibt sich:

$$A_{\Delta ABC} = \frac{(4\sqrt{2})^2}{4}\sqrt{3} = \frac{16\cdot 2}{4}\sqrt{3} = 8\sqrt{3} \approx 13{,}86\,[\text{FE}]$$

b) g: $\vec{X} = \vec{P} + \lambda\cdot\vec{v} = \begin{pmatrix}2\\2\\3\end{pmatrix} + \lambda\cdot\begin{pmatrix}-1\\-1\\-4\end{pmatrix}$ mit $\lambda \in \mathbb{R}$

$$g \cap E:\ (2-\lambda)+(2-\lambda)+(3-4\lambda) = 4$$
$$7-6\lambda = 4$$
$$-6\lambda = -3$$
$$\lambda = 0{,}5$$

Eingesetzt in g liefert $R(1{,}5\,|\,1{,}5\,|\,1)$.

R liegt genau dann auf dem Spiegel, wenn $\overrightarrow{AR} = \mu\overrightarrow{AB} + \nu\overrightarrow{AC}$ mit $0 < \mu,\ \nu < 1$ gilt.

$$\left[\begin{pmatrix}1{,}5\\1{,}5\\1\end{pmatrix} - \begin{pmatrix}4\\0\\0\end{pmatrix}\right] = \mu\cdot\left[\begin{pmatrix}0\\4\\0\end{pmatrix} - \begin{pmatrix}4\\0\\0\end{pmatrix}\right] + \nu\cdot\left[\begin{pmatrix}0\\0\\4\end{pmatrix} - \begin{pmatrix}4\\0\\0\end{pmatrix}\right]$$

$$\begin{pmatrix}-2{,}5\\1{,}5\\1\end{pmatrix} = \mu\cdot\begin{pmatrix}-4\\4\\0\end{pmatrix} + \nu\cdot\begin{pmatrix}-4\\0\\4\end{pmatrix}$$

$$\Rightarrow \quad -2{,}5 = -4\mu - 4\nu$$

$$1{,}5 = 4\mu \qquad \Rightarrow \quad \mu = \frac{3}{8} < 1$$

$$1 = 4\nu \qquad \Rightarrow \quad \nu = \frac{1}{4} < 1$$

Probe in der 1. Gleichung: $-4 \cdot \frac{3}{8} - 4 \cdot \frac{1}{4} = -\frac{3}{2} - 1 = -\frac{5}{2} = -2{,}5$ ✓

R liegt auf dem Spiegel.

Bemerkung: Auch die Begründung, dass alle Koordinaten von R positiv sind, reicht aus, da die Strecken [AB], [AC] und [BC] in je einer Koordinatenebene liegen und so den Teil der Ebene E begrenzen, in dem $x_1 > 0$, $x_2 > 0$, $x_3 > 0$ gilt.

c) P und Q sind bzgl. E symmetrisch, wenn sie Punkt und Spiegelpunkt bzgl. der Ebene E sind. Der Vektor $\overrightarrow{PQ}$ muss also auf E senkrecht stehen und beide Punkte müssen denselben Abstand zu E haben.

$$\overrightarrow{PQ} = \begin{pmatrix} 0 \\ 0 \\ 1 \end{pmatrix} - \begin{pmatrix} 2 \\ 2 \\ 3 \end{pmatrix} = \begin{pmatrix} -2 \\ -2 \\ -2 \end{pmatrix} = -2 \cdot \begin{pmatrix} 1 \\ 1 \\ 1 \end{pmatrix} = -2 \cdot \vec{n}_E$$

Da $\overrightarrow{PQ}$ parallel zum Normalenvektor von E verläuft, steht $\overrightarrow{PQ}$ auf E senkrecht.

$$d(P; E) = \frac{|2+2+3-4|}{\sqrt{1^2+1^2+1^2}} = \frac{3}{\sqrt{3}}$$

$$d(Q; E) = \frac{|0+0+1-4|}{\sqrt{1^2+1^2+1^2}} = \frac{|-3|}{\sqrt{3}} = \frac{3}{\sqrt{3}}$$

Somit sind P und Q symmetrisch bzgl. E.

d) F: $\vec{X} = \vec{R} + \lambda \cdot \vec{u}_{\text{einfallender Strahl}} + \mu \cdot \vec{u}_{\text{ausfallender Strahl}}$ mit $\lambda, \mu \in \mathbb{R}$

$$\vec{X} = \begin{pmatrix} 1{,}5 \\ 1{,}5 \\ 1 \end{pmatrix} + \lambda \cdot \begin{pmatrix} -1 \\ -1 \\ -4 \end{pmatrix} + \mu \cdot \overrightarrow{QR} = \begin{pmatrix} 1{,}5 \\ 1{,}5 \\ 1 \end{pmatrix} + \lambda \cdot \begin{pmatrix} -1 \\ -1 \\ -4 \end{pmatrix} + \mu \cdot \left[\begin{pmatrix} 1{,}5 \\ 1{,}5 \\ 1 \end{pmatrix} - \begin{pmatrix} 0 \\ 0 \\ 1 \end{pmatrix}\right]$$

$$= \begin{pmatrix} 1{,}5 \\ 1{,}5 \\ 1 \end{pmatrix} + \lambda \cdot \begin{pmatrix} -1 \\ -1 \\ -4 \end{pmatrix} + \mu \cdot \begin{pmatrix} 1{,}5 \\ 1{,}5 \\ 0 \end{pmatrix}$$

$$\vec{n}_F = \begin{pmatrix} -1 \\ -1 \\ -4 \end{pmatrix} \times \begin{pmatrix} 1{,}5 \\ 1{,}5 \\ 0 \end{pmatrix} = \begin{pmatrix} 0+6 \\ -6-0 \\ -1{,}5+1{,}5 \end{pmatrix} = \begin{pmatrix} 6 \\ -6 \\ 0 \end{pmatrix} = 6 \cdot \begin{pmatrix} 1 \\ -1 \\ 0 \end{pmatrix}$$

$$F: \quad \begin{pmatrix} 1 \\ -1 \\ 0 \end{pmatrix} \circ \left[\vec{X} - \begin{pmatrix} 1{,}5 \\ 1{,}5 \\ 1 \end{pmatrix}\right] = 0$$

$$x_1 - x_2 - (1{,}5 - 1{,}5) = 0$$

$$x_1 - x_2 = 0$$

1. Möglichkeit:
Da R der Ebene F angehört, genügt es zu zeigen, dass der Richtungsvektor des Einfallslots (= Normalenvektor von E) in einer Ebene mit den beiden Richtungsvektoren von F liegt.

$$\begin{pmatrix}1\\1\\1\end{pmatrix} = k \cdot \begin{pmatrix}-1\\-1\\-4\end{pmatrix} + m \cdot \begin{pmatrix}1{,}5\\1{,}5\\0\end{pmatrix}$$

$$\Rightarrow \quad 1 = -k + 1{,}5m$$

$$1 = -k + 1{,}5m \qquad \nearrow \; 1 = \frac{1}{4} + \frac{3}{2}m \;\Rightarrow\; \frac{3}{4} = \frac{3}{2}m \;\Rightarrow\; m = \frac{1}{2}$$

$$1 = -4k \qquad \Rightarrow \quad k = -\frac{1}{4}$$

Da die 1. und die 2. Gleichung übereinstimmen, ist keine Probe erforderlich.

$$\begin{pmatrix}1\\1\\1\end{pmatrix} = -\frac{1}{4} \cdot \begin{pmatrix}-1\\-1\\-4\end{pmatrix} + \frac{1}{2} \cdot \begin{pmatrix}1{,}5\\1{,}5\\0\end{pmatrix}$$

Das Einfallslot liegt somit in F.

2. Möglichkeit:
Da R der Ebene F angehört, genügt es zu zeigen, dass der Richtungsvektor des Einfallslots (= Normalenvektor von E) auf dem Normalenvektor von F senkrecht steht.

$$\vec{n}_E \circ \vec{n}_F = \begin{pmatrix}1\\1\\1\end{pmatrix} \circ \begin{pmatrix}1\\-1\\0\end{pmatrix} = 1 - 1 + 0 = 0$$

Das Einfallslot liegt somit in F.

e) Gemäß der Formel auf der Merkhilfe gilt:

$$\cos\beta = \frac{\begin{pmatrix}1{,}5\\1{,}5\\0\end{pmatrix} \circ \begin{pmatrix}1\\1\\1\end{pmatrix}}{\sqrt{1{,}5^2 + 1{,}5^2 + 0^2} \cdot \sqrt{1^2 + 1^2 + 1^2}} = \frac{1{,}5 + 1{,}5 + 0}{\sqrt{4{,}5} \cdot \sqrt{3}} = \frac{3}{\sqrt{13{,}5}} \quad \Rightarrow \quad \beta \approx 35{,}26°$$

Bei der Berechnung des Winkels α muss darauf geachtet werden, dass man den Gegenvektor von $\vec{v}$ benutzt, damit die beiden den Winkel einschließenden Vektoren in einem Punkt (Punkt R) beginnen.

$$\cos\alpha = \frac{\begin{pmatrix}1\\1\\1\end{pmatrix} \circ \begin{pmatrix}1\\1\\4\end{pmatrix}}{\sqrt{1^2 + 1^2 + 1^2} \cdot \sqrt{1^2 + 1^2 + 4^2}} = \frac{1 + 1 + 4}{\sqrt{3} \cdot \sqrt{18}} = \frac{6}{\sqrt{54}} \quad \Rightarrow \quad \alpha \approx 35{,}26°$$

Somit gilt $\alpha = \beta$.

Bemerkung: Noch schöner ist es zu zeigen, dass $\cos\beta = \cos\alpha$ gilt:

$$\cos\beta = \frac{3}{\sqrt{13{,}5}} = \frac{3 \cdot 2}{\sqrt{13{,}5} \cdot 2} = \frac{6}{\sqrt{13{,}5} \cdot \sqrt{4}} = \frac{6}{\sqrt{54}} = \cos\alpha$$

BE

Die Abbildung zeigt modellhaft ein Einfamilienhaus, das auf einer horizontalen Fläche steht. Auf einer der beiden rechteckigen Dachflächen soll eine Dachgaube errichtet werden. Die Punkte A, B, C, D, O, P, Q und R sind die Eckpunkte eines Quaders. Das gerade dreiseitige Prisma LMNIJK stellt die Dachgaube dar, die Strecke [GH] den First des Dachs, d. h. die obere waagrechte Dachkante. Eine Längeneinheit im Koordinatensystem entspricht 1 m, d. h., das Haus ist 10 m lang.

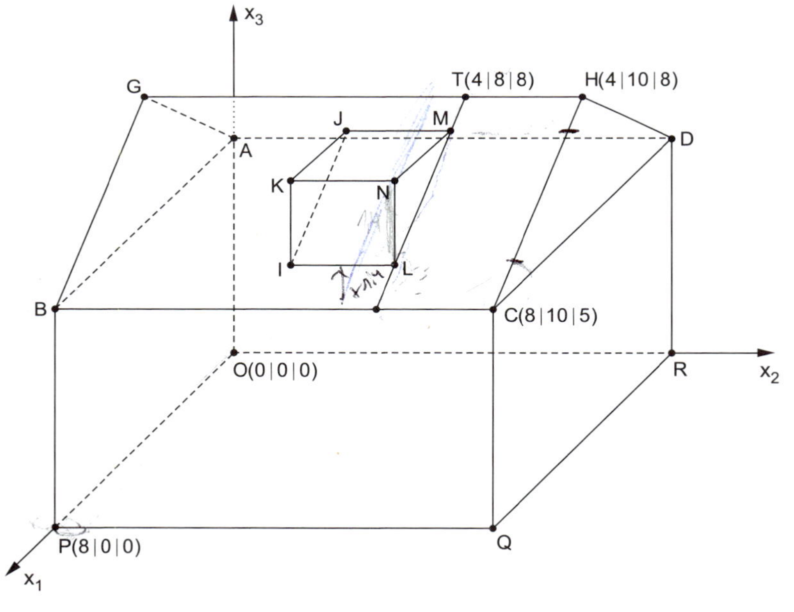

a) Berechnen Sie den Inhalt derjenigen Dachfläche, die im Modell durch das Rechteck BCHG dargestellt wird. 2

b) In der Stadt, in der das Einfamilienhaus steht, gilt für die Errichtung von Dachgauben eine Satzung, die jeder Bauherr einhalten muss. Diese Satzung lässt die Errichtung einer Dachgaube zu, wenn die Größe des Neigungswinkels der Dachfläche des jeweiligen Hausdachs gegen die Horizontale mindestens 35° beträgt. Zeigen Sie rechnerisch, dass für das betrachtete Einfamilienhaus die Errichtung einer Dachgaube zulässig ist. 3

Die Dachfläche, auf der die Dachgaube errichtet wird, liegt im Modell in der Ebene E: $3x_1 + 4x_3 - 44 = 0$.
Die Dachgaube soll so errichtet werden, dass sie von dem seitlichen Rand der Dachfläche, der im Modell durch die Strecke [HC] dargestellt wird, den Abstand 2 m und vom First des Dachs den Abstand 1 m hat. Zur Ermittlung der Koordinaten des Punkts M wird die durch den Punkt T(4 | 8 | 8) verlaufende Gerade
$t: \vec{X} = \begin{pmatrix} 4 \\ 8 \\ 8 \end{pmatrix} + \lambda \cdot \begin{pmatrix} 4 \\ 0 \\ -3 \end{pmatrix}$, $\lambda \in \mathbb{R}$ betrachtet.

c) Begründen Sie, dass t in der Ebene E verläuft und von der Geraden HC den Abstand 2 besitzt. 5

d) Auf der Geraden t wird nun der Punkt M so festgelegt, dass der Abstand der Dachgaube vom First 1 m beträgt. Bestimmen Sie die Koordinaten von M.
[Ergebnis: M(4,8 | 8 | 7,4)] 3

Die Punkte M und N liegen auf der Geraden m: $\vec{X} = \begin{pmatrix} 4{,}8 \\ 8 \\ 7{,}4 \end{pmatrix} + \mu \cdot \begin{pmatrix} 6 \\ 0 \\ -1 \end{pmatrix}$, $\mu \in \mathbb{R}$, die im Modell die Neigung der Dachfläche der Gaube festlegt. Die zur x_3-Achse parallele Strecke [NL] stellt im Modell den sogenannten Gaubenstiel dar; dessen Länge soll 1,4 m betragen. Um die Koordinaten von N und L zu bestimmen, wird die Ebene F betrachtet, die durch Verschiebung von E um 1,4 in positive x_3-Richtung entsteht.

e) Begründen Sie, dass $3x_1 + 4x_3 - 49{,}6 = 0$ eine Gleichung von F ist. 3

f) Bestimmen Sie die Koordinaten von N und L.
[Teilergebnis: N(7,2 | 8 | 7)] 4

20

Tipps und Hinweise

Aufgabe a

- Die Koordinaten der Eckpunkte BCHG sind in der Abbildung angegeben oder lassen sich aus dieser ablesen.
- B liegt senkrecht über P und hat dieselbe x_3-Koordinate wie C. G hat dieselbe x_1- und x_3-Koordinate wie H und liegt in der x_1-x_3-Ebene.
- Die Fläche des Rechtecks kann vektoriell oder elementargeometrisch berechnet werden.
- Die Fläche eines Rechtecks ist doppelt so groß wie die Fläche des entsprechenden Dreiecks. Die Formel finden Sie auf der Merkhilfe.
- Achten Sie darauf, dass die beiden Vektoren denselben Anfangspunkt besitzen.
- Bestimmen Sie Länge und Breite des Rechtecks und berechnen Sie die Fläche mit der Formel Fläche = Länge · Breite.
- Die Länge bzw. Breite berechnen Sie mithilfe der Formel auf der Merkhilfe (Betrag eines Vektors).

Aufgabe b

- Die Neigung der Dachfläche lässt sich durch den Winkel zwischen zwei Vektoren berechnen (siehe Merkhilfe).
- Sie können wählen zwischen den Vektoren $\overrightarrow{BA}$ und $\overrightarrow{BG}$ oder $\overrightarrow{AB}$ und $\overrightarrow{AG}$ oder $\overrightarrow{CD}$ und $\overrightarrow{CH}$ oder $\overrightarrow{DC}$ und $\overrightarrow{DH}$.
- Vergleichen Sie den berechneten Winkel mit der zugelassenen Größe.

Aufgabe c

- Eine Gerade gehört einer Ebene an, wenn ein Punkt der Geraden der Ebene angehört und der Richtungsvektor der Geraden sich durch die Richtungsvektoren der Ebene ausdrücken lässt oder wenn ein Punkt der Geraden der Ebene angehört und der Richtungsvektor der Geraden senkrecht auf dem Normalenvektor der Ebene steht.
- Die Ebene E verläuft außer durch B, C, H und G noch durch einen weiteren eingezeichneten Punkt am Dachfirst.
- Der Geradenpunkt T gehört der Ebene E an.
- Zeigen Sie, dass $\vec{u}_t \parallel \overrightarrow{HC}$ gilt.

oder:

- Zeigen Sie, dass $\vec{u}_t \perp \vec{n}_E$ gilt.
- Der Abstand der Geraden t und HC lässt sich als Entfernung zweier gegebener Punkte bestimmen.

- Eine Formel für die Länge eines Vektors finden Sie auf der Merkhilfe.

Aufgabe d

1. Möglichkeit:

- Sie setzen die Länge von $\overrightarrow{TM}$ gleich 1.
- Da $M \in t$ gilt, erfüllen die Koordinaten von M die Geradengleichung von t.
- Es entsteht eine Gleichung für den Parameter λ, die zwei Lösungen hat.
- Nur eine dieser beiden Lösungen ist geometrisch sinnvoll.

2. Möglichkeit:

- Sie verwenden in der Geradengleichung statt des Richtungsvektors den entsprechenden Einheitsvektor, dann gibt der Parameter die Entfernung von T an.

Aufgabe e

- Sind zwei Ebenen parallel, so sind auch ihre Normalenvektoren parallel.
- Sie können für F denselben Normalenvektor wie für E verwenden.
- Der Punkt H liegt in E. Welche Koordinaten besitzt der um 1,4 nach oben verschobene Punkt H*, der der Ebene F angehört?
- Verwenden Sie für F die allgemeine Normalenform (siehe Merkhilfe) und setzen Sie den Normalenvektor und den Punkt H* ein.

Aufgabe f

- Der Punkt N gehört sowohl der Geraden m als auch der Ebene F an.
- N ergibt sich als Schnittpunkt von m und F.
- Um den Schnittpunkt einer Geraden mit einer Ebene zu bestimmen, setzt man die einzelnen Koordinaten der Geradengleichung in die Normalenform der Ebene ein.
- Es ergibt sich eine Gleichung für den Parameter der Geraden.
- Einsetzen des errechneten Parameterwerts in die Geradengleichung liefert die Koordinaten des Schnittpunkts.
- Der Punkt L soll senkrecht unter N liegen und die Länge der Strecke [NL] soll 1,4 m betragen.
- L hat dieselbe x_1- und x_2-Koordinate wie N; die x_3-Koordinate von L ist um 1,4 kleiner als die x_3-Koordinate von N.

Lösungen

a) Die Eckpunkte des Rechtecks BCHG haben gemäß Zeichnung die Koordinaten B(8 | 0 | 5), C(8 | 10 | 5), H(4 | 10 | 8) und G(4 | 0 | 8).

vektoriell:

$$A_{BCHG} = |\overrightarrow{BC} \times \overrightarrow{BG}|$$

$$= \left| \left[\begin{pmatrix} 8 \\ 10 \\ 5 \end{pmatrix} - \begin{pmatrix} 8 \\ 0 \\ 5 \end{pmatrix} \right] \times \left[\begin{pmatrix} 4 \\ 0 \\ 8 \end{pmatrix} - \begin{pmatrix} 8 \\ 0 \\ 5 \end{pmatrix} \right] \right| = \left| \begin{pmatrix} 0 \\ 10 \\ 0 \end{pmatrix} \times \begin{pmatrix} -4 \\ 0 \\ 3 \end{pmatrix} \right| = \left| \begin{pmatrix} 30-0 \\ 0-0 \\ 0+40 \end{pmatrix} \right|$$

$$= \sqrt{30^2 + 0^2 + 40^2} = 50$$

elementargeometrisch:

$$A_{BCHG} = |\overrightarrow{BC}| \cdot |\overrightarrow{BG}|$$

$$= \left| \begin{pmatrix} 8 \\ 10 \\ 5 \end{pmatrix} - \begin{pmatrix} 8 \\ 0 \\ 5 \end{pmatrix} \right| \cdot \left| \begin{pmatrix} 4 \\ 0 \\ 8 \end{pmatrix} - \begin{pmatrix} 8 \\ 0 \\ 5 \end{pmatrix} \right| = \left| \begin{pmatrix} 0 \\ 10 \\ 0 \end{pmatrix} \right| \cdot \left| \begin{pmatrix} -4 \\ 0 \\ 3 \end{pmatrix} \right|$$

$$= \sqrt{0^2 + 10^2 + 0^2} \cdot \sqrt{(-4)^2 + 0^2 + 3^2} = 10 \cdot 5 = 50$$

Aufgrund des angegebenen Maßstabs beträgt die Dachfläche 50 m^2.

b) Die Neigung der Dachfläche gegen die Horizontale entspricht dem Winkel ε zwischen $\overrightarrow{BA}$ und $\overrightarrow{BG}$.

$$\cos\varepsilon = \frac{\left[\begin{pmatrix} 0 \\ 0 \\ 5 \end{pmatrix} - \begin{pmatrix} 8 \\ 0 \\ 5 \end{pmatrix} \right] \circ \left[\begin{pmatrix} 4 \\ 0 \\ 8 \end{pmatrix} - \begin{pmatrix} 8 \\ 0 \\ 5 \end{pmatrix} \right]}{|\overrightarrow{BA}| \cdot |\overrightarrow{BG}|} = \frac{\begin{pmatrix} -8 \\ 0 \\ 0 \end{pmatrix} \circ \begin{pmatrix} -4 \\ 0 \\ 3 \end{pmatrix}}{\sqrt{(-8)^2 + 0^2 + 0^2} \cdot \sqrt{(-4)^2 + 0^2 + 3^2}}$$

$$= \frac{32 + 0 + 0}{\sqrt{64} \cdot \sqrt{25}} = \frac{32}{8 \cdot 5} = 0{,}8 \quad \Rightarrow \quad \varepsilon \approx 36{,}87°$$

Die Errichtung der Dachgaube ist zulässig, da der Neigungswinkel größer als 35° ist.

c) *1. Möglichkeit:*

Die Ebene E verläuft durch die Punkte B, C, H und G und auch durch T, da $T \in [GH]$. Ferner gilt:

$$\overrightarrow{HC} = \begin{pmatrix} 8 \\ 10 \\ 5 \end{pmatrix} - \begin{pmatrix} 4 \\ 10 \\ 8 \end{pmatrix} = \begin{pmatrix} 4 \\ 0 \\ -3 \end{pmatrix} = \vec{u}_t$$

Somit verläuft die Gerade t durch den Ebenenpunkt T und ist parallel zum Vektor $\overrightarrow{HC}$, der ebenfalls der Ebene angehört. Also gilt $t \subset E$.

2. Möglichkeit:
Die Ebene E verläuft durch die Punkte B, C, H und G und auch durch T, da $T \in [GH]$. Ferner gilt:

$$\vec{u}_t \circ \vec{n}_E = \begin{pmatrix} 4 \\ 0 \\ -3 \end{pmatrix} \circ \begin{pmatrix} 3 \\ 0 \\ 4 \end{pmatrix} = 12 + 0 - 12 = 0 \quad \Rightarrow \quad t \parallel E$$

Also gilt $t \subset E$.

Da BCHG laut Angabe ein Rechteck ist, steht die Gerade HC auf der Geraden HG und damit auch auf der Geraden HT senkrecht. Der Abstand der Geraden t von der Geraden HC ist damit gleich der Entfernung der Punkte H und T.

$$d(t; HC) = |\overrightarrow{HT}| = \left| \begin{pmatrix} 4 \\ 8 \\ 8 \end{pmatrix} - \begin{pmatrix} 4 \\ 10 \\ 8 \end{pmatrix} \right| = \left| \begin{pmatrix} 0 \\ -2 \\ 0 \end{pmatrix} \right| = \sqrt{0^2 + (-2)^2 + 0^2} = 2$$

Bemerkung: Dieser Abstand lässt sich auch unmittelbar aus den gegebenen Koordinaten ablesen.

d) So wie HC verläuft auch t senkrecht zum Dachfirst [GH].

1. Möglichkeit:
$|\overrightarrow{TM}| = 1$

Da $M \in t$, gilt für die Koordinaten von $M(4+4\lambda \,|\, 8 \,|\, 8-3\lambda)$ und somit:

$$\left| \begin{pmatrix} 4+4\lambda \\ 8 \\ 8-3\lambda \end{pmatrix} - \begin{pmatrix} 4 \\ 8 \\ 8 \end{pmatrix} \right| = 1$$

$$\left| \begin{pmatrix} 4\lambda \\ 0 \\ -3\lambda \end{pmatrix} \right| = 1$$

$$\sqrt{(4\lambda)^2 + 0^2 + (-3\lambda)^2} = 1$$

$$\sqrt{25\lambda^2} = 1$$

$$5\lambda = \pm 1$$

$$\lambda = \pm\frac{1}{5} = \pm 0{,}2$$

Für M ergeben sich also rechnerisch die beiden Möglichkeiten:
$M_1(4{,}8 \,|\, 8 \,|\, 7{,}4)$ und $M_2(3{,}2 \,|\, 8 \,|\, 8{,}6)$
Da gemäß Abbildung für M jedoch $m_3 < 8$ gilt, kommt nur M_1 infrage:
$M(4{,}8 \,|\, 8 \,|\, 7{,}4)$

2. Möglichkeit:

Wegen $t \parallel HC$ gilt:

$$\vec{M} = \vec{T} + 1 \cdot \overrightarrow{HC}^0$$

$$\vec{M} = \begin{pmatrix} 4 \\ 8 \\ 8 \end{pmatrix} + 1 \cdot \frac{1}{\sqrt{4^2 + 0^2 + (-3)^2}} \cdot \begin{pmatrix} 4 \\ 0 \\ -3 \end{pmatrix} = \begin{pmatrix} 4 \\ 8 \\ 8 \end{pmatrix} + 0,2 \cdot \begin{pmatrix} 4 \\ 0 \\ -3 \end{pmatrix} = \begin{pmatrix} 4,8 \\ 8 \\ 7,4 \end{pmatrix}$$

e) Da E und F parallel sein sollen, gilt $\vec{n}_F = \vec{n}_E$.

Liegt H(4 | 10 | 8) in der Ebene E, so liegt der Punkt H*(4 | 10 | 9,4) in der Ebene F. (Entsprechendes gilt ebenso für die Punkte B, C, T und G.)

Somit:

F: $3x_1 + 4x_3 + n_0 = 0$

Einsetzen der Koordinaten von H* ergibt:

$3 \cdot 4 + 4 \cdot 9{,}4 + n_0 = 0 \quad \Rightarrow \quad n_0 = -49{,}6$

F: $3x_1 + 4x_3 - 49{,}6 = 0$

oder:

$$F: \quad \begin{pmatrix} 3 \\ 0 \\ 4 \end{pmatrix} \circ \left[\vec{X} - \begin{pmatrix} 4 \\ 10 \\ 9,4 \end{pmatrix} \right] = 0$$

$$3x_1 + 4x_3 - (3 \cdot 4 + 0 \cdot 10 + 4 \cdot 9{,}4) = 0$$

$$3x_1 + 4x_3 - 49{,}6 = 0$$

f) Der Punkt N liegt sowohl in F als auch auf der Geraden m.

$$F \cap m: \; 3 \cdot (4{,}8 + 6\mu) + 4 \cdot (7{,}4 - \mu) - 49{,}6 = 0$$

$$14{,}4 + 18\mu + 29{,}6 - 4\mu - 49{,}6 = 0$$

$$14\mu = 5{,}6$$

$$\mu = 0{,}4$$

$\Rightarrow$ N(7,2 | 8 | 7)

Da L senkrecht unter N um 1,4 m tiefer liegt, gilt: L(7,2 | 8 | 5,6)

Ihre Meinung ist uns wichtig!

Ihre Anregungen sind uns immer willkommen. Bitte informieren Sie uns mit diesem Schein über Ihre Verbesserungsvorschläge!

Titel-Nr.	Seite	Vorschlag

Bitte hier abtrennen

Bitte hier abtrennen

Zutreffendes bitte ankreuzen!

Die Absenderin/der Absender ist:

- ☐ Lehrer/in in den Klassenstufen: ____
- ☐ Fachbetreuer/in
  Fächer: ____
- ☐ Seminarlehrer/in
  Fächer: ____
- ☐ Regierungsfachberater/in
  Fächer: ____
- ☐ Oberstufenbetreuer/in
- ☐ Schulleiter/in
- ☐ Referendar/in, Termin 2. Staatsexamen: ____
- ☐ Leiter/in Lehrerbibliothek
- ☐ Leiter/in Schülerbibliothek
- ☐ Sekretariat
- ☐ Eltern
- ☐ Schüler/in, Klasse: ____
- ☐ Sonstiges: ____

Unterrichtsfächer: (Bei Lehrkräften!)

____

Kennen Sie Ihre Kundennummer?
Bitte hier eintragen.

Absender (Bitte in Druckbuchstaben!)

Name/Vorname

Straße/Nr.

PLZ/Ort/Ortsteil

Telefon privat

Geburtsjahr

E-Mail

Schule/Schulstempel (Bitte immer angeben!)

24-V_Abi

Bitte ausfüllen und im frankierten Umschlag an uns einsenden. Für Fensterkuverts geeignet.

STARK Verlag
Postfach 1852
85318 Freising

(Bitte blättern Sie um)